スポーツ・エルゴジェニック

限界突破のための栄養・サプリメント戦略

メルビン・ウィリアムス 著
樋口 満 監訳
杉浦克巳・奈良典子・山口英裕 訳

THE ERGOGENICS EDGE

大修館書店

THE ERGOGENICS EDGE
by
MELVIN H. WILLIAMS, PhD
Copyright © 1998 by Melvin H. Williams
Japanese translation rights arranged with Human Kinetics Publishers, Inc.
through Japan UNI Agency, Inc., Tokyo.

序文

　私たちはすべて，生まれつき固有の競技能力をもっており，その競技能力特性は広範囲にわたって両親から受け継いだ遺伝子に依存している．遺伝子は私たちの身長，体型，筋線維タイプ，筋活動のエネルギー生産能力，精神力，およびその他の生まれもった特性を決定づけ，競技成績に影響すると同時に，私たちの生まれつきの才能がどの競技でいい成績を得られるかを予測する手助けとなる．健康なスポーツ選手はだれもが100mを疾走することができるが，そのなかで9.9秒以内で走れる選手はほんのわずかである．

　すべての選手がオリンピックチャンピオンになれる遺伝的能力をもっているわけではないが，どの選手も適切な生理学的，心理学的，およびバイオメカニクス的トレーニングによって，もっている遺伝的能力を最大限に発揮することができる．これまでの40年間にわたって，運動・スポーツ科学者は競技力の生理学的，心理学的，バイオメカニクス的な特性を理解するために研究を行ってきており，たびたび，トレーニングプログラムの改良を試み，競技力の可能性を最大に高めようとしてきた．あらゆる競技レベルにある選手が，それぞれのスポーツに特有なトレーニングプログラムにおいて，相手に対して勝つため，あるいは新しい自分の目標，つまり自己の新記録を樹立するためには，あらゆることを行ってきている．適切で正しいトレーニングは選手があるスポーツにおいて目標とする競技成績を得るためにもっとも有効な手段である．

　あらゆる競技レベルにある選手が，なにか特別な手助けによって，トレーニングによって達成できる競技成績以上のものを獲得できないだろうかと考えているようである．選手たちは相手選手よりも有利になるような，あるいは自分の目標とする最高記録を越えるような効果的な物質や手法（いわゆる"racer's edge"と呼ばれている）を探し求めている．エリート選手を対象とした非公式な調査から，選手たちは競技の前に，競技成績を高めることができるような（致命的にはならない）何かがほしいという心理状態になるということがわかっている．競技レベルが低い選手たちも同様に，競技成績を高めると信じられているいろいろな栄養物質を口にしようというような行動をとる．

　スポーツにおいて重要な生理学的，心理学的，あるいはバイオメカニクス的な能力を高めようとして使用される特殊な物質や手法はエルゴジェニックエイ

ド，あるいはスポーツ・エルゴジェニックと呼ばれる。

　私自身，いくつかのレベルでスポーツ・エルゴジェニックの経験がある。大学生の時，私はアメリカンフットボールのために筋肉量を増やそうとして，タンパク質サプリメントのような栄養学的スポーツ・エルゴジェニックを使った。また，マラソンやウルトラマラソンの選手として，持久力を高めるためにカフェインのような合法的な薬理学的スポーツ・エルゴジェニックも利用している。高校や大学のコーチを務めていた時には選手たちの競技力を向上させようとして，心理学的スポーツ・エルゴジェニックを用いていた（当時，用いたものが心理学的スポーツ・エルゴジェニックであることを知らなかったことを認めなければならないが）。スポーツ科学者として，30年以上になる私の研究の関心は栄養学的，薬理学的，心理学的，および生理学的スポーツ・エルゴジェニックである。

　1983年に，私は幸運にも Human Kinetics 社から出版された『スポーツにおけるエルゴジェニックエイド』という本を編集することができた。米国の幾人かの指導的なスポーツ科学者がこの本の出版に貢献した。そして，この本は主として私たちの仲間であるその他のスポーツ科学者を啓発し，その後，Human Kinetics 社の RainerMartens 社長が "Beyond Training: How Athletes Enhance Performance Legally and Illegally" と題する本を執筆するように激励してくれた。この本のように，エリート選手や大学生選手，そして彼らの指導者ばかりでなく，ローカルな10kmロードレースやミニトライアスロン，あるいはその他のスポーツに参加しており，大会でそれぞれの最高の記録を出したいと思っているようなレクリエーション的なスポーツ選手を対象として，適当なエルゴジェニックエイドを利用することによって競技力を効果的に高めることを目的としたマニュアル本はあまり存在しない。この Beyond Training は1989年に出版されたが，その後，多くの科学論文が出版され，最近の情勢に合うように大幅な改訂が必要となった。

　本書の第1章ではスポーツパフォーマンス（競技力）の諸因子（SPF）についての考え方を紹介するとともに，スポーツの競技力と勝利の限界を決定づける遺伝的なヒトの特質を概観している。

　第2章ではそれぞれ異なるスポーツ・エルゴジェニックが特異的な競技力諸

因子を高める方法を探求する。

　第3章ではからだの発揮パワー，つまりエネルギー生産の向上に焦点を当てるとともに，どのようなスポーツ・エルゴジェニックがエネルギーとパワーを高めるかについて概観する。

　第4章においては精神力の向上に注目するとともに，メンタルなタフさを高める手段としての心理学的スポーツ・エルゴジェニックについて一般的な議論を行う。

　第5章ではバイオメカニクス的，機械的エルゴジェニックの応用に関する一般的な議論を含めて，スポーツにおける機械的エッジ（効果）を得るための物理学の利用について議論を集中する。

　第6章ではあなた方が行っているスポーツにとって重要なSPFが何であるかを分類し，理論的にみて，あなた方の特異的な競技力諸因子を高めるであろうスポーツ・エルゴジェニックを一覧表にして示す。

　第7章では証拠もなく述べたてられているスポーツ・エルゴジェニックの効果を明らかにするための研究が大切であることを述べ，様々なスポーツ・エルゴジェニックの利用に関連していると考えられるそれらの安全性，合法性，および倫理的な問題に光を当てる。

　第8章は本書の中心部分であり，以下の諸点を含むそれぞれの特異的なスポーツ・エルゴジェニックの性質に関する情報を提供する。

分類と用法：それはどんな物であり，どのように使用するか
スポーツパフォーマンス因子（SPF）：どんな種目の選手にとってその使用が効果的か
理論：それがどのように働くと考えられるか
有効性：それは効果があるのか。競技成績を低下させないか，すなわち，それはエルゴジェニックでなくエルゴリティック（競技能力低下作用）か
安全性：それを使用することによって健康に悪影響はないか
法的および倫理的観点：トレーニング，あるいは競技会でのその使用は合法的か。その使用にあたっては倫理的な問題がないか
推奨：トレーニングや競技会でその使用を推奨するだけの十分な根拠があるか

　各々のスポーツは身体的パワー，精神力，および機械的エッジと関連した固

有の競技力諸因子をもっている。あるスポーツにはハイパワーが必要であり，他のスポーツにはローパワーが必要である。あるスポーツの選手には精神を高揚させることが効果的であり，他の選手にはリラクゼーションが効果的である。ある選手には体格をよくすることが非常に効果的であり，他の選手にとってはそれほどでもない。スポーツ・エルゴジェニックとは特異的な競技力諸因子を改善するように計画することである。あるものは効果的であり，他のものは効果的でない。数百にものぼるスポーツ・エルゴジェニックがあらゆるレベルのスポーツ大会参加選手が使用するために市販されている。残念ながら，これら多くのスポーツ・エルゴジェニックの効能に関する表示は理論的考察を基礎としているが，適切に計画され実行された研究に基づいているわけではない。

　本書は読者が行っているスポーツに特異的な競技力諸因子を高めるとされているスポーツ・エルゴジェニックが何であるかを明らかにする助けとなるような専門的な参考書として企画された。本書によって，有効性，安全性，合法性，そして倫理面を明らかにするために過去20年間にわたって研究されたスポーツ・エルゴジェニックと呼称されているほとんどすべてについての情報がわかるだろう。これらの諸点を分析することによって，その推奨理由が示されている。

　ある特異的なスポーツ・エルゴジェニックを推奨するに当たっての基本点の一つはその有効性，すなわち，理論的に効能があるとされているものがほんとうに有効なのかという点である。スポーツ・エルゴジェニックの有効性はしっかりとした研究を基礎として決定されなければならない。私は研究によって有効であることが示唆されないようなスポーツ・エルゴジェニックを推奨したりしない。あるスポーツ・エルゴジェニックが有効であっても，それを一般的に推奨するためには，安全性，合法性を考慮し，倫理的自制心を働かせて検討されるだろう。あるスポーツ・エルゴジェニックが健康を害するようならば，たとえそれが非常に有効な働きがあるとしても，その使用を推奨することはできない。また，私の意見としては，国際オリンピック委員会，国内大学競技団体連合（NCAA），あるいは国内高校競技団体連合のような権威ある各種スポーツ団体で非合法とされているスポーツ・エルゴジェニックの使用は，選手自身が非倫理的であると考えるべきだろう。従って，禁止されているスポーツ・エルゴジェニックはどれもその使用を推奨しないが，この倫理規定がすべての選

手に支持されているわけではないこともよく知られている。

　巻末の**付表**はスポーツでの使用が禁止されている一般的な薬物のリストである．すべての薬物や用法を掲載することはできなかったが，読者の方々が特殊な薬物に関する情報を得るためには，米国オリンピック委員会薬物教育ホットライン（800-233-0393）に電話をかけることができるだろう．すべてのスポーツ組織はスポーツ・エルゴジェニック，とくに薬物の使用に関する方策をもっていることを知っていなければならないし，とくに自分が属しているスポーツ組織の方策については熟知していなければならない．

　スポーツ・エルゴジェニックとして新しい食品サプリメントが毎年市場に出回る．これら多くの商品には，本書で議論される個々の成分，あるいはいくつかが組み合わされた種々の物質が含まれている．本書の適切な章を読み，サプリメント中の成分をチェックすることにより，その有効性を評価することができるだろう．読者はゲータレードスポーツ科学研究所（800-616-4774），国立農業ライブラリーにある食品・栄養情報センター（301-504-5719），あるいは全米スポーツ医学会（ACSM：317-637-9200）に電話すれば，栄養学的スポーツ・エルゴジェニックといわれているものに関するより多くの情報を得ることができる．これらの機関ではみなさんが情報を得ることができるようにその他の機関を教えてくれるだろう．

［注意］
　本書の目的はただ参考資料を提供することだけである．ここで示された情報はスポーツの競技力を高める手段としてのスポーツ・エルゴジェニックの使用に関して，選手が自ら知識をもって判断することができるようになるために企画されている．個々のスポーツ・エルゴジェニックの有効性，安全性，合法性，および倫理的問題点については，すべての選手において，その使用に先立って熟慮されなければならない．効果がなかったり，安全に問題があったり，非合法であるようなスポーツ・エルゴジェニックはどれも推奨することができない．効果があり，安全で，合法的なスポーツ・エルゴジェニックを使用するに当たっても，選手の倫理的な判断が必要である．

日本語版の出版にあたって　　樋口　満（国立健康・栄養研究所）

　近年、スポーツ人口の広がり、スポーツ医科学の進歩により、あらゆるスポーツ種目においてパフォーマンス（競技力）の著しい向上がみられる。スポーツ栄養学もスポーツ医科学を構成する一分野であり、今日では、スポーツ栄養学の理論を踏まえた食生活・栄養改善がパフォーマンスに大きな影響を及ぼすことが、わが国のスポーツの指導者や選手自身にも次第に理解されるようになってきた。一方で、氾濫するさまざまなサプリメントやそれに類する物質に関する情報に振り回されたりしている選手や指導者も、まだまだ多くみられることも事実である。

　スポーツ栄養学の入門書や教科書はこれまでにもいくつか出版されているが、現場が求めているスポーツ・パフォーマンス向上のためのスポーツ・エルゴジェニックに関する適切な情報と実践的な指針を提供してくれるガイドブックはこれまでみられなかった。本書の著者であるメルビン・ウィリアムス博士は世界的に知られたスポーツ栄養学者であり、栄養サプリメントについて30年以上の研究実績をもっており、1998年8月に開催された第1回「陸上競技の医科学・コーチング国際会議」に招待され、「競技力向上のための栄養とコンデイショニング」について特別講演を行った。その講演では本書のエッセンスが語られ、選手や指導者に強いインパクトを与えたが、我々も本書を日本語に翻訳することを決意するに至った。訳者の一人である杉浦はウィリアムス博士招聘の労をとり、同会議でウィリアムス博士とともに講演し、本書の監訳を担当した樋口はその司会を任された。また、もう一人の訳者である山口は米国で大学院生としてウィリアムス博士から研究指導を受けた。さらに、本書のハイライトであるスポーツ・エルゴジェニックの各項目については明治製菓㈱ザバス　スポーツ＆ニュートリション・ラボの栄養士の方々に翻訳していただいた。

　本書は、日々激しいトレーニングを積んで、スポーツパフォーマンスの限界に挑戦している選手やその指導者のスポーツ・エルゴジェニックに関する理解を助け、実践のガイドブックとして現場のニーズに応えるものであると確信している。翻訳者一同、本書が広くスポーツ選手や指導者に読まれ、わが国のスポーツ選手のパフォーマンス向上に貢献することを心から願っている。

スポーツ・エルゴジェニック　限界突破のための栄養・サプリメント戦略　・目次

序文　1
日本語版の出版にあたって　6

第1章　スポーツの競技力を制限する諸因子　13

　スポーツパフォーマンスの改善　14
　スポーツパフォーマンスの限界　15
　スポーツでの成功とトレーニング　18
　スポーツパフォーマンスを構成する諸因子（SPF）　19

第2章　スポーツ・エルゴジェニックによる競技力のバリアーの打破　21

　スポーツ・エルゴジェニックの分類　23
　　栄養学的スポーツ・エルゴジェニック　24
　　薬理学的スポーツ・エルゴジェニック　28
　　生理学的スポーツ・エルゴジェニック　30

第3章　エネルギーとパワーの増大　33

　スポーツエネルギー　33
　身体的パワーとエネルギー生成　34
　　筋線維タイプ　35
　　エネルギーシステムとATP　37
　　ATP－CPエネルギー系　38
　　乳酸エネルギー系　39
　　酸素エネルギー系　40
　　各々のエネルギー系における供給と援護　45
　　エネルギー生産速度と筋線維タイプ　46
　　エネルギー生産と身体的パワーのタイプ　47
　身体的パワートレーニング　51
　身体的パワーと疲労　53
　身体的パワー向上のためのスポーツ・エルゴジェニック　57

第4章　メンタルタフネスを作り上げる　59

- 神経系とエネルギー制御　63
- 興奮とリラクゼーションにおける精神力　65
    - 興奮　66
    - リラクゼーション　67
- 精神力トレーニング　67
- トレーニングのための心理学的スポーツ・エルゴジェニック　69
    - スポーツ・エルゴジェニックと覚醒　70
    - 最適覚醒ゾーン　72
    - メンタルトレーニング法　74
    - 精神力と疲労　76
    - 精神力を高めるスポーツ・エルゴジェニック　76

第5章　機械的エッジを手に入れる　79

- 機械的エッジとエネルギー　80
    - 人間の力　80
    - 自然の力　81
- 機械的エッジとスポーツパフォーマンス　82
    - 機械的エッジ：バイオメカニクス的スポーツスキル　83
    - スポーツスキル研究　84
    - スポーツスキルの上達　86
    - 機械的エッジ：スポーツウェアとスポーツ用具について　86
    - スポーツウェア　86
    - スポーツ用具　91
    - 機械的エッジ：身長、体型、体重、そして身体組成　96
    - ウエイトコントロールと機械的エッジ　97
- 機械的エッジと疲労　101
- 機械的エッジのためのスポーツ・エルゴジェニック　102

第6章　スポーツ種目別にみたパフォーマンス因子の検討　105

スポーツパフォーマンス因子（SPF）　106
　身体的パワー　107
　精神力　108
　機械的エッジ　108
スポーツとスポーツパフォーマンス因子（SPF）　108
スポーツパフォーマンス因子（SPF）とスポーツ・エルゴジェニック　114

第7章　エルゴジェニックに関する4大疑問への回答　119

スポーツ・エルゴジェニックの有効性　120
　広告　120
　スポーツ雑誌と業界誌の記事　121
　個人的証言と逸話的な事例報告　122
　個人的体験　122
　研究による考察　123
　入手できる科学的研究の評価　126
安全性　128
法的状況　129
倫理的観点　131
推奨と個人差　133

第8章　スポーツ・エルゴジェニックの評価　135

本章の利用法　137
Alcohol　アルコール　138
Amphetamines　アンフェタミン　140
Anabolic Phytosterols（Plant Sterols）
　アナボリックフィトステロール（植物ステロール）　143
Anabolic/Androgenic Steroids（AAS）
　アナボリック／アンドロジェニック・ステロイド　144
Antioxidants　抗酸化物　149

Arginine, Lysine, and Ornithine　アルギニン、リジン、オルニチン　152
Aspartates（Aspartic Acid Salts）　アスパラギン酸（塩）　154
Bee Pollen　ハチ花粉　156
Beta-Blockers　β-ブロッカー（遮断剤）　158
Beta-2 Agonists　β-2作用薬　160
Blood Doping　血液ドーピング　163
Boron　ホウ素　165
Branched-Chain Amino Acids（BCAA）　分岐鎖アミノ酸　167
Caffeine　カフェイン　171
Calcium　カルシウム　175
Carbohydrate Supplements　炭水化物サプリメント　177
Carnitine（L-Carnitine）　カルニチン（L-カルニチン）　187
Choline（Lecithin）　コリン（レシチン）　189
Chromium　クロム　191
Cocaine　コカイン　195
Coenzyme Q_{10}（CoQ_{10}, Ubiquinone）　コエンザイム Q_{10}　197
Creatine　クレアチン　199
DHEA（Dedydroepiandrosterone）　デヒドロエピアンドロステロン　203
Diuretics　利尿剤　205
Engineered Dietary Supplements　工学的食事サプリメント　208
Ephedrine（Sympathomimetics）　エフェドリン（交感神経様薬）　211
Erythropoietin（EPO, rEPO）　エリスロポエチン　214
Fat Supplementation　脂肪補給　216
Fluid Supplementation（Sport Drinks）
　　水分補給・液体補給（スポーツドリンク）　219
Folic Acid　葉酸　222
Ginseng　ニンジン　224
Glycerol　グリセロール　228
HMB（Beta-hydroxy-beta-methylbutyrete）
　　ベータ-ヒロドキシ-ベータ-メチルブチレート　230
Human Growth Hormone（hGH）　ヒト成長ホルモン　233

Inosine　イノシン　235

Iron　鉄　237

Magnesium　マグネシウム　241

Marijuana　マリファナ　243

Multivitamin/Mineral Supplements
　マルチビタミン・ミネラルサプリメント　246

Narcotic Analgesics　麻薬性鎮痛剤　249

Niacin　ナイアシン　251

Nicotine　ニコチン　253

Omega-3 Fatty Acids　オメガ-3脂肪酸　256

Oxygen Supplementation and Breathing Enhancement
　酸素補給と呼吸亢進　257

Pantothenic Acid　パントテン酸　263

Phosphorus（Phosphate Salts）　リン（リン酸塩）　264

Protein Supplements　プロテイン・サプリメント　267

Riboflavin（Vitamin B_2）　リボフラビン（ビタミンB_2）　271

Selenium　セレン　273

Sodium Bicarbonate（Alkaline Salts）
　炭酸水素ナトリウム（アルカリ塩）　274

Testosterone and Human Chorionic Gonadotoropin（hCG）
　テストステロンとヒトコリン作動性性腺刺激ホルモン　277

Thiamin（Vitamin B_1）　チアミン（ビタミンB_1）　280

Tryptophan（L-Tryptophan）　トリプトファン　281

Vanadium（Vanadyl Sulfate）　バナジウム　283

Vitamin B_6（Pyridoxine）　ビタミンB_6（ピリドキシン）　285

Vitamin B_{12}（Cyanocobalamin）　ビタミンB_{12}（シアノコバラミン）　287

Vitamin B_{15}（Dimethylglycine, DMG）
　ビタミンB_{15}（ジメチルグリシン DMG）　289

Vitamin C（Ascorbic Acid）　ビタミンC（アスコルビン酸）　290

Vitamin E　ビタミンE　292

Yohimbine　ヨヒンビン　294

Zinc　亜鉛　296

付表：IOC アンチ・ドーピング規程（抜粋）　299

参考文献　306

第 1 章

スポーツの競技力を制限する諸因子

　遊びは人間の天性の基礎である。子どもたちは本能的に走り，跳び，そして投げる。そしてまた，遊びにおいて競うことは人間の天性の基礎であり，子どもたちは初歩的なゲームに参加するようになり，他の遊び仲間よりも速く走ろうとし，高く跳ぼうとし，また，遠くへ投げようとする。そして年齢とともに，今度は競争が主たる目的の「スポーツ」とよばれるより洗練されたゲームに参加するようになる。

　「競争」という言葉は様々に定義されている。スポーツとの関連では，「競争」とは最高位を得るための戦いとして定義され，勝利するために自らが最善を尽くしたり，対戦相手よりも高いレベルに達するように努力することである。

　スポーツは組織的競争の起源であるので，社会はスポーツの至高性を価値あるものとしている。古代オリンピック大会から今日のスポーツ大会に至るまで，勝利者は名声と富の両方を得ることができる。今日，スター選手は『タイム』や『ニューズウイーク』などの国際的な雑誌の表紙を飾っており，オリンピックのヒーローがシリアルのパッケージに登場し，十代の選手たちがにわか大富

豪にもなる。

　スポーツでの成功が多くの利益をもたらすので，スポーツ選手はつねに自分のパフォーマンス（競技力）を高めようとしており，通常は技術指導者（コーチ）の指示に従っている。これまでのコーチは選手のスポーツパフォーマンスを改善しようとして，第一に経験や観察に頼ってきた。もちろん経験や観察は今でも重要であるが，今日では，エリート選手のコーチはスポーツ科学者たちにも接触している。これらスポーツ科学の専門家はスポーツパフォーマンスの改善のために生理学的，心理学的，そしてまたバイオメカニクス的分析をしてくれるであろう。

スポーツパフォーマンスの改善

　わずかの例外を除けば，スポーツパフォーマンスの改善と達成された記録の塗り替えは100年にわたって絶え間なく続いている。1マイル（約1.6km）走で4分，走高跳で7フィート（約2m13cm），棒高跳で15フィート（約4m57cm）という記録は，それほど昔に遡らなくても，スポーツパフォーマンスの最高と考えられていたのである。しかし最近では，陸上選手の記録は図1.1に示すよう

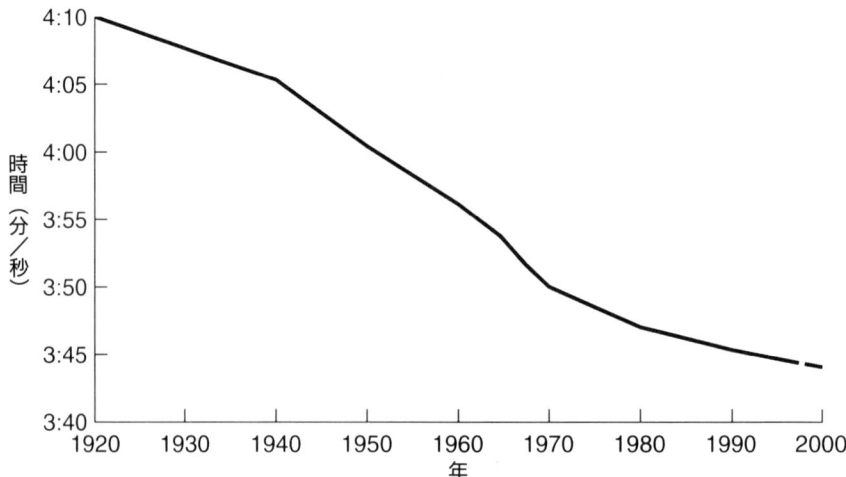

図1.1　マイル走の世界記録は1920年からずっと短縮されている。横軸：年，縦軸：記録（分：秒）

に1マイル（約1.6km）で3分45秒を切っており，走高跳では8フィート（約2m44cm），棒高跳では20フィート（約6m9cm）を越えるようになった。同様なことが他の多くのスポーツにおいて，国内・国際レベルでも，高校，大学レベルでもみられる。いくつかのスポーツでは，現在の高校生選手の方が30年前のオリンピックチャンピオンよりもいい記録を出している。

> オリンピックのモットーはcitius（より速く），altius（より高く），fortius（より強く）である。

スポーツの成績は多くの理由によって向上を続けている。スポーツへの参加者が多くなり，参加の機会が増えたことは，記録を塗り替えるだけの遺伝的な能力をもった潜在的人口を増加させている。指導法やトレーニング法の改善が選手の生理学的体力レベル，心理学的戦略，そしてバイオメカニクス的技術を向上させている。よりよい栄養と治療が選手のトレーニングをより効果的に行わせるのに役立っている。施設や用具の技術的改善は機械的，バイオメカニクス的な有利さをもたらしている。個々に，また複合的に，これらがスポーツ記録が破られる大きな理由となっている。

スポーツパフォーマンスの限界

スポーツパフォーマンスには限界があるのか。もしあるならば，それは何なのか。その究極の障壁はエネルギーの適切な生産，制御，そして効率的な利用ができなくなることであると私は信じている。なぜかといえば，エネルギーはスポーツにおけるあらゆる動作の基礎であるからだ。

スポーツにおいては，2つの因子がエネルギー生産とその利用において重要な役割を果たしているが，それは遺伝的な素質とトレーニングである。遺伝はエネルギーを生産するためのある身体的能力を私たちに与えているが，スポーツにおいて成功するためには，私たちはエネルギーの生産する能力を最大限にしたり，制御したりしなければならないし，その利用をできるだけ効率よく行わなければならない。たとえ，私たちが天性のスポーツ選手の特質をもって生

まれたとしても，潜在能力を開花させるためには激しいトレーニングを行わなければならない。

> アメリカのエリート自転車選手であるLance Armstrongの天賦の才能は，彼の有酸素性能力が国際的な選手の上位1-2%になった15歳の時に明らかになった。
> ——Jay Kearney（USOC主任スポーツ生理学者）

スポーツパフォーマンスを向上させるための遺伝的な才能に対する働きかけは，これまで大規模に行われてこなかった。ヒューマンゲノムプロジェクト（人

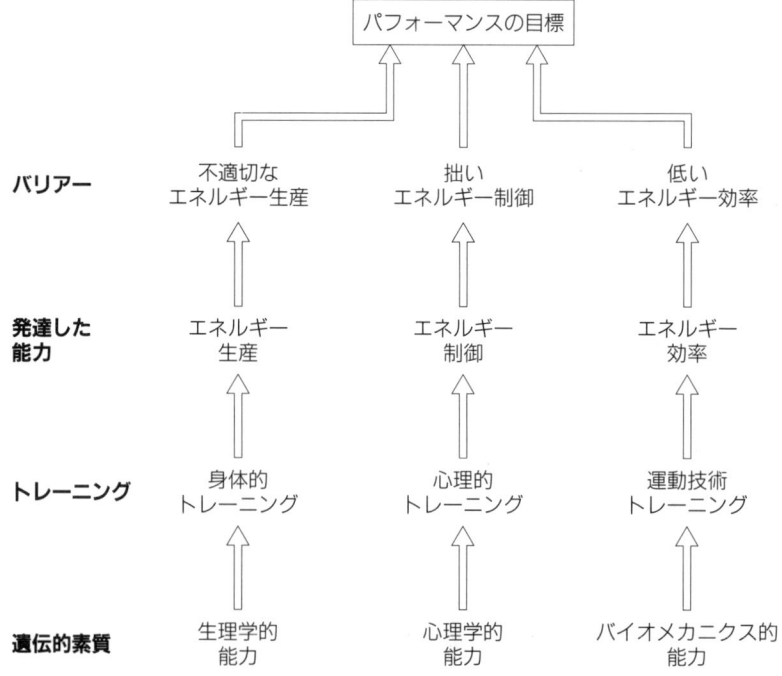

図1.2　不適切なエネルギー生産，拙いエネルギー制御，そして低いエネルギー効率はパフォーマンスの目標達成のバリアーとなる。

間の全遺伝子の機能を解明するために計画された国際研究プロジェクト）はほとんど終了しているが，スポーツで成功するために必須の生理学的，心理学的，およびバイオメカニクス的特質の発現に関与している遺伝子を同定するためには，そのような働きかけがおそらく必要であろう．一方で，スポーツのトレーニングへの科学の応用は過去30年間に急速に盛んになってきている．スポーツ生理学者はパフォーマンスを改善するために，異なるトレーニング法や栄養学的実践について研究しており，スポーツ心理学者はパフォーマンスに及ぼす心理的障壁（バリアー）を取り除くために，心理学的アプローチを用いており，さらに運動学習の専門家やスポーツバイオメカニクス研究者は特異的なスポーツ技術の学習と実行の方法について研究している．

　スポーツにおいて最高のパフォーマンスを得るための障壁（バリアー）となっているもののうち，ある程度制御できる一般的な3タイプは生理学的，心理学的，およびバイオメカニクス的なものである．生理学的バリアーはエネルギーを生産する能力を規定する．心理学的バリアーは発揮されるエネルギーを制御する能力を規定する．また，バイオメカニクス的バリアーはエネルギーを効率的に利用する能力を規定する．これら3種類のバリアーは相互に関連しているようである．例えば，パフォーマンスに対する心理学的バリアーは生理学的過程による適切なエネルギー生産に干渉し，エネルギーの適切なバイオメカニクス的利用を妨げるだろう．

　エネルギーの生産，利用，および制御の詳しい内容と，それに関連した疲労発生過程については後の章で述べられるので，ここでは，パフォーマンスに及ぼす一般的な生理学的，心理学的，およびバイオメカニクス的な諸規定因子について述べる．図1.2はこれらバリアーのいくつかに焦点を当てて示している．

　（私たちは両親を選択する機会は得られないので）遺伝的素質は変えられないけれども，あるスポーツのトレーニングを通して獲得する能力を最大限に高めることは可能である．たとえ，ある種のスポーツの天賦の才能がなくても，適切なトレーニングを行えば，生まれつきの能力を本人が目標とするレベルにまで伸ばすことができる．適切なトレーニングはスポーツパフォーマンスを改善するためには，もっとも効果的な手段である．

図1.3 オリンピックレベルの選手は，その種目に特有な天賦の才能を与えられていなければならず，激しいトレーニングによってその才能を最大限に高めなければならない。©Claus Andersen

> オリンピック選手になるためには，うまく両親を選択しなければならない。
> ──Per-Olaf Astrand（世界的に著名な生理学者）

スポーツでの成功とトレーニング

　スポーツでの成功とは選手の立場によって異なっている。42.195kmのフルマラソンを走っている選手を考えてみよう。ある選手にとっては，フルマラソンを完走することが，他の選手にとっては，ローカルな大会の年齢別で勝利することが成功である。さらに他の選手においては，オリンピックのマラソン競技で金メダルを勝ち取ることであったり，ボストンマラソンで最初にゴールテープを切ることであったりする。ユース大会から国際大会に至る他のスポーツにおいても，同じような比較ができる（図1.3）。

どのようなスポーツを行う場合でも，そのトレーニングを最適な条件で行う必要がある．初めてマラソンを完走しようとしている人でも，オリンピックで金メダルを勝ち取ろうとしている選手でも，スポーツにおけるトレーニングの原則は同じである．アメリカ合衆国オリンピックトレーニングセンターのトレーニングプログラムでは，スポーツパフォーマンスについて身体的パワー，精神力，および機械的エッジの3点に注目して，生理学的，心理学的，およびバイオメカニクス的バリアーをうち破ろうとしている．身体的パワーとはエネルギー生産の能力のことであり，精神力とはエネルギーの制御に関連しており，機械的エッジはエネルギーの効率的利用と関係がある．

それぞれのスポーツによって，エネルギーの生産，制御，および効率に関して，それぞれ異なる要求がなされる．それらの要求とはスポーツパフォーマンスを構成する諸因子のことである．

スポーツパフォーマンスを構成する諸因子（SPF）

数百人の各種スポーツ選手が世界的に活躍している．1996年のアトランタ・オリンピックでは（その後に開催された身体や視覚に障害のある人々のスポーツ大会であるパラリンピックは除く）271種目の決勝が行われた．アーチェリーからヨットに至る各々の競技において，競技参加者には勝利を得るためにある種の能力をもっていることが要求される．これらの能力をスポーツパフォーマンスを構成する諸因子，あるいはスポーツパフォーマンス因子（SPF）と呼ぶことにしよう．

科学者たちはよいパフォーマンスを得るために決定的なSPFを解明しようとして生理学的，心理学的，およびバイオメカニクス的な視点から様々なスポーツ競技を分析している．遺伝とトレーニングはスポーツ選手のSPFの鍵となる決定因子である．身長のようないくつかのSPFはおそらく改変できないものであるが，筋力のようなほとんどすべてのSPFは，適切なトレーニングによって，ある人の遺伝的能力を最高に発揮するために大きく改善できるものであると述べている．

科学者は多くの研究方法を用いることによって，より詳細にSPFを分類している．例えば，筋力は静的筋力，動的筋力，瞬発力，上体筋力，下体筋力の

表1.1
スポーツパフォーマンスを構成する諸因子（SPF）

身体的パワー（エネルギー生産）
  瞬発的パワーと筋力
  ハイパワーとスピード
  パワー持久力
  有酸素性パワー
  有酸素性持久力

精神力（神経・筋の制御）
  興奮
  気晴らし

機械的エッジ（効率）
  筋量／体重の増加
  体脂肪量／体重の減少

ようにさらに細かく分類される。基本的なSPFは数十種類にも分類されているが，それらは（a）身体的パワー，（b）精神力，（c）機械的エッジの3つのカテゴリー（部門）に大きくまとめられる。それぞれのカテゴリーは表1.1に示されているように，さらにより細かに区分される。これら3つの一般的なカテゴリーとSPFとの関係については3～5章において詳しく議論される。

すでに述べたように，適切なトレーニングとは選手がスポーツパフォーマンスを改善するためにもっとも効果的なものである。トレーニングによって身体的パワーや精神力を高めることができ，また機械的エッジをもたらすこともできる。しかし，選手は身体的パワー，精神力，あるいは機械的エッジを高めるために，トレーニングにとって替わるような気がする方法とか，トレーニング効果を上回る方法を求めている。このような場合，彼らはスポーツパフォーマンスの補助物質，つまり，いろいろなスポーツ・エルゴジェニックに走る。

第 ② 章
スポーツ・エルゴジェニックによる競技力のバリアーの打破

　科学論文は選手がエルゴジェニックエイド,つまりスポーツ・エルゴジェニックとして,パフォーマンスを高める手段として利用するいろいろな物質について述べている。エルゴジェニック（ergogenic）という用語はギリシャ語のergon（仕事）とgennan（生産する）という言葉に由来している。さらに,エルゴジェニックとは通常,仕事をしたり,その量を高めるものという意味がある。商社や企業の管理者は広く,仕事の生産高を増やすためにエルゴノミックス（ergonomics）の科学を応用しようとしている。これらエルゴノミックスの開発は,事務仕事をより快適に行うためにコンピューターを設計したり,自動車生産ラインの各種作業ロボットを用いて生産性を高めるような形で行われている。このような意味で,私たちすべてが日々の仕事において楽に作業ができるように,つまり生産性を高めるために,ある種のエルゴジェニックを利用しているのである。

　古代における組織化されたスポーツ大会から,選手は素質（遺伝）やトレーニングのみによって得られる以上に競技力（スポーツパフォーマンス）を改善

しようとしてスポーツ・エルゴジェニックを利用してきている。古代のギリシャやローマにおいて，選手たちの関心は栄養補助に集中していた。例えば，「ライオンの心臓に勇気が含まれる」といったように，動物の特定の臓器には何らかの特質が含まれており，選手がそれを食べるとその特質を受け継ぐことができると信じられていたようである。しかし，100年以上前には，それらに替わって，ボクサー，マラソンランナー，野球やサッカーの選手，ヨーロッパの自転車選手，オリンピック選手やその他の選手を含む数多くの選手たちが，彼らの競技能力を改善しようとして，アルコール，カフェイン，およびコカインのような薬物を経験した。近年においては，とくにスポーツ栄養学，スポーツ心理学，スポーツバイオメカニクス，そしてさらにスポーツ薬学の分野におけるスポーツ科学の研究が驚異的に増加しているのと並行して，競技力に対するバリアーを低くしようと，実質的に数百にものぼるスポーツ・エルゴジェニック

**表2.1
身体的パワー，精神力，および機械的エッジによって
スポーツパフォーマンスを高める**

身体的パワーを高める
1. エネルギーを生産するための筋肉組織量を増加させる。
2. 筋肉内での代謝過程においてエネルギー生産速度を高める。
3. 持久力のために筋肉内でのエネルギー供給を増加させる。
4. 筋肉内へのエネルギー供給系を改善する。
5. 適切なエネルギー生産を妨害する体内物質の蓄積を防ぐ。

精神力を高める
1. エネルギー生産を最大限にする心理学的プロセスを高める。
2. 適切な心理学的機能を妨害する諸因子を減少させる。

機械的エッジを高める
1. 体重，主として体脂肪を減らすことによって効率を高めるために，人体のバイオメカニクス効果を改善する。
2. 体重，主として筋肉量を増やすことによって安定性を高めるために，人体のバイオメカニクス効果を改善する。

(と称するもの)が開発されてきている。

　ほとんどのスポーツ・エルゴジェニックの目的は，身体的パワー（エネルギー生産），精神力（エネルギー制御），あるいは機械的エッジ（エネルギー効率）を高め，疲労の発生を防いだり，遅らせることによってパフォーマンスを改善することである。表2.1はスポーツパフォーマンスを高める可能性があるスポーツ・エルゴジェニックをそれらの特性別に示している。

　選手は通常においては特定の目的のために，表2.1に示した3大部門のどれかをスポーツ・エルゴジェニックとして用いるだろう。選手は筋肉内のエネルギー供給を増やして身体的パワーを高めるために，炭水化物サプリメントをとるだろうし，後ろ向きな考えを除去することによって，精神力を高めるために催眠術を試そうとするだろうし，空気抵抗を減らして機械的エッジを高めるために，空気力学にかなったレース用スーツを着用しようとするだろう。いくつかのスポーツ・エルゴジェニックには複合効果をもたらすことができるものがある。例えば，タンパク同化，あるいは男性化ステロイドは筋肉量を増すことによって身体的パワーを高め，攻撃性を増すことによって精神力を高め，さらに体重を増やすことによって機械的エッジを高めるが，これらすべてが相撲のような特定のスポーツ種目のパフォーマンスを改善するだろう。

スポーツ・エルゴジェニックの分類

　スポーツ・エルゴジェニックは様々に分類される。私の著書 *"Beyond Training: How Athletes Enhance Performance Legally and Illegally"* では，それは以下の5つのカテゴリーに分類されている：(a) 栄養学的補助，(b) 薬理学的補助，(c) 生理学的補助，(d) 心理学的補助，および (e) 機械的，あるいはバイオメカニクス的補助である。

　いくつかのスポーツ・エルゴジェニックとは，実際的に，トレーニングの技術（スキル）であり，例えば，イメージ表現，あるいは先験的な瞑想といったような心理学的なスポーツ・エルゴジェニックがある。身体的トレーニングとともに，選手は精神力を高めるために，特殊な心理学的スキルを使わなければならない。力学的，あるいはバイオメカニクス的なスポーツ・エルゴジェニックも同様にトレーニングの一形態である。例えば，水泳におけるハンドパドル

のような力学的補助によるバイオメカニクス的スキル向上のトレーニングは，もっぱらエネルギー効率を改善するために行われる。さらに，スポーツウェアとスポーツ用具は機械的エッジを高めるためにデザインされているが，選手はそれらがもっている利点を最大限に役立てるためにトレーニングをしなければならない。にもかかわらず，心理学的なスキルトレーニング，バイオメカニクス的なスキルトレーニング，そしてスポーツのウェアと用具はスポーツパフォーマンスを向上させるために役立つスポーツ・エルゴジェニックとしても注目されている。これについては，第3章と第4章において詳細に議論される。

　本書では，主として，表2.1に示した一つ，あるいは，それ以上の過程でうまく働かせることによって，身体的パワーを増強し，精神力を高め，あるいは機械的エッジをもたらすことを目的として体内に取り入れる物質のみ（あるいは，そのような物質の摂取を増加させるための関連技術）をスポーツ・エルゴジェニックと考えていこう。これらの物質は栄養学的，薬理学的，および生理学的なスポーツ・エルゴジェニックの3グループに分けられるだろう。

栄養学的スポーツ・エルゴジェニック

　栄養学的スポーツ・エルゴジェニックは主として，筋肉量を増やしたり，筋肉内のエネルギー貯蔵量を増やしたり，筋肉中でのエネルギー生産速度を高めるのに役立つ。ほとんどの栄養学的スポーツ・エルゴジェニックは身体的パワーを増強するように設計されているが，そのうちのいくつかは精神力を高めたり機械的エッジにも役立つように設計されている。

　あなたが食べる食物は50種類以上の栄養素を供給することができるが，それらすべてが，ある方法で，または他の方法でエネルギーを生産するのに必須のものである。あなたは，これら必須栄養素が体内でのエネルギー生産を制御するために，多様な機能を果たしていることに驚嘆するだろう。しかし，本質的にみて，これら栄養素はエネルギー生産に関連する以下の3つの基本的な機能を果たしているのである：（a）エネルギー源物質の供給；（b）体内におけるエネルギー生産過程の制御；そして（c）成長，発達，およびエネルギーを生産する様々な体内組織の形成（図2.1）。

　適切な栄養はスポーツパフォーマンスを最高に発揮するために必須である。もしも運動中にエネルギーを生産するために重要な栄養素の一つが欠乏してい

るならば，パフォーマンスに悪い影響が出るだろう。一般的にいって，健康によい食品を含む変化に富む食事をとっているならば，スポーツパフォーマンスを損なうような栄養素の欠乏には陥らないだろう。

　バランスのよい食事からは，最高のスポーツパフォーマンスに必要なすべての栄養素を得ることができる。あなたが食べる栄養素は，炭水化物，脂肪，タンパク質，ビタミン，ミネラル，そして水の6群に分けることができるだろう。一般的にいって，炭水化物はエネルギー源として働く。脂肪もまた，エネルギーを供給するが，それはほとんどの細胞の構成成分でもある。タンパク質は(a)組織形成，成長，および発達，(b) エネルギー生産を制御する酵素の生成，そして (c) ある条件下におけるエネルギー源として等々，様々な役割を果たしている。ビタミンは主として，酵素と共同して働き，様々な代謝過程を制御している。多くのミネラルもまた，代謝の制御に関連しているが，そのうちのいくつかは，身体の構造物としても貢献している。最後になるが，水は体重の大部分を占めており，体内の様々な過程を制御する手助けをしている。表2.2は現在，生命にとって必須と考えられている栄養素を示している。

　すべての栄養素は一つの方法，あるいは他の方法におけるエネルギー生産に

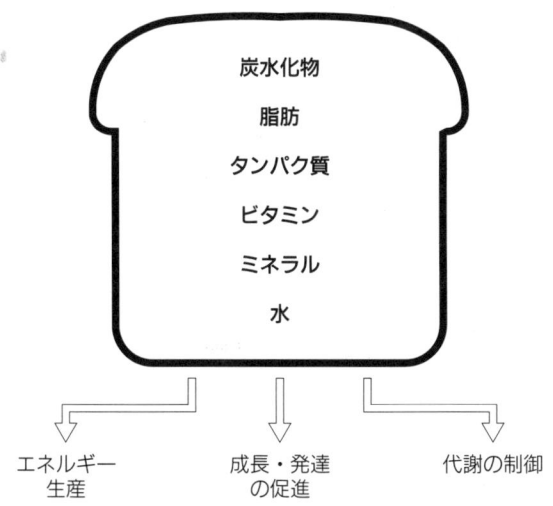

図2.1　食事でとられる栄養素は体内で基本的な3大機能を果たす

表2.2
ヒトの必須栄養素

炭水化物
食物繊維

脂肪（必須脂肪酸）
リノール酸　　　　　　　　α-リノレン酸

タンパク質（必須アミノ酸）
ヒスチジン　　　　　　　　フェニルアラニン
イソロイシン　　　　　　　スレオニン
ロイシン　　　　　　　　　トリプトファン
リジン　　　　　　　　　　バリン
メチオニン

ビタミン
水溶性　　　　　　　　　　脂溶性
チアミン（B_1）　　　　　A（レチノール）
リボフラビン（B_2）　　　 D（カルシフェロール）
ナイアシン　　　　　　　　E（α-トコフェロール）
ピリドキシン（B_6）　　　K（フィロキノン）
パントテン酸
葉酸
B_{12}
ビオチン
アスコルビン酸（C）

ミネラル
主要ミネラル　　　　　　微量ミネラル
カルシウム　　　　　クロム　　　　　モリブデン
塩素　　　　　　　　コバルト　　　　ニッケル
マグネシウム　　　　銅　　　　　　　セレン
リン　　　　　　　　フッ素　　　　　珪素
カリウム　　　　　　ヨウ素　　　　　スズ
ナトリウム　　　　　鉄　　　　　　　バナジウム
硫黄　　　　　　　　マンガン　　　　亜鉛

水

表2.3
栄養学的なスポーツ・エルゴジェニック

炭水化物
　炭水化物補給

脂肪
　脂肪補給　　　　　　　　　　　　オメガ-3　脂肪酸
　中鎖トリグリセリド

タンパク質／アミノ酸
　タンパク質サプリメント　　　　　分岐鎖アミノ酸（BCAA）
　アルギニン，リジン，オルニチン　トリプトファン
　アスパラギン酸

ビタミン
　抗酸化ビタミン　　　　　　　　　パントテン酸
　チアミン（B_1）　　　　　　　　葉酸
　リボフラビン（B_2）　　　　　　B_{12}
　ナイアシン　　　　　　　　　　　アスコルビン酸（C）
　ピリドキシン（B_6）　　　　　　ビタミンE

ミネラル
　ホウ素　　　　　　　　　　　　　リン酸
　カルシウム　　　　　　　　　　　セレン
　塩素　　　　　　　　　　　　　　バナジウム
　鉄　　　　　　　　　　　　　　　亜鉛
　マグネシウム

水
　水分補給

植物性抽出物
　タンパク同化植物ステロール　　　ヨヒンビン
　朝鮮人参

その他
　ハチ花粉
　工学的食事サプリメント
　HMB（β-ヒドロキシ-β-メチルブチレート）
　マルチビタミン／ミネラル
　ビタミンB_{15}

関連しているが，いくつかの特別な栄養素は，エネルギー生産速度が運動中に途方もなく上昇するようなスポーツ選手にとっては，とりわけ重要である。例えば，タンパク質は筋肉組織を生成するために必須であり，炭水化物は筋肉の主要なエネルギー源であり，鉄は筋肉細胞に適切に酸素を運搬するために必要不可欠な栄養素である。

表2.3はスポーツパフォーマンスとの関係で研究されている栄養素を重点的に示しているが，それらについては第8章で，より詳しく述べることになっている。

薬理学的スポーツ・エルゴジェニック

薬理学的スポーツ・エルゴジェニックとは，生体内に自然に含まれているホルモンや神経伝達物質と同様に機能するように設計された薬物のことである。いくつかの栄養学的スポーツ・エルゴジェニックのように，薬理学的スポーツ・エルゴジェニックはスポーツでの成功と関連している様々な代謝過程に影響を及ぼすことによって，身体的パワーを高めるであろう。例えば，アンフェタミンはエネルギー生産に関連する生理学的諸過程が亢進する運動中に，自然に分泌されるホルモンであるエピネフリン（アドレナリン）の効果と似た働きをする。薬理学的スポーツ・エルゴジェニックはまた，精神力や機械的エッジにも影響を与えるであろう。

薬理学的スポーツ・エルゴジェニックについてはスポーツ諸団体の間でもっとも関心が高まっている。ドーピング，つまり，パフォーマンスを高めることを目的としたスポーツ選手による薬物使用はほぼ1世紀にわたって行われてきているが，国際的な競技会やプロスポーツにおける選手の間で，ドーピングが盛んになってきたのは，ようやく第二次世界大戦後のことなのである。ドーピングはついに，大学スポーツにまで広まり，今日では，高校や中学レベルのスポーツにまで広がっているようである。

14歳の南アフリカのランナーは最近，ドーピング検査でタンパク同化ステロイドが検出されたが，この選手は薬理学的スポーツ・エルゴジェニックの使用を告発されたもっとも若い陸上競技選手である。

いくつかの薬物は効果的なスポーツ・エルゴジェニックであるけれども，それらの使用はまた，著しく健康障害を高めるであろう．国際オリンピック委員会（IOC）の医事委員会は，ドーピングがスポーツと医科学のいずれの倫理をも侵害しており，その行為は禁じられているとの注意を出している．IOC，アメリカ合衆国オリンピック委員会（USOC），ナショナルフットボールリーグ（NFL），そしてナショナルバスケットボール協会（NBA）など，ほとんどのスポーツ団体は薬物使用に関する方策を発展させてきている．特定のスポーツ団体の管轄下にあるスポーツ競技では，その薬物に関する規則と規制について知っていなければならない．

表2.4はIOCによって禁止されている薬物や用法の主要分類を示しているが，

表2.4
国際オリンピック委員会（IOC）によって禁止されている薬物や用法の主要分類

（　）内にいくつかの例を示す．

禁止薬物
　興奮剤（アンフェタミン，コカイン，エフェドリン）
　麻酔剤（麻薬性鎮痛剤）
　たんぱく同化剤（たんぱく同化ステロイド，クレンブテロール）
　利尿剤
　ペプチドホルモン，糖たんぱくホルモン，それらの類似体

禁止用法
　血液ドーピング
　薬理学的，化学的，身体的操作

規制を受けている薬物
　アルコール
　カフェイン
　マリファナ
　局所麻酔剤
　コルチコステロイド
　β-遮断剤
　特殊なβ-2アゴニスト（クレンブテロール）

ほとんどのスポーツ団体はこれを模範としている。ほとんどの物質と用法については第8章で述べられるが，詳細なリストを巻末の付表に示す。

生理学的スポーツ・エルゴジェニック

　生理学的スポーツ・エルゴジェニックとは身体的パワーを発揮する自然な生理学的過程を亢進するために特別に設計された物質や技術である。その例としては血液ドーピング，エリスロポエチン，および酸素吸入などがある。生理学的スポーツ・エルゴジェニックはそれ自身では薬物ではない。しかしながら，そのうちのいくつかは追放物質であるがゆえに，厳密な意味では，薬物とみなされるだろう。いくつかの物質はIOCによって禁止されているので，我々はそれらの物質を生理学的ドーピング作用物質，あるいは非薬理学的ドーピング物質と呼べばいいだろう。

　その他の生理学的スポーツ・エルゴジェニックは栄養学的スポーツ・エルゴジェニックと関係しているだろう。カルニチンやクレアチンは我々が食べる食物中に含まれているが，それらは体内で他の栄養素から合成されるので非必須の栄養素である。一般的にいって，これら非必須の栄養素は，スポーツパフォ

表2.5
生理学的スポーツ・エルゴジェニック

細胞代謝
　カルニチン　　　　　　　　　　　　　クレアチン
　コエンザイムQ_{10}　　　　　　　　　　重炭酸塩

ホルモン／神経伝達物質活性
　コリン　ヒト成長ホルモン
　DHEA（デヒドロエピアンドロステロン）　テストステロン
　ヒト コリン性ゴナドトロピン

酸素運搬
　血液ドーピング　　　　　　　　　　　イノシン
　エリスロポエチン　　　　　　　　　　酸素
　グリセロール

ーマンスにおいて重要な，特異的な生理学的諸過程と緊密に絡み合っている。

　表2.5はスポーツパフォーマンスと関連して研究されている生理学的スポーツ・エルゴジェニックの代表的なものを示している（第8章も参照のこと）。

　3章〜5章では，身体的パワー，精神力，そして機械的エッジについて広く議論していくことにする。そこでは，特定のスポーツパフォーマンス因子を高めるために，栄養学的，薬理学的，そして生理学的スポーツ・エルゴジェニックをどのように利用するかについて，いくつかの一般的な指示をすることにしよう。

第 3 章

エネルギーとパワーの増大

　スポーツはエネルギーと密接な関係にあるが，エネルギーは自然界に6つの形で存在している（表3.1参照）。エネルギーの原則で大切なことは，ひとつの形から別の形へ変換できることである。原子力エネルギーは，原子力発電所でウランからさまざまな形に変換され，それによって，ランプに明かりがつく。科学者は，自然の中で私たちの生活がより快適に過ごせるようエネルギーをコントロールする方法を知った。そしてスポーツ科学者は，身体パフォーマンスにとって最適なエネルギー発揮の原理の応用を追求している。

スポーツエネルギー

　スポーツを行うために重要なエネルギーは2つある。機械的エネルギーと化学エネルギーである。スポーツには動きが伴う。すなわち，機械的エネルギーである。化学エネルギーは，私たちの体の中にさまざまな形で貯蓄され，さまざまな動きをつくり出す。

電気化学エネルギーと熱エネルギーはスポーツパフォーマンスにおいて重要な役割を果たす。電気化学エネルギーは私たちの神経システム内で作られる。そして，それが私たちの筋肉が収縮したりするための化学エネルギー放出にとって必要なのである。それはちょうど電話システムが電気を使って通信を行うようなものである。体内において，この電気化学エネルギーがうまく合成されなかったり，利用されなかったりしたときはパフォーマンスが低下する。熱エネルギーは，化学エネルギーを使って継続的に私たちの体内で発生する。しかし，運動中にはより大量に発生するのである。運動中に過大に蓄えられたり，失われた体内の熱はパフォーマンスに悪影響を及ぼす。

身体的パワーとエネルギー生成

スポーツパフォーマンスの向上方法を理解するには，人体のエネルギーの備蓄方法や使用法，そして疲労や不合理なエネルギー利用法により，パフォーマンスの低下がどのように起こるかなどのメカニズムを理解する必要がある。

最適なスポーツパフォーマンスは，最適なエネルギーの生成（身体的パワー），制御（精神力）および効率（機械的エッジ）などによる。制御と効率については，この後，第4章と第5章で詳しく述べる。それでは，あなたの体と自動車の関係を例に用いて身体的パワーについての原則を説明しよう。

スポーツでの最適な身体的パワー生成には，エネルギーを生成する高性能な

表3.1
自然界のエネルギー形態

エネルギー形態	例
光	太陽光線
核エネルギー	ウランからの核分裂
電気的エネルギー	雷からの電気
化学エネルギー	食物中の炭水化物
熱エネルギー	運動による体熱の生産
機械的エネルギー	ウエイトリフティングのような動作

エンジンが必要である。インディ500を戦うためにはレーシングマシンが必要だろう（ファミリーセダンでは，まず無理だろう）。あなたの筋肉はあなたのエンジンである。それらの筋肉は，特別なスポーツのために最も効率良く，あなたの化学エネルギーの素からエネルギーを合成しなくてはならない。

いくつかのスポーツでは，あなたは短時間の間にエネルギーを生成しなくてはならない強力なエンジンが必要となる。そのほかのスポーツでは，小さくて，しかも長時間においてエネルギーを生成出来るより効率性の高いエンジンが求められる。そしてまた，体内に適当なタイプの化学エネルギー、つまり燃料を十分に備えていなければならない。ほとんどの車は，通常，無鉛ガソリンで適正に機能しているが，ある種の車には，ハイオクガソリンが必要である。さらに高性能なレーシングカーには最適なパフォーマンスを発揮するために，特別配合のガソリンが必要である。自動車と同様に，あなたの体も燃料で動いているのである。あなたの体が使う燃料のタイプは，必要とするエネルギーがスポーツによって違うためまちまちである。あなたは2つの一般的なタイプの筋肉エンジンをもっている。それらは違ったタイプの化学エネルギーを備蓄したり，エンジンを使ったりすることができるように造られている。ひとつは，瞬発力を発揮するために造られ（図3.1），もう一つは持久力を発揮するために造られている。

エネルギーの生成は，身体的パワーの基礎である。そして，筋線維のタイプはエネルギー生成の基礎である。筋肉はスポーツのエンジンなのである。

筋線維タイプ

筋肉は，筋肉自体の収縮（短縮）や骨が動くことによって人間が動く手段になっている。図3.2は，筋肉が腱を経て骨につながっている様子を表したもので，各々の筋肉は多数の運動ユニットを含んでいる。そして，各運動ユニットは個別に筋細胞や筋線維を多数含んでいる。ここで大切な点は，それらの筋線維は違ったタイプで構成されているということである。そのタイプは収縮速度（個々の運動単位に含まれるすべての筋線維は同一タイプである）に基づいて区別されている。筋線維の一回だけの収縮が単収縮である。一般的に，ある筋線維は高速で収縮できるが，これらは，速筋（FT）線維と呼ばれている。もう一つの筋線維は単収縮が低速で，遅筋（ST）線維と呼ばれている。

図3.1 精巧なレーシングカーは，強力なエンジンをもっていなければならない。世界レベルの短距離走者は強大な筋肉を必要とする。すなわち人間の動作のエンジンである。
ⓒAnthony Neste

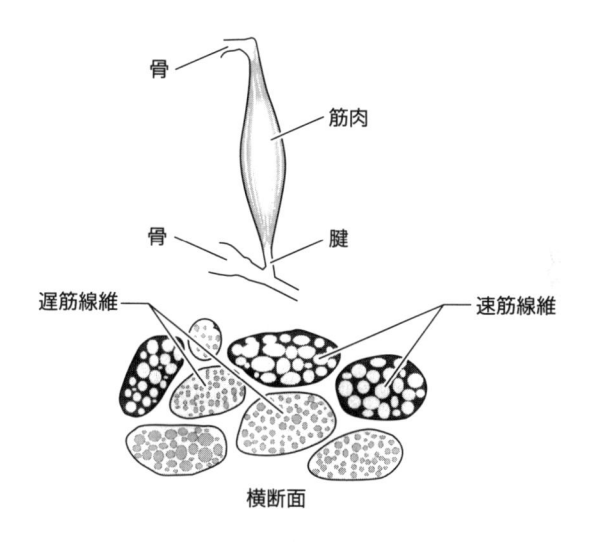

図3.2 筋肉は，何千もの個別の筋肉細胞をもっている。いくつかは，速筋と呼ばれる。また，いくつかは遅筋と呼ばれる。

エネルギーシステムと ATP

　筋線維の収縮の速度は，化学エネルギーを機械的エネルギーに変換する能力によっており，実際には，筋肉細胞の収縮による。筋肉内には，活動エネルギー代謝率が全く違うシステムが3種類含まれている。1つ目は，ATP-CP エネルギー系と呼ばれている。2つ目は，乳酸エネルギー系と呼ばれている。最後の3つ目は，酸素エネルギー系と呼ばれている。各筋線維は，すべて3つのエネルギーシステムを所有している。しかし，ひとつのシステムが他のシステムよりも有効に使われるのは各々の筋線維で主要なエネルギーシステムのタイプが決められているからである。

　筋肉は，3つの違ったエネルギー供給システムを備えているが，唯一つのエネルギー源物質が筋収縮に関与しており，この物質は ATP と呼ばれている。ATP とは，adenosine triphosphate（アデノシン三リン酸）の略で，高エネルギー化学物質（分子）であり，すべての筋細胞中にある。神経刺激による筋肉への刺激は電気化学反応を引き起こす。それは，ATP を分解することによ

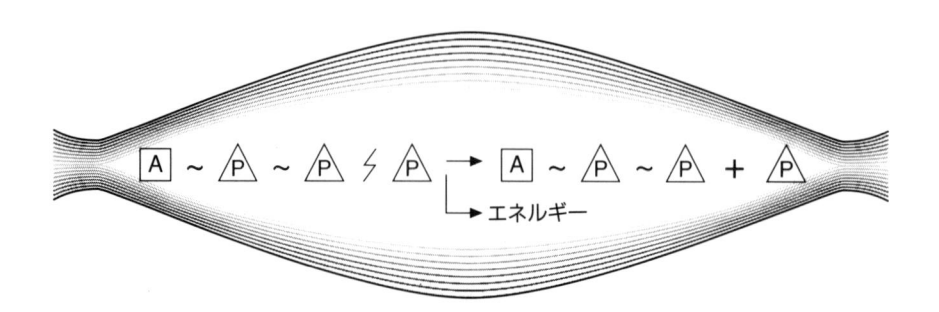

図3.3 アデノシン三リン酸（ATP）は，筋収縮時，直ちに使われるエネルギー源である。リン酸が分解されたときエネルギーが発生する。

って化学エネルギーを発生させて，筋収縮を引き起こす（図3.3）。ATPは，筋収縮を行うための最初のエネルギー源であり，ATP抜きでは筋肉は収縮しない。筋細胞内にはATPが十分に貯蔵されていない。その量は，最大速度では1秒間ほどしか筋肉を収縮できない。従って，筋収縮を続けるためには，ATPがどこかから補給される必要がある。また，筋収縮を素早く行うためには，ATPの補給を素早く行う必要がある。後に述べているが，3つのエネルギーシステムの目的は，ATPの補給のためである。しかし，これらのシステムがATPを補給できる割合は異なっている。

ATP-CP エネルギー系

　ATP-CPエネルギー系は，ATPともうひとつの高エネルギーリン酸化合物，すなわちCP（クレアチンリン酸）から成りたっている。ATPは，筋収縮開始時に使われるエネルギー源で，エネルギーを迅速に発生することができる。しかし，前述のように，その量は非常に限られている。CPは，エネルギーを迅速に分解して発生させることができるが，このエネルギーは直接筋収縮に使うことができない。その代わりとして，CPはATPの再合成を迅速に行わせる役割をしている（図3.4）。CPの供給は，同じように筋肉内でも限られている。しかし，5秒から10秒ほど余分に筋を収縮させるためにATPを再合成させることができる。

　すべての筋肉にはATP-CPエネルギー系が含まれているが，ATPとCPを

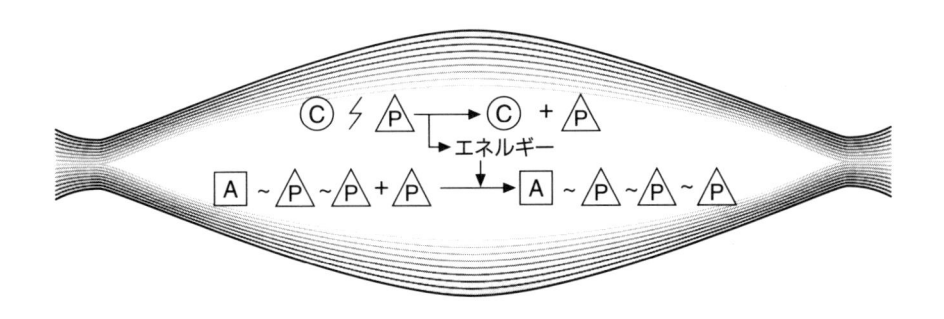

図3.4 クレアチンリン酸は，ATPの再合成を迅速に行い，エネルギーを発生する。

素早く利用する能力は速筋線維の主たる特徴である。このエネルギー系は，機能を発揮するために酸素を必要としない（つまり，酸素分子を要さない反応）。すなわち，無酸素（酸素なし）エネルギー源である。ATP-CPエネルギー系は，短時間でエネルギーを発生することができる。

乳酸エネルギー系

　乳酸エネルギー系は炭水化物，主として筋肉に蓄えられたグリコーゲン，を燃料として利用する。筋グリコーゲンの分解は，糖源（グリコーゲン）分解として知られている。この次に解糖作用と呼ばれる過程が続く。この過程では，ATPを素早く生産できるが，それはCPの分解ほどには早くない。

　解糖作用は，酸素の有無にかかわらず起こる。通常，安静時においては，筋肉のATP必要量は，非常にわずかである。つまり解糖作用のスピードは非常に遅く，酸素を取り入れることによって持続できる。炭水化物から作られるこの有酸素エネルギーは，安静時に必要とされる全エネルギーの40％を占めている。運動を始めると有酸素的状態での解糖作用の割合は，より多くのATPを必要とするために高くなる。

　無酸素状態で行われる解糖もエネルギー生産に関与している。あなたの運動強度が増加して，その強度がある水準に達すると，有酸素的に行われる解糖ではエネルギー生産が十分にできなくなる。それは，筋細胞に十分な酸素が取り入れられなくなり，供給できなくなるからである。それに応じて多くのATP

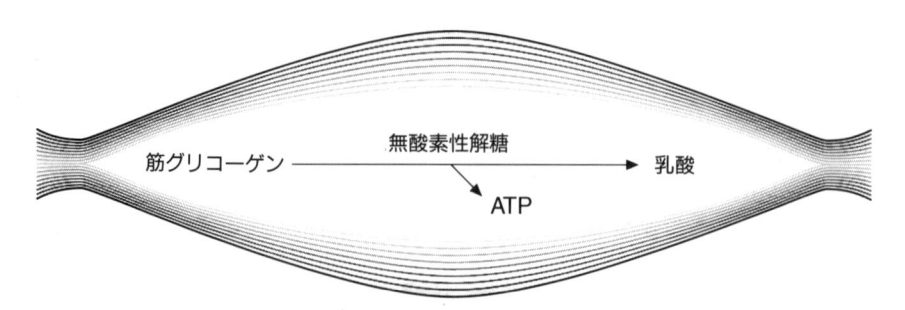

図3.5 乳酸エネルギー系では筋グリコーゲン（炭水化物）は，酸素なしでATPを合成することができるが，そのとき乳酸が生産される。

が酸素が不十分な状態で生産される。これは無酸素的な解糖作用となる（図3.5）。

　筋細胞における一連の反応過程において，乳酸生産が行われることによって無酸素性解糖作用を続けることができる。しかし，過大な乳酸蓄積は，筋肉内での疲労過程と関連しており，運動中の効果的なエネルギー生産を制限する。乳酸エネルギー系は，かなり迅速な割合でエネルギー生産を行うが，長時間にわたってエネルギーを生産することはできない。

酸素エネルギー系

　酸素エネルギー系は，たくさんの燃料を使うことによってATPを生産することができ，それには炭水化物と脂肪が利用される。運動中，筋エネルギーのために必要な炭水化物はグルコースである。前述したとおり，グルコースは，グリコーゲンとして筋肉内に限られた量だけ備蓄されている。一部のグルコースはグリコーゲンとして肝臓に蓄えられ，必要に応じて血液によって筋肉に運び込まれる。筋肉よりも肝臓に蓄えられているグリコーゲンの量の方が少ない。運動中，筋エネルギーのために必要な主な脂肪は遊離脂肪酸（FFA）である。脂肪（トリグリセリドとして知られている）は，筋肉内に限られた量だけ備蓄されている。そして，酸素エネルギー系によってFFAに分解される。われわれの体内にはたくさんの脂肪がある。それらは皮下やそれよりも深いところに備蓄されている。これらは，相当な量のFFAを供給することができる。タンパク質は通常，エネルギー生産には使われない。しかし，ある条件においては酸素エネルギー系におけるいくつかの代謝過程において重要なエネルギー源と

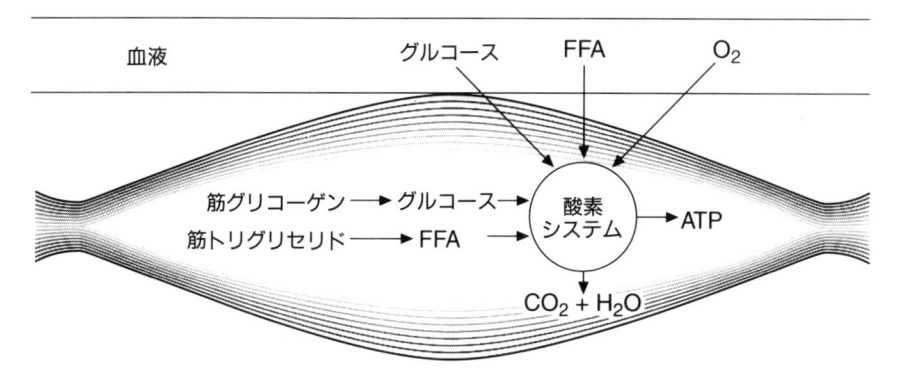

図3.6 酸素エネルギー系は，筋肉内に蓄えられたり，血液を通して送り込まれた炭水化物と脂肪を燃料として使っている。

なる。

　酸素エネルギー系においては，その名が意味するように十分な酸素が筋肉内で必要とされる。これは，筋肉内に備蓄された炭水化物や脂肪が化学エネルギーに変換されるために酸素が必要だからである。2つの無酸素性エネルギー系（ATP-CP系と乳酸系）とは対照的に，酸素エネルギー系は，好気的な系である。図3.6は，酸素エネルギー系とその燃料源について分かりやすく図に表したものである。

　酸素エネルギー系は，2つの無酸素性エネルギー系のように迅速にATPを生産することはできず，生産速度も遅いが，大量のATPを生産することができる。加えて，酸素エネルギー系におけるATP生産速度は，燃料のタイプによって異なる。運動時に供給される一定量の酸素で，脂肪のかわりに炭水化物をより多く燃料として使うことによって，より多くのエネルギーを生産することができる。言い換えれば，炭水化物は脂肪よりもより効率の良い燃料ということがいえる。しかし，残念ながら筋肉と肝臓が炭水化物を備蓄できる能力は，長時間の持久性運動のためには十分ではない。ところが体内の脂肪は大量に備蓄されている。このようにして，酸素エネルギー系は持久力のためにデザインされており，最適な燃料，つまり，炭水化物の供給が不十分であれば，パフォーマンスを低下させる。それでは簡単に，運動時における炭水化物と脂肪の燃料としての利用について説明しよう。

運動中における炭水化物の利用：あなたが食事でとるほとんどの炭水化物は，消化過程でグルコースに分解される。それは肝臓から流出し，血中グルコースつまり血糖となる。いくつかの炭水化物性食品（特に単糖類）は，高いグリセミックインデックスを示す。これは血糖値が素早く上昇することを示している。他の炭水化物性食品（食物繊維を多く含む豆類や野菜類など）は低いグリセミックインデックスを示す。

血糖値が上昇すると膵臓からインスリンというホルモンの分泌が促される。インスリンは血液を通じ，肝臓や筋肉など体内の組織にグルコースを運搬する働きをする。これらの組織では，グルコースはグリコーゲンという形の炭水化物に変換され，貯蔵される。必要以上に炭水化物を食べた場合には，それらは脂肪として蓄えられる。これらの過程は図3.7に描かれている。

筋グリコーゲンは，筋収縮を継続するためにATPを再生する。筋グリコーゲンは，速筋線維内の乳酸エネルギー系における燃料として知られている。乳酸エネルギー系は，高強度の長時間にわたる無酸素性運動において優先的に働く。遅筋線維内におけるグリコーゲンは，高強度での有酸素性運動中のエネルギー系の燃料として利用される。

筋グリコーゲンを利用する割合は，その時に行われる運動強度によって変化する。もし，ハイスピードの無酸素性運動を行うならば，高い割合で速筋線維内のグリコーゲンを使う。このタイプの運動は乳酸の生成を早期に引き起こす可能性があり，早期に疲労を引き起こす可能性を秘めている。

有酸素運動中には遅筋線維内において筋グリコーゲンと脂肪の双方がエネルギー源として使われる。有酸素運動の強度が上昇した場合，脂肪よりも多くのグリコーゲンが使われるだろう。なぜならば，グリコーゲンはより効率の良い燃料だからである。脂肪を使う代わりにグリコーゲンを使った場合，約7%多くエネルギーが得られる。トレーニングをどのくらいよく行っているかによるが，遅筋線維は最大酸素摂取量に対する比率（%$\dot{V}O_2max$）が高い強度での運動時，余分な乳酸生産なしで筋グリコーゲンを使うことが可能かもしれない。それによって，より長時間の運動を続けることが可能になるだろう。

通常では，筋肉に大量のグリコーゲンを貯蔵することができない。従ってグリコーゲンは高いレベルでの有酸素運動中は約1時間前後しか持たないだろう。筋グリコーゲン貯蔵量は長時間にわたって運動することにより減少していくが，

血管
食物からの炭水化物 ━━━━━━━━━━→ 血中グルコース（血糖）

インスリン　　グリコーゲン　グリコーゲン

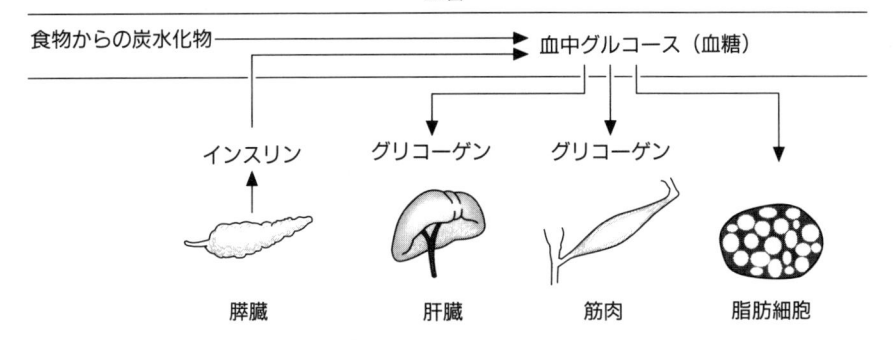

膵臓　　　　肝臓　　　　筋肉　　　脂肪細胞

図3.7　食事からの炭水化物は血糖に変換される。高血糖状態が膵臓を刺激し，インスリンの分泌を促し，血糖を筋肉や他の組織へ運搬させる。スポーツ選手にとって，筋グリコーゲンや肝グリコーゲン，そして血糖のストックが適正であることは重要である。

血液が肝臓から筋肉へのグルコースの運搬を助ける。これにより，ある一定のレベルでエネルギー生産を継続することが可能である。しかし，肝臓のグリコーゲン貯蔵量も限られているため次第に必要なグルコースを血液に送ることができなくなるだろう。第8章で説明するが，炭水化物補給は効果的な栄養学的スポーツ・エルゴジェニックといえる。

運動中における脂肪の利用：消化後の肝臓によって処理された食事由来のトリグリセリドは，主として筋肉と脂肪細胞に貯蔵される。食事由来の脂肪は体内でいろいろな代謝的役割をもっており，その最も代表的な役割は酸素エネルギー系における燃料の供給である。しかし，脂肪は炭水化物よりも効率の悪い燃料である。脂肪は，酸素摂取量1L当たりでみると，炭水化物より少ないATP生産しかできず，しかも，その生産速度も遅い。総エネルギー需要量は，安静時と低強度の運動では，さほど多くはなく，脂肪はそのエネルギー必要量の50〜70％，もしくはそれ以上のエネルギーを供給する。運動強度が上昇すると，筋肉は炭水化物の利用度を高めるので，それに比例して脂肪の利用率が減少する。

　図3.8は，運動中におけるエネルギー源としての脂肪の働きを模式的にまとめたものである。脂肪は筋肉と脂肪組織にトリグリセリドとして貯蔵される。運動中に筋肉内のトリグリセリドは，遊離脂肪酸（FFA）とグリセロールに

分解される。そして、そのFFAは、ミトコンドリア（細胞内のエネルギー生産工場）によって酸素エネルギー系を介して、ATPを供給する過程に取り入れられる。グリセロールは、代謝のために血液によって肝臓に運搬される。

体内の脂肪組織は、エピネフリン（アドレナリン）のようなホルモンによって制御されており、その組織内にあるトリグリセリドは分解され、FFAは血液を通って筋肉へ運ばれ、グリセロールは肝臓に運搬される。

有酸素性トレーニングによって、筋肉にはパフォーマンスを向上させるためにいくつかの適応が起こる。本質的に、運動中のエネルギー源として、炭水化物と脂肪の両方を使う能力が発達する。より早く脂肪を酸化する能力は、ある一定のスピードにおいて炭水化物のかわりに脂肪をエネルギー源として使うことができるようにする。脂肪をより効率よく利用することによって、運動中の貯蔵炭水化物の利用が節約される。

第8章で述べるが、長時間の有酸素性運動中に脂肪をエネルギー源として使用する量を上昇させるための様々な食事戦略が、パフォーマンスを向上させるために広く用いられている。

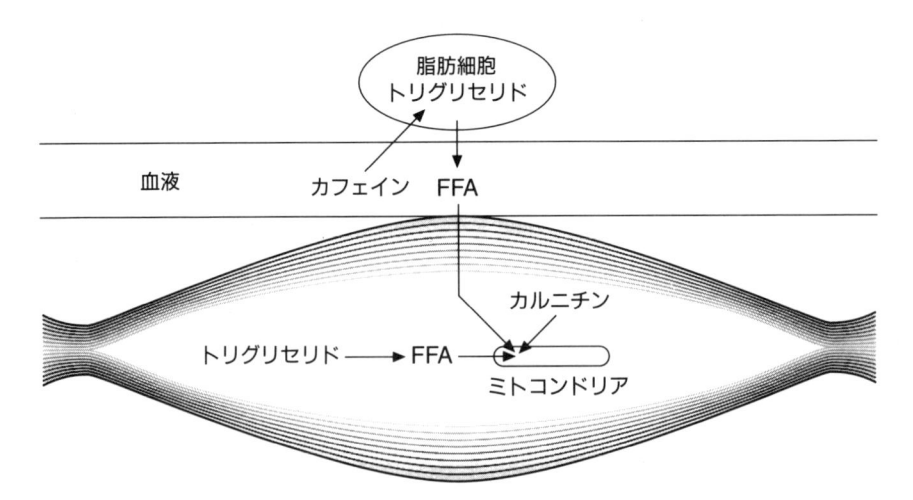

図3.8　脂肪は、運動中にエネルギー源として利用される。脂肪細胞内のトリグリセリドは遊離脂肪酸（FFA）として血中に放出され、筋肉へ運ばれる。筋肉中でもトリグリセリドは分解され使われるだろう。脂肪補給、カフェインやカルニチンは、運動中の脂肪利用能力を向上させるために使われる代表的なスポーツ・エルゴジェニックである。

各々のエネルギー系における供給と援護

　運動のために必要なエネルギーを生産するための3つのエネルギー系が筋細胞自身に存在しているが，各々の系が最大の機能を発揮するためには適切な供給と援護が必要である。

　ATP-CP系では，前述のように，筋収縮のために直ちに使われるエネルギー源としてATPが使われる。そして，3つのいずれの系も，ATPを補給するようにデザインされている。CPはこのエネルギー系を動かすために再補充されなければならないので，ATP分解によって放出されたエネルギーがCPの再合成のために使われる。このように，ATPは，CPの再合成のために使われるが，最終的にこのATPは酸素エネルギー系により供給される。この過程は，筋収縮後の回復期に起こる。

　乳酸エネルギー系は，主として速筋線維において機能し，筋のグリコーゲンである炭水化物をエネルギー源として使う。炭水化物は，このエネルギーシステムが適切に機能するために，速筋線維内で再補充されなければならない。さらに，筋細胞内での乳酸の蓄積は，疲労の進展の要素とみられているので，乳酸は速やかに除去される必要がある。

　酸素エネルギー系は主として遅筋線維内で作用する。このシステムが適切に機能するためには，適当な燃料，つまり筋グリコーゲンまたは遊離脂肪酸とともに，適切な酸素の供給が必要である。

　3つの各エネルギー系が，効果的に機能するためにはビタミン，ミネラルおよび他の物質が適切に体内に供給される必要がある。ビタミンB群は炭水化物をエネルギーに変換する過程で重要である。また，カルシウムのようなミネラルは筋収縮にとって重要である。さらにカルニチンなどビタミン類似物質は，脂肪をエネルギーに変換するために必要である。体内において運動のエネルギーを生産する過程で発生する副産物のひとつに熱がある。身体が最適な状態で機能するためには，この過剰な熱を放散しなくてはならない。そこで，水は暑熱環境下で運動する選手のために，とても重要な栄養物質である。

　心臓循環系（心臓と血管によって構成されている）は，エネルギー供給の主要なサポート系である。なぜならば，この系が血液を筋細胞へと還流する働きをしているからである。体内での血流は，肺内の呼吸系から酸素を，肝臓からグルコースを，そして脂肪細胞から遊離脂肪酸などを取り込む。その他では，

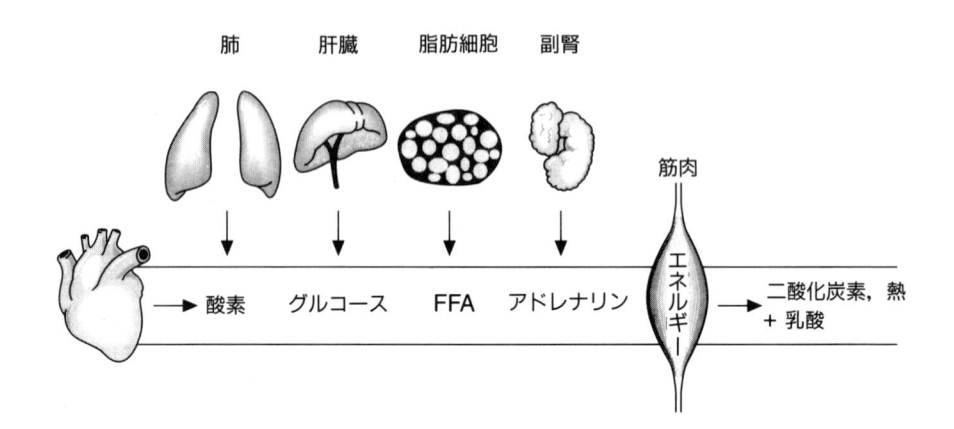

図3.9 血液は，運動中の筋肉にとって主要なサポートシステムである。酸素，栄養素，そしてホルモンなどを他の組織から取り込むとともに，エネルギー代謝の副産物を除去する。

ビタミン，ミネラル，そして水などを消化システムから吸収し，アドレナリンなどのホルモンを内分泌腺から取り込んでエネルギー生産のために筋細胞へ運ぶ。血液は，乳酸や過剰な熱などのエネルギー代謝による副産物を除去しなくてはならない。これらの副産物は，筋細胞内での最適なエネルギー生産を妨害する（図3.9）。

　最高のスポーツパフォーマンスを得るためには，筋細胞での適切なエネルギーシステムを発達させるだけでなく，うまく改善された供給と援護のシステムが必要となる。補充と支援システムの改善は，筋細胞内でのエネルギー生産を向上させることになるだろう。

エネルギー生産速度と筋線維タイプ

　エネルギー生産速度は次のような2つの要因によって決まる。

(a) 筋線維のタイプ
(b) 筋肉内で利用される燃料のタイプ

前述のように，体内には，いくつかの違った筋線維があり，速筋線維（FT）と遅筋線維（ST）に分けられる。両方のタイプの筋線維とも，筋収縮の際には，ATPを直接のエネルギー源として使う。しかし，この2つのタイプはATPの再合成を異なったスピードで行う。この2つの筋線維タイプとも，体内でのエネルギー生産のために3つのエネルギー系を使う。しかし，速筋線維は最初に，ATP-CP系と乳酸系のエネルギー系を利用する。それに対して，遅筋線維は最初に酸素系を利用する。前述のように，酸素系は，他の2つのシステムのように素早くATPを再合成することはできない。

　特殊なスポーツ種目における選手の成功は，選手個人のもっている筋線維のタイプに関係しているようである。エネルギー生産速度とそれらがスポーツパフォーマンスに及ぼす影響について，優秀な男子陸上競技選手を例にとって比較検討してみよう。例えば100メートル走などでは，選手は，非常に短時間（10秒またはそれ以下）で，素早くエネルギーを生産することが要求される。この場合，エネルギーは，ATP-CP系から高い比率で生成される。つまり，速筋線維を多くもち，非常に効率の良いATP-CP系をもち合わせている選手は，短距離走で成功する可能性が非常に高いといえるだろう。短距離のスタートでは，ATPのエネルギーを使うが，しかし，その後の疾走スピードはCPのエネルギーによる。世界レベルの400メートル走では，エネルギーは若干長い時間（45秒以内）にわたって発生されなければならない。このような種目では，乳酸エネルギー系が大部分のエネルギーを供給している。つまり，高い無酸素的解糖能力をもっている選手は，この種目で成功する可能性が高いといえる。10,000メートル走（6.2マイル）などの長距離走において，27分以内で走る場合のエネルギーは，炭水化物を主要な燃料として利用する酸素系によって供給される。これらの高い有酸素性能力を持ち合わせていればこの種目で成功する可能性が高いだろう。

エネルギー生産と身体的パワーのタイプ

　瞬間的に最大努力をするスポーツを除いては，ほとんどすべてのタイプのスポーツ種目が3つのエネルギー系をある程度は利用している。ATPは常に利用され，CPによって再合成される。無酸素的解糖や有酸素的解糖は運動強度によって決まる。一般的に言って，独占的にひとつのエネルギー系が使われる

ことはない。そして，安静状態から爆発的なパワー発揮の範囲まで各エネルギー系が混在し，重なり合っている。筋肉によって発生するエネルギーをパワーという。ある一定レベルのパワーを続けて発生することを持久力という。3つのエネルギーシステムを5つのタイプのパワーと持久力に分類し，それらについて以下に説明しよう。

爆発的な筋力とパワー（ATP-CP エネルギー系）：筋力は，静的，つまり，アイソメトリックな筋力（腕相撲などで両者とも腕が動かないような状態や，その時に要求される力），あるいは，動的，つまりアイソトニックな筋力（バ

図3.10 爆発的な力，つまり瞬発力は，最大筋力を発揮するためのスポーツパフォーマンス因子の鍵である。ⒸClaus Andersen

ーベルを持ち上げる時に使うような力）を働かせる，神経-筋の能力により表される。爆発的な力(時々，パワーや瞬発力を指して用いられることがあるが)は，100メートル走のスタートのように，素早い（1秒あるかないか）動的な力を使う能力である。ATPは瞬発力を発生させるときに利用される最初のエネルギー源である（図3.10）。

> チーターは，3秒間で時速70マイル（約110km）まで加速することができる。

ハイパワーとスピード（ATP-CPエネルギー系）：スピード，つまりハイパワーとは，瞬発力と比べてより長い時間（5から30秒）にわたって筋力を素早く発揮する能力を表す。スピードとは無酸素パワーのことである。トラック競技における，100-200メートル走のパフォーマンスは，スピードに依存している。高レベルの静的な筋力は，同程度の時間だけ遂行されるスポーツにとって必要なものであろう。CPはスピードと高レベルの静的な筋力を発生させる主たるエネルギー源である。

パワー持久力（乳酸エネルギー系）：パワー持久力または無酸素性持久力は，400mから800m走のような約1分から2分間，高レベルの筋力を持続させる能力である（図3.11）。サッカーのように，長時間にわたって断続的にハイパワーを発揮するスポーツでは，次第に乳酸の上昇を引き起こすので，パワー持久力が重要であるといえるだろう。筋グリコーゲンは，速筋線維がパワー持久力を発揮させるために，最初に使われるエネルギー源である。

有酸素性パワー（酸素エネルギー系）：有酸素性パワーは，酸素を利用する能力を表す。このような種目は，13分から30分間継続されるだろう。5〜10km（3.1-6.2マイル）走などのランニング種目は，有酸素性パワーを必要とする。筋グリコーゲンは，遅筋線維といくつかの速筋線維で使われる主たるエネルギー源である。

> プロングホーン鹿（北米西部の大草原にすむレイヨウに似た動物）は，時速35マイル（約56km）で移動することができる。

有酸素性持久力（酸素エネルギー系）：有酸素性持久力は，有酸素性パワーよりもいくらか低い割合で，2時間またはそれ以上の長い時間にわたって酸素を利用する能力である。マラソンやウルトラマラソンのようなランニング種目は有酸素性持久力を必要とする。筋グリコーゲン，肝臓グリコーゲン，筋トリグリセリド，そして血中遊離脂肪酸は，有酸素性持久力を発揮するために使われる主たる燃料である。

表3.2は，3つのエネルギー系それぞれの特徴と，筋肉細胞内で見られる様々な身体的パワーの関係をまとめたものである。

図3.11　400メートルまたは800メートル走でゴールした時，乳酸の蓄積は，これらのランナーの表情が物語っているように痛みの感覚を引き起こす。©Human Kinetics/Tom Roberts

表3.2 筋のエネルギーシステムの主要な特徴

	ATP-CP系	ATP-CP系	乳酸系	酸素系	酸素系
主な筋線維タイプ	速筋線維	速筋線維	速筋線維	遅筋線維	遅筋線維
主なエネルギー源	ATP	CP	筋グリコーゲン	筋グリコーゲン	筋グリコーゲン,トリグリセリドと遊離脂肪酸
運動強度	最高	より高い	高い	より低い	最低
ATP使用率／生産率	最高	より高い	高い	より低い	最低
パワー生産率	最高	より高い	高い	より低い	低い
総ATP生産許容量	最低	より低い	低い	より高い	最高
持久力	最低	より低い	低い	より高い	最高
酸素の必要性	なし	なし	なし	ある	ある
有・無酸素性運動	無酸素性	無酸素性	無酸素性	有酸素性	有酸素性
一般的な陸上競技種目	短距離走のスタート時	100m走	800m走	2000m走-10000m走	マラソン又はウルトラマラソン
最大発揮時間	0-1秒間	1-10秒間	40-120秒間	5-30分間	2時間以上
運動パフォーマンス要因（SPF）	爆発的パワー	ハイパワー	パワー持久力	有酸素性パワー	有酸素性持久力

身体的パワートレーニング

　科学的証拠によると，私たち各々は，生まれながらにして決められた筋線維をもち合わせているという。何人かは遅筋線維を多く含んだ筋線維をもってい

る。また、他の人は、速筋線維を多く含んだ筋線維をもっている。一般的には、女性と男性で筋線維タイプの分布の割合は同じである。トレーニングをしていない人は約50％ずつ両方のタイプの筋線維をもっているが、その割合のばらつきは非常に大きい。研究によるとエリート短距離選手は、より多くの速筋線維をもち、彼らは爆発的な力とスピードを発揮することができる。それとは反対に、エリートマラソンランナーは、より多くの遅筋線維をもっているので、彼らは有酸素性パワーと持久力をより発達させることができる。これらのエリート選手は、スポーツで成功するための特別な筋線維タイプを遺伝的にもっているが、彼らもそのもっている能力を最大限に発揮するためには、より多くのトレーニングをしなければならない。

> **1週間や1年でチャンピオンになることはできない。それには時間がかかるということを理解しなくてはいけない。**
> ——Hassiba Boulmerka（女子1500m オリンピックチャンピオン）

　選手がもっている各タイプの筋線維の量は、スポーツにとって大きな意味があるようだ。もし、あなたがエリートレベルでパフォーマンスを発揮できるだけの遺伝的資質をもっていなかったとしても、適切なトレーニングを行うことによって、各々3種類のエネルギー系を最大限に高めることができる。長距離ランナーのための適切なバランスのとれたトレーニングプログラムは、酸素エネルギー系を利用するために、速筋と遅筋の両筋線維の能力を向上させることができるだろう。そうすれば、長い距離を疲労なしに、エネルギーを素早く生産できる能力を向上させることにもなる。
　身体的パワーの発達はいくつかの主要なトレーニングの原則による。何冊もの非常に良い書物が出版されている。これらの書物は、競技の特性に合った方法をより詳しく知りたい人にとって有効である。表3.3には、身体的パワーを向上させるための主要なトレーニングの原則を記してある。
　正しいトレーニングは、スポーツパフォーマンスを向上させるが、パフォーマンスは、スポーツによる消費エネルギーを補うためにATPを生産する能力によって制限されるだろう。生産能力を超えたとき、疲労が蓄積してくる。

表3.3
身体的パワーのためのトレーニング原則

過負荷の原則
　身体的パワーを発揮するための特別なエネルギー系向上のためには，通常レベルの活動よりも多くの負荷がかからなければならない。次の3つの方法によって負荷をかけることができる。(a) 運動強度を上げる。(b) 運動期間を延ばす。(c) 運動頻度を増やす。例えば，筋力を向上させたい場合，レジスタンス筋力トレーニングプログラムによって筋肉に過負荷をかける必要がある。

漸進性の原則
　特別なエネルギー系を向上させるための負荷は，筋肉が継続的にトレーニングに適応するために漸進的に増加させる必要がある。例えば，レジスタンス筋力トレーニングによって，よりあなたの筋力が強くなった場合，挙上する重量を増やすことになるだろう。

特異性の原則
　過負荷や漸進の原則は，特別な筋グループにおいて特別なエネルギー系をターゲットとしなければならない。代謝の特殊性は，特別なエネルギー系をトレーニングするために考慮されなければならない。一方，神経-筋の特殊性については，特別な筋群をトレーニングすることに注目しなければならない。例えば，大腿部の筋力を増加させるために，それらの筋肉のATP-CPエネルギー系に過負荷をかけなければならない。

反復性の原則
　過負荷の原則，漸進性の原則，そして特異性の原則は，継続的に応用されなければならない。例えば，もし，レジスタンス筋力トレーニングが継続的に行われなかったならば，筋力は減少してしまう。

身体的パワーと疲労

　100メートル走を10秒以内で走る選手ならば，マラソンを1時間10分20秒で走ることができるかもしれない（もしも100メートル走の平均スピードを持続することができればの話だが）。それは現在の世界記録を約1時間近く短縮することになる。実際，このような試みは無謀だろう。人間のエネルギー法では，このようなペースを維持することはできない。このようなことを試みようとする選手は，早期の疲労により400メートルを過ぎる前に失速するだろう。
　疲労は，ほとんど全ての選手にとっての敵である。早い段階での疲労の発生

は，競技パフォーマンスを低下させる。疲労は，複雑な現象である。それはさまざまな形で起こり，いくつもの定義がある。本書の定義としては，「最大の能力を発揮するために必要なヒトのエネルギー源の利用不能状態」とする（図3.12参照）。

疲労は，筋肉内での不適切なエネルギー供給や十分な速度でエネルギーを生産することができなくなるような，不適切な身体的パワーによって引き起こされるだろう。

集中力の欠如による心理的不能状態や過度の刺激による精神的妨害によって起こるスポーツ技術のまずさなど，不十分な精神力によっても疲労は引き起こされる場合がある。また，太りすぎなどのような身体組成の欠陥による不完全な機械的エッジにより引き起こされる場合もある。心理的原因及びバイオメカニクス的な原因による疲労については，第4章と第5章で述べる。しかし，以下では身体的パワーの発揮によって起こる潜在的な疲労の主な要因について焦点

図3.12 疲労とは，必要な速度でのエネルギーが発生できなくなることをいう。ⒸClaus Andersen

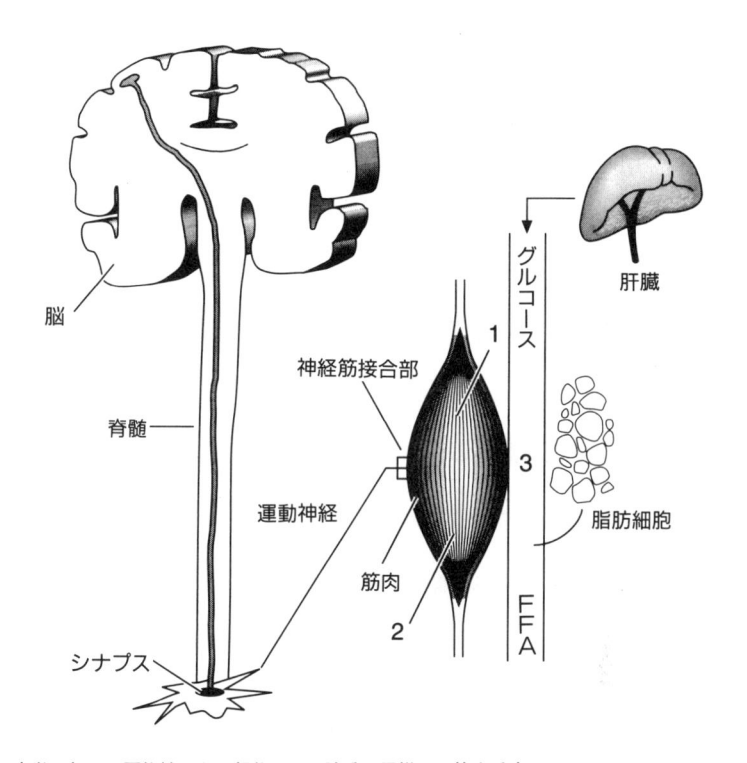

図3.13 疲労の起こる可能性のある部位は，心肺系と同様に，筋肉系内にもある。

を当ててみよう。

図3.13は，体内での疲労が発生する可能性がある部位を表している。以下に述べることは疲労についてのいくつかの要点である。

1. 筋細胞には，クレアチンやCPまたはグリコーゲンの形としての炭水化物などが，エネルギー貯蔵物としては不十分な量しか含まれていない。クレアチンは，ATP-CPエネルギー系にとって必須のものであり，筋グリコーゲンは乳酸エネルギー系の燃料源である。そして，同じく筋グリコーゲンは酸素エネルギー系において最も効率の良い燃料である。
2. もう1つの疲労の部位は，筋肉内での収縮を開始するための刺激の無力化によって起こるだろう。例えば，筋細胞内の乳酸蓄積により発生する過度の酸

> **表3.4**
> **身体的パワーを向上させるためのスポーツ・エルゴジェニックの利用法**
>
> 1. **エネルギーを発生するために使う筋組織量の増加**
>   栄養学的エルゴジェニック：アミノ酸
>   薬理学的エルゴジェニック：アナボリック同化ステロイド
>   生理学的エルゴジェニック：ヒト成長ホルモン
> 2. **筋肉内でのエネルギー発生するための代謝率の増加**
>   栄養学的エルゴジェニック：ビタミン
>   薬理学的エルゴジェニック：興奮剤
>   生理学的エルゴジェニック：カルニチン
> 3. **長時間における筋肉へのエネルギー供給の増加**
>   栄養学的エルゴジェニック：炭水化物
>   薬理学的エルゴジェニック：アルコール
>   生理学的エルゴジェニック：クレアチン
> 4. **筋肉へのエネルギー供給物質運搬の向上**
>   栄養学的エルゴジェニック：鉄
>   薬理学的エルゴジェニック：カフェイン
>   生理学的エルゴジェニック：血液ドーピング
> 5. **最適なエネルギー生産を妨害する体内の蓄積物質（乳酸やフリーラジカル）の中和**
>   栄養学的エルゴジェニック：抗酸化ビタミン
>   薬理学的エルゴジェニック：抗消炎剤
>   生理学的エルゴジェニック：重炭酸ナトリウム

性化が，筋収縮を起こす過程のいくつかの重要なステップを妨げていると理論的に説明されている。
3. 筋肉への血液供給は，疲労がたまる重要な要因となるかもしれない。グルコースやFFAなどの栄養素の不適切な運搬，低酸素状態や不十分な乳酸や熱の除去能力などは，運動中における筋系と神経系の両方のパフォーマンスにとって，不利な効果をもたらすかもしれない。

前にも述べたとおり，適切なトレーニングは，選手が疲労を遅らせたりスポ

ーツパフォーマンスを向上させるための最も効果的な方法である．トレーニングは，身体的パワーと精神力を向上させるだけでなく機械的エッジも高めることができる．選手は，身体的パワー，精神力または競技力の限界を向上させるために，トレーニング以外での補助的な方法を捜し求めるかもしれないが，このようなケースではそれをスポーツ・エルゴジェニックに求めるのである．

身体的パワー向上のためのスポーツ・エルゴジェニック

　筋パワーの最適な生産とその利用は，スポーツで成功するための重要な要因となっている．パワーの生産は，(a) 筋組織の大きさと種類，(b) 筋肉内での燃料の量と種類，(c) 筋肉での燃料の代謝効率，(d) 筋肉への適切な物質（燃料と酸素など）供給のための効率的サポート系，そして (e) 代謝による老廃物の除去サポート系などによる．

　表3.4は，スポーツ・エルゴジェニックが身体的パワーの向上に使われており，すでに研究によって効能を誘発することが明らかになっている特別な栄養素，薬物，そして，生理学的スポーツ・エルゴジェニックなどの例を5つ示してある．

　第6章では，栄養素，薬物，そして，特に爆発的な力，ハイパワー，パワー持久力，有酸素性パワーやその持久力などのスポーツパフォーマンス因子（SPF）を向上させることを目的とした生理学的スポーツ・エルゴジェニックについて述べている．第8章では，話題性のあるスポーツ・エルゴジェニックの効果，安全性，法的状況，そして倫理性などに関連することがらについて詳しく述べている．

第 ④ 章

メンタルタフネスを作り上げる

　もし，あなたが最高のスポーツパフォーマンスを求めるならば，筋肉によって作り出されるエネルギーとそのエネルギーの使い方をコントロールしなければならない。
　第3章では人間の体と自動車を比較してエネルギー生産について説明した。自動車のエンジンを例にとったように，あなたの体は必要なパワー出力を発揮するために適当なエンジン（あなたの筋肉）が必要である。ハイテクレーシングカーは，最高スピードと自動車の操縦性に影響を与えるステアリングや燃料噴射装置などからなる機能をコントロールするためにデザインされた精巧なコンピューターシステムを備えている。同じように，あなたの神経系は体内においてコンピューターのような働きをし，筋肉のスピードをコントロールするため，あるいは体を動かすために必要な筋肉を活動させるエネルギー生産速度をコントロールする。
　第3章では身体的パワーをトレーニングするための基本原則を紹介した。この章の後半では，一般的なメンタルトレーニングの考え方を紹介する。

まずは，スポーツパフォーマンスにおける神経系の役割に関係のある基本的なトレーニングの原則について紹介することにしよう。これは特異性の原則であり，2つのタイプがある。神経筋の特異性（適切な筋群の使い方）と代謝特異性（エネルギー消費速度）である。スポーツパフォーマンス因子（SPF）の適切なトレーニングは，神経系において以下の2つのことを可能にする。それらは適切な筋群を働かせることとそれらの筋肉のエネルギー消費速度をコントロールすることである。

あなたは神経系が動作などのほとんどの身体機能を制御していることを知っているだろう。神経細胞，つまりニューロン（電気刺激を作る）は電気的インパルスを発生し，体中にそれを伝達する。身体のある組織における神経刺激は，

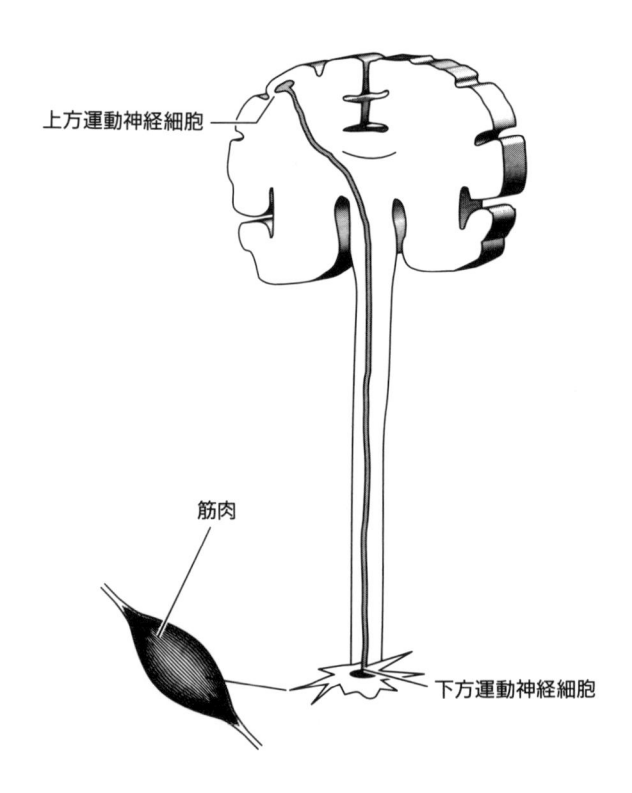

図4.1　随意運動は脳内の運動領域内において開始される。ここで示した単純な経路は脳と脊髄内の運動神経細胞間の直接的な伝達経路を表している。

それらの組織に特有な反応を開始させる。例えば，副腎への神経刺激は，血液中にアドレナリンを放出する。一方，筋細胞への刺激は収縮を引き起こして，動作を発現させる。

図4.1は，脳と筋細胞の間の神経回路を模式的に示したものである。電気刺激は，脳内の特異な神経によって伝達され筋肉を制御する。この刺激は，他の神経と連絡し合う場所，つまり脊髄を通って下降していく。ニューロンで発生した電気刺激は脊髄を通して特殊な筋線維へと情報を伝達し，それによって筋収縮を起こさせる。

残念ながら，人間の動作，特にほとんどのスポーツで行われる複雑な動きのパターンを制御することは，それほど簡単ではない。大部分の脳と脊髄を含む

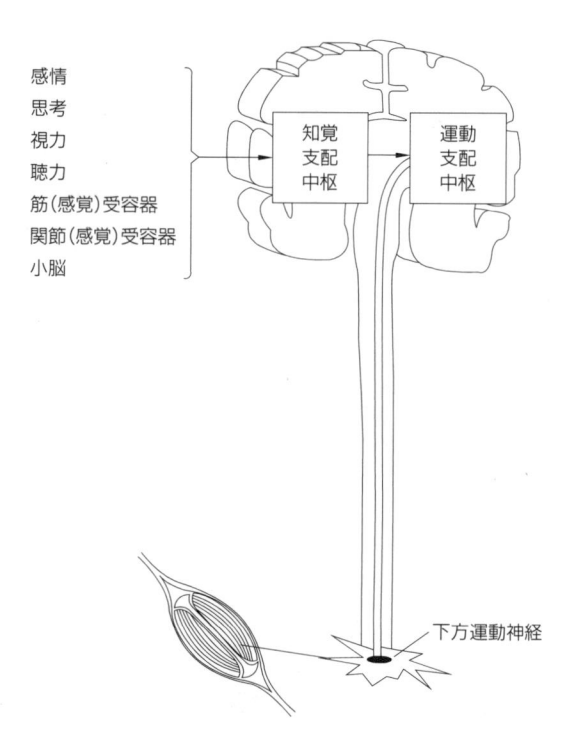

図4.2 運動神経支配からの出力は，脳の異なった部分の様々な知覚神経支配によって影響される。

中枢神経系は，高速コンピュータのように機能する。それは，入力情報を受信し，解析を行って出力する。

　ほとんどのスポーツ活動中において中枢神経系（CNS）は，目，耳，筋肉や関節などのさまざまな感覚受容器から多様な情報を受信する（入力）。中枢神経系は，この情報を素早く解析し，要求された動作パターンのために必要な筋肉へ刺激を送る（出力）。図4.2は，人間の動作の神経コントロール機構を図で表したものである（この図は，簡略化されていることに注意）。

　テニスのサーブの時や，水泳でのクロールまたはスキーのパラレルターンな

図4.3　多くのスポーツには，適切なトレーニングを通じて発達させられる複雑な神経筋肉スキルが関与している。ⒸRobert Skeoch

どのように，複雑なスポーツ技術をはじめて試した時のことを想像してほしい。技術を正しく行うために，どれほど一生懸命に集中したか覚えているだろうか。
　しかし，練習をすると，技術はたいてい自然に上達し，集中力をあまり必要としなくなる。ある学習理論によれば，複雑なスポーツ・スキルを行うために学習すると，中枢神経系（ハードウエア）は，スキルのためにある一種のコンピューター・プログラム（ソフトウエア）と，ある種の筋肉反応パターンという刺激反応を発達させる。例えば，テニスのサーブが完璧に行われたとしよう。その後には，空中にボールを投げることは神経系にプログラムされた順序に従って行われるようになり，その結果，筋収縮のタイミングとスムーズな動きのパターンは正しい順序で行われるだろう（図4.3参照）。
　スポーツにおいて最高の効率を達成するためには，成功するために最も効果的な技術，つまりスキルを完ぺきに学習することが大切である。複雑なスポーツスキルの競技トレーニングのもう一つの目的は，そのスキル発揮が習慣的になるというレベルにまで到達することである。そうすれば，選手は試合のその他のことに集中することができる。
　神経系は，人間の動きのための中枢として必須の役割を果たしている。正しいコーチングと多くの練習を通じて，効果的にスポーツスキルを学習したとき，神経系は，最適な効率と効果でスキルを発揮させることができるようにプログラムされた一連の筋収縮を発達させる。そして，それによって試合中にエネルギーを最も生産的な方法で利用することができるようになる。この過程は，トレーニングの神経筋特異性と呼ばれている。なぜならば，われわれはスポーツでの複雑な動きを特殊な筋肉を使ってトレーニングするからである。いい換えれば，自転車競技においてより効率的な方法としては，自転車に必要な筋肉群を使うということである。自転車競技で使う筋肉は，自転車トレーニングによって最適に発達させられるのであり，水泳やランニングトレーニングによってではない。

神経系とエネルギー制御

　神経系は，特定のスポーツスキルを発揮するために動かす筋肉を制御するだけでなく，これらの筋肉で使われるエネルギーの量と，それをいかに素早く使

うかということを制御する。中枢神経系において，神経細胞は特別な筋肉細胞を動かす。いくつかの神経細胞は速筋線維（FT）を動かし，そのほかは遅筋線維（ST）を動かす。これらの筋線維を活性化することによって，速筋あるいは遅筋の収縮が引き起こされる。神経系はいくつかの方法で生産されたエネルギーの量を制御する。それは筋線維をより活性化させる，つまり，筋肉をもっと頻繁に収縮させるのである。50本の遅筋線維と毎秒10回興奮させる1本の神経線維は，200本の速筋線維を毎秒50回興奮させる神経線維ほどの力を発揮することはないだろう。なぜならば，神経系がこの過程を制御しており，筋肉は本質的に神経系に従属しているからである。

　神経系はまた，エネルギー生産をコントロールするために重要である。なぜならば，神経系は筋細胞へのエネルギー供給とそれを助けるシステムを制御しているからである。例えば，神経系は，自転車をこぐ時に使われる大腿筋のような筋肉が運動中に動くために必要な血管を拡げて，より多くの血液を運ぶチャンネルをサポートしている。また，血液内にホルモンを分泌するために体内にあるいくつかの内分泌腺を刺激し，それにより筋細胞での燃料供給やエネルギー生産を促進させる。後で説明をするひとつの鍵となるホルモンは，エピネフリン（アドレナリン）である。選手はパフォーマンスを向上させるために同じような成分が含まれている物質をとっている。

　本質的には，神経系は筋細胞内での3種類のエネルギー系を制御しており，身体的パワーを生みだす。身体的パワーを向上させるためには，特別なエネルギーシステム，つまりあるSPFにとって必要とされる系をトレーニングしなければならない。これはトレーニングの代謝特異性によるものである。いい換えれば，試合中に必要とされるのと同じ強度レベルでのトレーニングが必要なのである。もしあなたが400メートル走をトレーニングする場合，乳酸エネルギー系の負荷がかかる速度でしばしばトレーニングしなければならず，速筋線維がより効果的に活動するため，乳酸エネルギー系を使うための神経系をトレーニングしなければならない。トレーニングを続けると，体は細胞内のエネルギー系と運動中のエネルギー生産能力を向上させるようなエネルギー供給系について特別に有効な調整を行うようになる。

興奮とリラクゼーションにおける精神力

　精神力とは神経系，特に覚醒している脳の能力を表しており，筋肉中でエネルギー生産を適正に行うとともに筋肉動作を制御する能力を表している。神経系は特定の筋肉部位を制御するだけではなく，それらをいかに速く，いかに力強く収縮させるかをも制御しているのである。

　適切にトレーニングが行われた時に，神経系と筋肉はより効果的に機能し始め，知覚運動スキルといわれる神経-筋スキルが発達する。知覚運動スキルには，以下の3つの基本的な構成要素が関与している：(a) 刺激の末梢神経系による知覚。この知覚は，筋肉自身の長さが変化するような刺激であったり，テニスボールの視覚入力のような外界からの刺激である。(b) 主に脳でのCNSによるこの刺激の解釈。そして，(c) 運動反応，つまり刺激に応答する特別な筋肉活動である。

　私たちは多くの知覚運動スキルをもっており，それらはスポーツによって，

表4.1
知覚運動能力

反応時間　反応時間とは，刺激から実際の反応までの経過時間のことである。ここでいう刺激とは，視覚（近づいてくるテニスボール），聴覚（相手のラケットからボールが離れる音），または触覚（ラケットへのボールのインパクト）のことである。

視覚スキル　反応時間の他に視覚スキルも，いくつかのスポーツにとって重要である。トラッキングは両眼で動いている物体を追う能力であり，テニスのようなスポーツでは重要である。この他に周辺視野と色彩感覚のような要素は，特定のスポーツで重要かもしれない。例えば，アーチェリーのような競技では，選手が赤色を認識する能力に優れていた場合，有利に働くだろう。

精巧な運動制御　精巧な運動制御とは，アーチェリーやピストルなどのスポーツのように精密さと正確性が要求される，筋活動における正確な神経-筋調節のことである。

総体的な運動制御　総体的な運動制御とは，テニスでのラリー中のように全体の体の動きが要求されるスポーツの精巧な神経-筋調節のことである。コーディネーション（調整力），アジリティ（敏捷性），そしてバランス（平衡性）は，総体的な運動制御と関連した共通の用語である。

重要度が変わってくる。表4.1に示してある4つの知覚運動スキルは特定のスポーツパフォーマンスに関係がある。

知覚運動スキルは，脳と脊髄の特別な部分によって支配されているが，この支配は感情に影響を与える脳のいくつかの部分によって影響を受ける。これらの部位は，スポーツパフォーマンスに影響を及ぼす2つの重要な精神過程である興奮とリラクゼーション（弛緩）といった感情に影響を与える。

興奮

興奮とは覚醒あるいは，やる気のある状態を表しており，それは神経-筋機能を最適化させることによりスポーツ・パフォーマンスの向上を助けるだろう。興奮を高める技術は，ボクシングやウエイトリフティングのようなスポーツでは有効である（図4.4）。

図4.4　いくつかのスポーツでのパフォーマンスには，高頻度のメンタル刺激が有効であろう。
ⓒClaus Andersen

リラクゼーション

リラクゼーション（冷静または平穏状態）は，アーチェリーのようなスポーツで有効である。過剰な覚醒，不安，またはストレスはパフォーマンスを低下させる。

精神力トレーニング

これまで述べたように，運動中の身体的パワーを発生させる人間のエネルギー系とそのサポート系は，ひとまとめにして中枢神経系として知られている脳と脊髄によって制御されている。大部分の神経制御，つまり運動制御によって，潜在意識レベルで動作機能を生みだすヒトのエネルギー系を働かせることができるようになる。ジョギングを始めたとき，何百もの違った筋肉が規則正しく収縮しているが，そのときにひとつひとつの収縮を考える必要はない。各筋肉を正しくタイミング良く動かして，正しいエネルギー系によりエネルギー生産の度合を制御している。エネルギー生産のサポート系は，中枢神経系から分れる自律神経系によって精巧に働いている。心臓の収縮頻度と力は，他の体の機能と同様に，運動が要求する必要に応じて自動的に調整される。このように長距離走のような運動中でも，しばしば自動的に調整が働いているので，他のことを考えながら走ることができる。

打者が投球を待っている時に，何をしなければならないか考えなければならないような状況が，スポーツでは数多くある。このような状況では，あなたの脳の運動を支配する領域は，最適レベルで機能していなければならない。

情報を受信し，素早く分析し，そして，素早い判断をしなければならない（図4.5参照）が，この過程には3つの局面がある：（a）あなたの感覚をいかに効果的に，正しい情報または入力を受信するか。（b）いかに迅速に脳の解析部分でこの情報を分析するか。そして，（c）いかに正確に，脳の運動中枢部分が最適出力としての適切な力を正しい筋肉で働かせることができるかである。この運動制御過程での入力か解釈の段階で何らかの欠陥があると，最適出力よりもその出力は小さくなるだろう。

脳は，事実上，体内でのすべての生理的活動を制御している。最大の力で運動することは稀であるが，非常に高い強度でトレーニングすることができる。

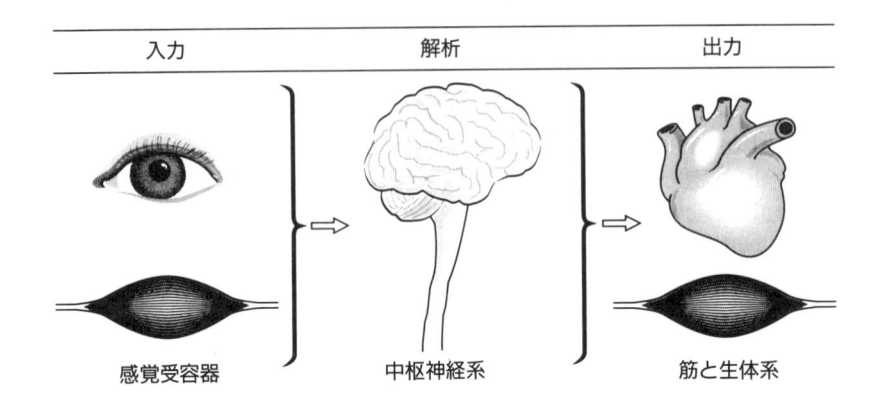

入力	解析	出力
感覚受容器	中枢神経系	筋と生体系

図4.5 神経系は種々の受容器から情報を受けとり，中枢神経系において，その情報を解析し，筋収縮によって動きを引き起こす。

心拍数を下げる，血圧を下げる，血流量を増やす，または皮膚温を変えるなどという状況を考えるだけで脳の制御部分（自律神経系）で制御することができるように学習でき，脳の運動中枢で筋肉システムの正確な調整を学習し，個々の筋肉を収縮させることができるようになる。例えば，耳をぴくぴく動かしたり，足の真ん中の指だけを動かすなどということができるようになるのだ。それに加えて，新体操のようなスポーツでは，非常に複雑な筋肉動作が，パターンを制御する脳の能力を証明している。

しかし，運動制御部分の機能は，トレーニングされていない脳の領域，または，他の身体部分からの神経フィードバックによって影響を受けることがある。スポーツ競技で得られた体の感覚としての思考，感情，そして知覚は，パフォーマンスを向上させたり，低下させたりする。このような意味で，スポーツにおける心理的状態の重要性について論議されてきた。心は体を制御するが，脳の運動機能は脳の感情をつかさどる領域によって制御されやすい。

精神力トレーニングは身体的パワートレーニングと同様に，選手にその効果が認められるようになるまでに多くの時間が費やされる。メンタルトレーニング技術の多くは，スポーツにそれほど頻繁に適用されていないが，スポーツ心理学者は，パフォーマンスを向上させるために利用できた場合に心理的スポーツ・エルゴジェニックとして認めるだろう。

> すべての事柄が，生理学的に整理されていても，もし，心が整理されていなければ最適なパフォーマンスを発揮することはできない。
> ——Terry Orlick（スポーツ心理学者）

トレーニングのための心理学的スポーツ・エルゴジェニック

これまでに述べてきたように，スポーツ選手は，最適なパフォーマンスを発揮するためにいくつもの壁にぶつかってきただろう。選手の上腕二頭筋が生理学的に400ポンド（約181.4kg）を持ち上げられるとしよう。すると，選手のATP-CPエネルギー系は最大に働いて，パワーを発生する。前腕の骨が，その重さ（つまり400ポンド）を動かす。このような力が，過度に発揮された場合，骨の一部がはがれる。このような状態を剥離骨折という。剥離骨折はウエイトリフティングや腕相撲のようなスポーツで起こるが，心理的限界が働くために，骨折を起こすことは非常に珍しいことである。

> Jerry Lynch博士は，Roger Bannister選手（人類として初めて，1マイル4分以内で走った陸上競技中距離選手）のケースを次のように説明している。
> 「1954年以前に50以上の医学雑誌が，『人間が1マイルで4分を切るのは不可能だ。』ということを掲載していた。しかし，Bannister選手は4分を切った。1年以内に他に4人のランナーが4分を切った。このことは1マイル4分という記録は，心理的限界であって，生理的限界ではないということを示唆しているのだ。」

心理的限界とは体が通常では最大生理的限界に達しないように組み込まれた防禦機構である。このような場合では，心理的限界によって，脳は，100ポンド（約45.4kg）しか上げてはいけない，と指令するだろう。

遺伝によって，あるスポーツでのみ成功するような身体的および生理的特徴が1組しか受け継がれなかった場合でも，多くの同等な心理的特徴が遺伝して

いる。身体的トレーニングは，スポーツに重要な生理的特徴と心理的特徴を向上させる。正しいトレーニングは，例えばより多くのエネルギーを筋肉内の乳酸エネルギー系で生産する。しかし，心理的限界の上限もトレーニングによって上昇し，疲労が起こってくるまでに血中により多くの乳酸を蓄積させ，それによって，心理的限界は上昇する。言い換えれば精神力が向上するのである。

スポーツ・エルゴジェニックと覚醒

　心理的スポーツ・エルゴジェニックは，心理的エネルギーを改変するためにデザインされている。ここでは，選手の覚醒レベルを心理的エネルギーと考えよう。選手の覚醒レベルとは，深い睡眠から興奮状態までの範囲を示している。ドライブ理論と逆U字理論は，スポーツパフォーマンスに対して覚醒の応用と関連して重要である。

　ドライブ理論では，パフォーマンスと覚醒とは直接関連しているとされており，覚醒レベルが上昇すると，パフォーマンスも向上するのである。この理論は，ウエイトリフティングのような比較的基本的で単純な動きのパターンなどの動作を含んでいる競技では支持されるだろう。図4.6に示しているように，高い心理的エネルギー，つまり覚醒状態では，より高い筋力が発揮される。

　複雑な動作パターンと思考過程を含むスポーツでは，図4.7で示している逆U字理論が，より適切である。この理論では，「覚醒には最適レベルがある。」としている。図4.7は，平均的なレベルを表している。覚醒レベルが極端に低かったり，高かったりすると最適なパフォーマンスを阻害するかもしれない。「30点差で勝利するであろう」と予想する新聞を読んだバスケットボールチームの選手たちは，低い覚醒レベルでゲームを開始するだろう。彼らは，ただ試合をすればいいと思っているはずだ。彼らは，試合終了間際で10点差に近づかれるまで覚醒しないだろう。しかし，それではおそらく遅すぎるだろう。一方，もし同じチームが，30点差で負けるという場合ならば，その選手たちは覚醒しすぎてしまうだろう。彼らの高いレベルの不安は，ドリブルやシュートの能力に支障をきたすだろうからだ。

　逆U字理論は，多くのスポーツに適用することができる。そして，選手はU字型の両端を彼ら自身で見つけることができるだろう。高いレベルの能力をもっているが，チャレンジ精神，つまり要求度が低い選手は，十分に覚醒さ

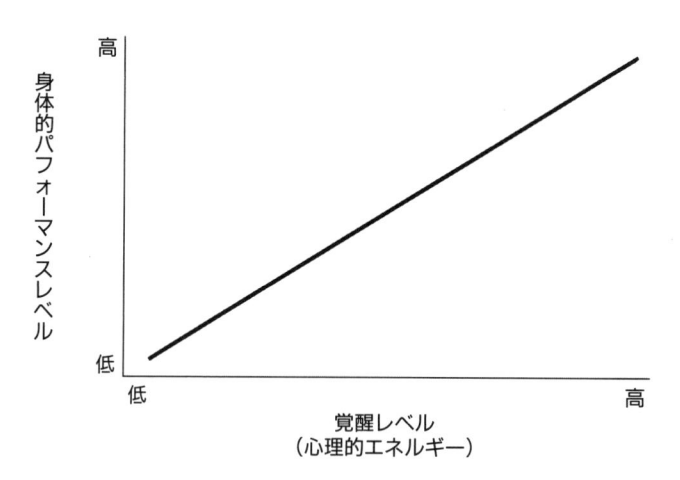

図4.6 心理的覚醒と身体的パフォーマンスに関するドライブ理論によると，覚醒の上昇はパフォーマンスの向上につながる。

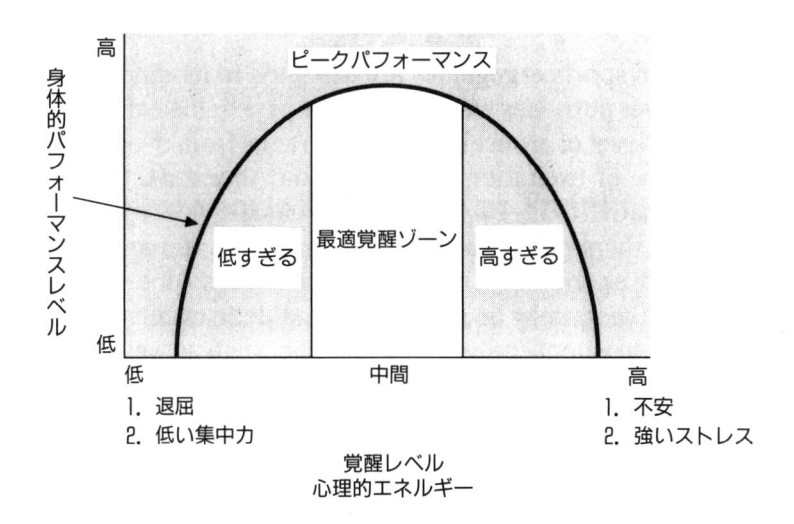

図4.7 心理的覚醒と身体的パフォーマンスの逆U字理論によると，最適な覚醒レベルによって最高のパフォーマンスが得られるだろう。

れずに退屈になり，集中力と動きに欠け，ほとんどの場合，競技中に怒ってしまうだろう。その反対のU字部分の選手では，能力がチャレンジ精神よりも低いので，しばしば覚醒しすぎてしまうだろう。経験する不安が大きく，選手のストレスレベルが高いと，集中力を乱し，筋肉の緊張が増してパフォーマンスを阻害する生理学的変化を引き起こす。選手の覚醒レベルが低過ぎず，高過ぎずの状態であればいつでも，例えばピストル競技中に不安が大きな状態からリラックスするような状態へと最適覚醒レベルまたはゾーンに選手が動くように，心理学的エルゴジェニック・エイドを使うことができる（図4.8）。

最適覚醒ゾーン

　最適な覚醒ゾーンは，スポーツによってさまざまであるということを記しておく必要がある。図4.9はアーチェリー，テニス，そしてウエイトリフティングの3種目について，それぞれの理論上のカーブを示している。アーチェリーでの最適覚醒ゾーンは，低い方にあるかもしれない。なぜならば筋の緊張が上昇すると，正確性が損なわれるからである。少なすぎたり，多すぎたりする覚醒は，テニス選手のパフォーマンスに影響を及ぼす。つまり，テニスの最適ゾーンは中間ということである。ウエイトリフティングでは，覚醒レベルが高い方がよいだろう。しかし，過度の不安は，集中力を妨害する。

　最適覚醒ゾーンは，また，選手によってもさまざまである。図4.9のカーブは，3人の打者を表しており，各バッターは違った覚醒レベルでベストパフォーマンスを発揮する。Aの最適覚醒のレベルは低く，Bは中間であり，Cは高い覚醒レベルが必要である。

　心理学的トレーニング技術のカギは，最適な覚醒ゾーンを知ることである。どんな選手でも，その行動は，競技会やコンテストの重要さによって変化する。このことはとても大切である。それゆえに，自分自身を知り，異なったレベルの競技会でどのように対応するかを知ることである。もし，それができれば，様々な心理学的トレーニング技術を使用してパフォーマンスを向上させることができるだろう。

図4.8 ピストル競技のパフォーマンスについては，選手が大きな不安感と手の震えを，メンタルトレーニング技術を通じて制御することができるようになれば向上するだろう。

スポーツ：	アーチェリー	テニス	ウェイトリフティング
選手：	A	B	C

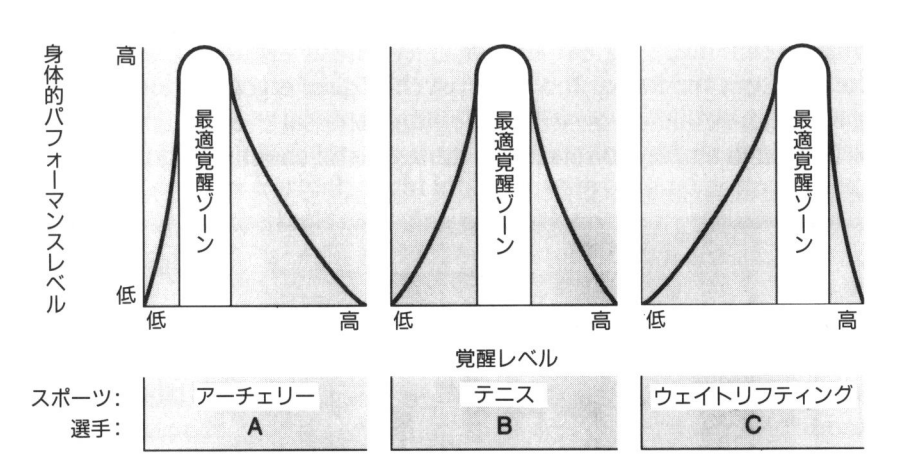

図4.9 異なる種目のスポーツやその選手にとっては最適な覚醒ゾーンに違いがある。

メンタルトレーニング法

　すでに述べたように，競技パフォーマンスを向上させる最も効果的な方法の一つは，適切な身体的トレーニングによって，身体的パワーを向上させることである。個々のスポーツによっていくつものトレーニング方法がある。例えば，長距離走者では，インターバルトレーニング，反復ランニング，丘陵走，長距離走，無酸素運動，ファルトレクなどの方法がある。

　スポーツ心理学の文献を調べると，多くのメンタルトレーニングの導入や技術が述べられており，その多くは，表4.2に記載してあるような方法である。身体的トレーニングはプラス要素を最大にし，生理的エネルギー生産のマイナス要素を最小にするように考えられている。メンタルトレーニングも同様に，プラスの心理学的エネルギーを最大にして，マイナスの心理学的エネルギーを最小にする。(図4.10)

　身体的トレーニングは，心理的限界を引き上げるのに役立つけれども，心理学的スポーツ・エルゴジェニックは，それをより高める効果があると理論付けられている。心理療法技術は，スポーツ競技会において心の機能（精神力）を最適にするために考案されており，身体的トレーニング技術は，エネルギー生産（身体的パワー）を最適にするために考案されている。

　本書の目的は，スポーツで使われる多種多様なメンタルトレーニング方法の詳細を議論することではない。もし，本書の読者がこの内容に興味があるなら，引用文献欄に記載してある多くの素晴らしいテキストブックを読むことをお薦めする。Nideffer, Orlick, そして, Suinn の著書は実用的である。

「できない」と思えば，できない

　選手が興奮や鎮静などの心理学的効果を引き出すために，実際に摂取している多くの物質については，第8章で述べる。

表4.2
心理的（メンタル）トレーニング技術

- 注意制御トレーニング
- 特性再教育
- 自己トレーニング
- 認知効果を高めるストレスマネージメントトレーニング
- 認知再構築トレーニング
- 集中力向上トレーニング
- リハーサル技術
- 氾濫療法
- 氾濫
- ゴール設定
- 催眠術
- 表象
- 内破トレーニング
- 精神分裂
- 精神的リハーサル
- 消極的発想停止
- 積極的発想制御
- 漸進的筋リラクゼーション
- 理性的感情療法
- リラクゼーショントレーニング
- ストレス管理
- 系統的脱感作
- サイバーヴィジョン
- 超越瞑想
- 視覚運動行動リハーサル
- 浮遊療法

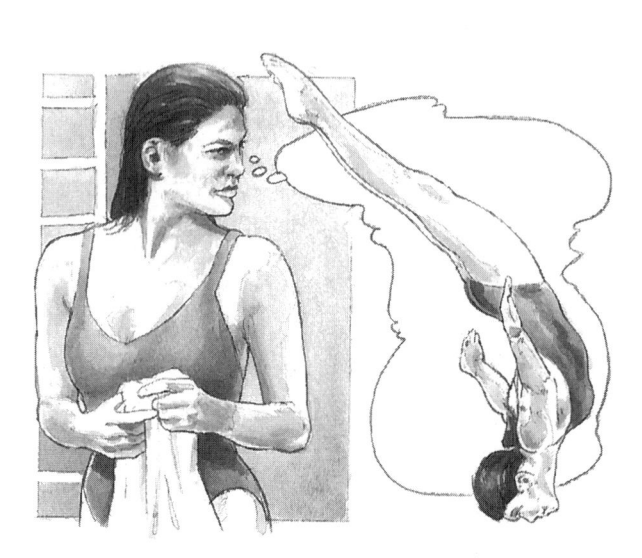

図4.10 心理的イメージまたは心の中でのスポーツスキルのリハーサルは，心理的（メンタル）トレーニングの1つの型である。

> Bill Roy（クレー射撃オリンピック選手）は，他の選手のようにトレーニングに時間を割くことができなかった。そこで，彼はメンタルトレーニングでその溝を埋めようとした。彼は，スプリット・スクリーン効果を用いた。その効果とは，脳に自分の体の動きを彼の視点からと後方からの視点からと同時に描くというものであった。
> ——T. Kensler（『オリンピアン』の記者）

精神力と疲労

　前にも述べたように，疲労は，いろいろな理由で筋肉が身体的パワーを発揮できなくなるために起こる。疲労はまた，いろいろな部位で，中枢または末梢神経系が，最適に動かないために起こる不適切な精神力によって引き起こされる場合もある。図4.11は，人間の体の中で疲労が発生するいくつかの部位を表している。以下に疲労のカギとなるものを述べる。

1. 疲労が起こる可能性のあるひとつの部位は，脳内の運動神経細胞である。これらの神経細胞の活動は，多様な化学神経受容器によって支配されている。精神的疲労，栄養素の不足，そして脳の他の部位からの抑制や不適切な刺激は，これらの神経伝達物質に影響したり，最適に動くようにこれらの運動神経を活性化する働きを制限する。反対に，過度の不安やストレスによって引き起こされる運動神経の過剰興奮は知覚運動スキル，特に微細な運動制御を阻害する。
2. 脊髄内の運動神経細胞は，筋肉に直接，刺激を伝達する。この神経は，脳の神経中枢によって抑制される。筋肉からの多様な形でのフィードバックや栄養素の不足によって仕事量が減少する。
3. もし，不適当な量の化学神経伝達物質が，神経終末で分泌されたり，筋肉細胞の受容器が適切に機能していないならば，筋肉細胞の神経終末連結部位は，疲労の発生部位なのかもしれない。このような状態では，筋収縮を開始するための電気刺激が筋肉細胞に伝達されないだろう。

精神力を高めるスポーツ・エルゴジェニック

　身体的，精神的な準備は，競技会で成功するために重要である。スポーツで

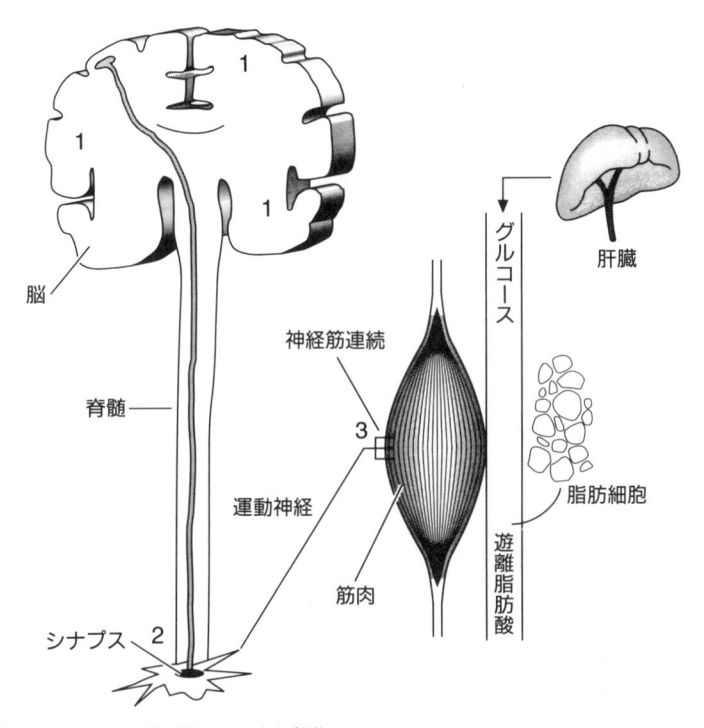

図4.11 神経系において疲労が発生しそうな部位

は，心と体が最適に機能するためにお互いが助け合っている。体の影響が心に影響し，心の影響が体に影響する。

もし，心を鍛えられれば，体はついてくる。

　SPFのうちで身体的パワーを向上させるためにデザインされた，いくつかのスポーツ・エルゴジェニックは，スポーツ競技中の神経系，つまり心理的機能において重要な意味をもっている。炭水化物のような栄養学的スポーツ・エルゴジェニックは，筋のエネルギー源を供給できるが，低血糖状態は，脳の機能にマイナスの心理学的効果をもたらす。興奮剤のような薬理学的スポーツ・エルゴジェニックは，筋肉の代謝を上昇させるが，同時に脳の機能を直接刺激

表4.3
精神力向上のためのスポーツ・エルゴジェニック

---

1. **興奮剤として機能する場合，心理的機能の向上は，エネルギー生産を向上させる。**
   栄養学的スポーツ・エルゴジェニック：アミノ酸
   薬理学的スポーツ・エルゴジェニック：アンフェタミン（覚醒剤）
   生理学的スポーツ・エルゴジェニック：コリン
2. **鎮静剤・抑制剤として機能する場合，過剰興奮や痛みなどの要因は，最適な心理的機能を妨害する。**
   栄養学的スポーツ・エルゴジェニック：ビタミンB群
   薬理学的スポーツ・エルゴジェニック：麻酔性鎮痛剤
   生理学的スポーツ・エルゴジェニック：重炭酸ナトリウム

する。重炭酸ナトリウムのような生理学的スポーツ・エルゴジェニックは，心理的ストレスを軽減させるように筋の代謝過程を変えるのに有効であろう。このようにいくつかの身体的パワーに関わるスポーツ・エルゴジェニックは，勝利にとって重要な生理学的，心理学的効果をもたらすことによって，スポーツパフォーマンスを向上させることができるかもしれない。

　栄養学的，薬理学的，そして生理学的スポーツ・エルゴジェニックは，神経系の効果によって，意図的に疲労の発生を遅らせることを目的として使われることがあるかもしれない。表4.3には，スポーツ・エルゴジェニックとして精神力を向上させるために使われる一般的な方法として2つ述べてある。そして，そこにはこのような効果を生み出す効力があるかどうか研究されている特異な栄養学的，薬理学的，そして，生理学的エルゴジェニックが紹介してある。

　第6章では，興奮効果，あるいは鎮静効果によってSPFのうち精神力を向上させると理論づけられている栄養学的，薬理学的，生理学的スポーツ・エルゴジェニックをまとめている。第8章では，スポーツ・エルゴジェニックの効果，安全性，法的状況，そして，倫理性などの詳細を述べている。

第 ⑤ 章

機械的エッジを手に入れる

　スポーツは，物体の動きと密接な関係がある。スポーツにおいて，主な動く物体とは，骨，筋肉や脂肪などの違った形の物体である。ランニングと走り高跳びは，私たちすべてが自分の体をより速く，またはより高く移動させたいというスポーツの例である。これら2つのスポーツでは，シューズと着ているユニフォームのような他の物体をも移動させることになる。

　その他いくつかのスポーツでの主な目標は，最適なスピードと距離または正確性をもって私たちの体以外の物体を動かすことである。用具が多くのスポーツにおいて使われているが，それらは，物体の量，形，そして形状などのように各々それぞれの特徴をもっている。野球，バスケットボール，フットボール，テニス，ゴルフ，サッカー，フィールドホッケーなどのスポーツで使われる異なった形の何ダースものボールを考えてみよう。槍，砲丸，円盤，ハンマー，矢，そして弾丸のような他のスポーツで使うものも考えてみよう。私たちは多くのこれらの物体に直接動きを与えるが，そのためには動作のための力を伝達するベースボールのバット，テニスのラケット，ゴルフのクラブ，弓，そして

ライフル銃のような物体でボールや弾丸を動かしたり，制御したりする必要がある。それ以外のスポーツでは，選手が競技に参加するための基本的な対象として，自転車，ボブスレー，馬，または競漕用ボートなどがあり，これらもまた，選手がコントロールしている。

機械的エッジとエネルギー

人間の身体的パワーと精神力を説明するのにレーシングカーを類似物として示したことを覚えているだろうか。そのエンジンは，身体的パワーつまりエネルギー生産を行い，そしてコンピュータで制御された燃料噴射システムと操蛇システムは，精神力つまりエネルギーコントロールを支配している。レーシングカーの機械的エッジ，つまりエネルギーの効率性は，最適な重量と流線形などの空気力学デザインを含む力学（メカニクス）によって決められる。

メカニクスとは，力と物体の科学として定義される。それは静止，または動いている物体と力を研究する科学である。その力は物体を動かしたり，静止したままでいる原因となる。人間や他の生物についての研究に応用したとき，この科学はバイオメカニクスとして知られている。バイオメカニクスの一部分にスポーツバイオメカニクスがあるが，これは，スポーツにおいて機械的またはバイオメカニクス的な原理を応用する動きを研究する科学である。

人間の力

力は動きを作り出したり，停止したりできる。われわれが第3章で学んだことの中のひとつに，人間のエネルギー系は，力を作り出すために化学エネルギーから機械的エネルギーへ変換することができるように設計されており，筋収縮において生産された機械的エネルギーによって力が作り出される。われわれは多くのスポーツで，エネルギー生産，つまり身体的パワーを最高に発揮する方法や，生理学的限界を超えてパフォーマンスを向上させることに興味を持っている。そしてまた，最高のパフォーマンスを得るためにエネルギー制御，つまり精神力を最適にし，心理的な限界を取り除く方法にも同じように興味をもっている。また，機械的エッジを与えて，機械的またはバイオメカニクス的な限界を取り除くことによって，エネルギー効率を最適にしたいと思っている。

われわれはこのようにして自然の力を働かせることにより，スポーツを行ってきた。

自然の力

　スポーツで機械的エッジを獲得するという点からみると，自然界から受ける競技パフォーマンスに対する身体的抵抗は，とても興味深いものである。多くのスポーツでは，自然界における動きを妨げるいくつかの外部の力を押さえるために，筋収縮によって生み出される内部の力を使っている。自然界にはさまざまな外的な力が存在しているが，競技パフォーマンスにとって最も影響を与えるものは，重力，摩擦力，流体の移動によって起こる力（物理学者によると空気と水の両方は流体と考えられている），浮力そして弾性力である。

　これらの力は，いくつかのスポーツ競技においてはパフォーマンスを向上させるように働く。明らかな例としては，下り坂で自転車に乗っているときがあるだろう。この場合には，重力に引っ張られることによって加速する。サイクリストやランナーの後ろから風が吹くような流体の力や，トライアスロン選手の水泳での水の流れなどは，スピードを上げるための推進力として加わる。ある種のスポーツでは，これらの力は選手を動かすために必須である。スカイダイバーやダウンヒルスキーヤーは，動くために重力を頼りにしている。そして船乗りは風に頼り，サーファーは波に頼っている。

　外力は通常，スポーツにおける動作に対して抵抗力を生み出す。走り高跳びや棒高跳びのような非常に高くジャンプするスポーツ選手は，基本的には重力と戦うのである。ハイスピードでのサイクリストは，空気抵抗の増加に直面する。短距離水泳選手は大きな水の抵抗を経験する。クロスカントリースキーヤーが経験する湿った雪での抵抗増加のような摩擦力の増加は，パフォーマンスを低下させる。

　機械的エッジに関する技術とは，外力によって得られるプラスの効果を最大限利用するか，または，マイナスに働く抵抗力が最小限にとどめられるか，ということである。セーリングのような外力によって動きが左右されるスポーツでは，セールをよりよいデザインに変更するなど，より効果的にそれらの力を利用できるようにするための研究が行われている。しかし，大部分の研究では，

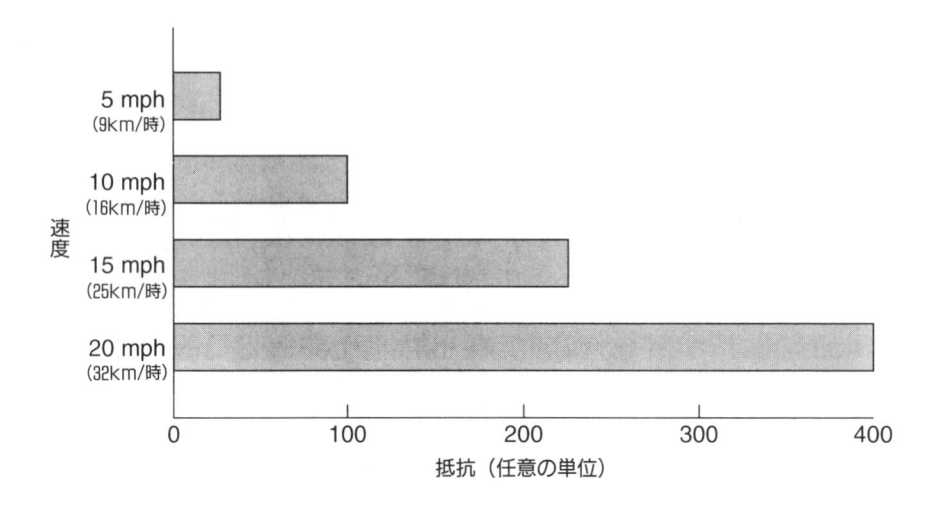

```
速度
  5 mph  (9km/時)   ▮
 10 mph  (16km/時)  ▮▮▮▮
 15 mph  (25km/時)  ▮▮▮▮▮▮▮▮▮
 20 mph  (32km/時)  ▮▮▮▮▮▮▮▮▮▮▮▮▮▮▮▮
           0    100   200   300   400
                抵抗(任意の単位)
```

図5.1 自転車のようなハイスピードでの競技では,抵抗が速度の2乗で増加する。

重力による抵抗の減少,空気や水の抵抗の減少,そして摩擦力,浮力および弾性の都合のよい改変に注目して行われている。

機械的エッジとスポーツパフォーマンス

栄養学,生理学,薬理学,そして心理学とは異なり,力学は,実際に証明されている物理の法則が基礎となっている真の科学である。多くの身体的パワーと精神力によるスポーツ・エルゴジェニックエイドの理論的価値は残念ながら支持されておらず,選手とともに今後,綿密に研究される必要がある。このような状況になっているのは,これらのエルゴジェニックに対する個々人の反応が異なっているからであろう。

仮に300mgのカフェインを10人に投与したとしても,生理学的反応の大きさは各個人によってさまざまだろう。一方,自転車ヘルメットの形状を変更して風洞での空気抵抗変化を測定したとすると,あるスピードで,どのくらいエネルギーが節約できるかを正確に予測できるだろう。

> 1989年のツール・ド・フランスは，史上最高のレースと語り継がれている。最終ステージは，パリへ向かう15.5マイル（約25km）のタイムトライアルで行われた。Greg Lemond は，Laurent Fignon と50秒差で，2位につけており，この差は，挽回不可能と思われていた。この両者は，同じような身体に密着したスーツを着用して，同様の自転車に乗った。しかし，Lemond は，流体力学に基づいてデザインされたハンドル・セットとヘルメットを使用していた。一方，Fignon は，それを使用していなかった。科学者たちは，その後，これらの2つの用具が，Lemond に1分16秒のタイム短縮をもたらしたという結論を導き出した。そして，実際に彼は Fignon にわずか8秒差という史上最少差で勝利したのである。

厳密な物理学の法則性によって，パフォーマンスに影響を及ぼすことが知られているすべての力は，最適な姿勢，衣服，またはスポーツ特性に応じてデザインされたスポーツ用具など，多種多様な方法で操作されている。このように，機械的エッジの開発に関連した多くの研究は，物理学の法則をスポーツに単純に応用したものである。ニュートンの第二法則は，例えば，力，質量，そして加速度との関連によるものである。物体の加速度は，直接的にそれにかかった力に比例し，その質量に反比例する。それ以外のすべては，均等に，ある一定の力が軽い物体で重い物体より大きな加速度を生み出す。

以下の3つの一般的な方法がスポーツでの機械的エッジを得る方法として挙げられる。(a) 特別な，スポーツのためにバイオメカニクス的なスキルを上達させる。(b) ハイテクノロジーを応用したスポーツウエアと用具を使う。(c) スポーツに最適な体重と身体組成を作り上げる。何百もの機械的スポーツ・エルゴジェニックの特別な方法があるが，ここではスペースが限られているので，簡単な説明だけを行う。

機械的エッジ：バイオメカニクス的スポーツスキル

バイオメカニクス的スポーツスキルの向上は機械的エッジを増加させるひとつの大きな方法である。高度に発達した身体的パワーをもっていても，エネルギーまたは力を効果的あるいは効率的に，自分の思っている通りに発揮するこ

とができないならば，パフォーマンスは最高にならないだろう。もしかしたら，優秀な100メートルの水泳選手になる可能性がある強力な乳酸エネルギー系をもっているとしても，必要な水泳の技術をもっていなければ，このエネルギーの多くは，プールの中でバタバタしているだけの動きに無駄に使われてしまうだろう。

スポーツスキル研究

　スポーツ・バイオメカニクスの研究者たちは，選手が動きを作るために筋力を応用して運動能力を向上させる方法をいつも探し求めている。これら研究者たちは，人間の動きを記録したり，解析したりする洗練された先端技術を備えた自由に使える器材をもっている。この器材には，瞬時に解析できるコンピューターとハイスピード・ビデオカメラも含まれている（図5.2）。バイオメカニクス研究の大きな焦点のひとつは，選手の筋のエネルギーの力が，最も効果的に発揮される可能性のある動きとなるような特殊なスポーツスキルを発達させることである。水泳やボート競技での腕の引き，クロスカントリースキーにおける脚とストックの動き，陸上競技でのスタートダッシュや走り高跳びでのジャンプ時の腕と足の動きなどのメカニズムの解析は，スポーツバイオメカニクスの研究の題材となっている。このような研究の成果は，力を利用するためのより効果的なテクニックの開発に役立つだろう。コンピューター化された解析結果は，個々の選手のスキルを向上させるために利用される。

　動作時の抵抗の減少は，スポーツ・バイオメカニクス研究におけるもう一つの大きな目標である。スポーツにもよるが，風洞実験による研究は，姿勢や体表面積の変更によって，動作時の空気抵抗を減少させることを示唆している。

　自転車競技や，スピードスケート，ダウンヒルスキー，ボブスレーやリュージュなどの高速スポーツでは，流線型の姿勢保持は，空気抵抗を減少させるだろう（図5.3）。このような技術は，高速においては大変重要になるが，その動作での90％近い抵抗は，空気抵抗によるものだろう。

　これらの技術を使って抵抗を測定した同様の研究では，水中での姿勢は，渦の形成と水抵抗を減少させることができる，と結論付けられている。

図5.2 ハイスピード・ビデオカメラとコンピューターは，多様なスポーツスキルのバイオメカニクス的な解析結果を瞬時にフィードバックしてくれる。

図5.3 流線型への姿勢の変更は，気流の渦の形成を小さくする。

スポーツスキルの上達

　身体のバイオメカニクス的改良による競技選手のパフォーマンス向上の最良の方法は，正しいコーチングとトレーニングである。力の最大限の利用や抵抗力の最小限の発生など，あるスポーツでの最も効率のよい機械的スキルの発達は，正しい解析と知識豊かなコーチの指導によってもたらされる。多くのコーチは，テニスやゴルフのプロと同様に，選手のスキルの向上に高速ビデオを利用している。このような解析が行われれば，スキルパフォーマンスの向上に役立つだろう。知識豊富なコーチ，または専門家による解析とフィードバックは，計り知れないほど貴重なものといえる。

　本書の焦点は，スポーツの基礎となるバイオメカニクスについての詳細を示すことではない。いくつかの優れた書籍には，一般的なスポーツバイオメカニクスが網羅されており，他では，特殊なスポーツのバイオメカニクスについて着目している。あるスポーツについて述べられている書籍は，正しいスキル向上の最新情報を提供している。特殊なスポーツスキルの映像とビデオテープは，市販されており，購入することができる。

機械的エッジ：スポーツウェアとスポーツ用具について

　スポーツウェアとスポーツ用具の業界は，巨額な金を生み出すビジネスとなっている。ほとんどのスポーツでのパフォーマンスは，スポーツウェアとスポーツ用具のデザインと生産技術の革新によって向上した。

スポーツウェア

　男性競泳選手のブリーフスーツからダウンヒルスキーヤーの全身スーツまでの広い範囲にわたって，あらゆるスポーツで何らかのユニフォームが着用されている。多様な目的によりデザインされた特別な衣類を身につけることは，ケガから身を守るために大変重要なことの1つである。特殊な繊維は，高湿・低温条件でトレーニング中のランナーの体を暖かく乾いた状態に保つことができる。最新のランニングシューズは，弾力性と動きやすさを兼ね備えており，使いすぎによるケガを予防してくれる。そして，ヘルメットは速いスピードで起こった事故と接触競技での深刻な頭のケガを予防する。

　選手自身が選ぶかまたは着用を義務づけられているスポーツウエアのタイプ

は，パフォーマンスに影響を及ぼす。競技会で着用できる選手のウエアは，すべて何らかの形でパフォーマンスが向上するような工夫が加えられている。ヘルメット，サングラス，ユニホーム，手袋，靴下，そしてシューズは競技会において1分1秒，もしくは1000分の1秒という時間を短縮するためにデザインされている。相手と競うためのスポーツウエアは，機械的エルゴジェニックと考えることができる。

　エルゴジェニックを目的としてデザインされたスポーツウエアは，パフォーマンス向上のバイオメカニクス的改良の基礎となる物理学的原則を基本としている。スポーツにもよるが，スポーツウエアは空気抵抗，水抵抗，そして重力（摩擦と伸縮率の増減）を減少させたり浮力を増大させるように設計されるだろう。このような効果は，以下で述べる例のように競技パフォーマンスを向上させることができる。

流体抵抗：風洞実験の結果によると，特別にデザインされたスポーツウエアは，姿勢による渦や表面上の渦を減少させることによって，空気抵抗，水抵抗を減少させることができる。ダウンヒルスキー，スピードスケート，そして自転車のような高速スポーツでは，選手が着用するすべてのウエアは，空気力学的法則にかなうように流線型になっている(図5.4)。ダウンヒルスキーで使われる流線型のブーツは，1秒弱の効果をもたらすかもしれない。そして，この差が成績の決定的な違いとなる可能性がある。

　全身を覆う極薄のユニホームを使用すれば，高速において6〜10%だけ空気抵抗を減少させることができるだろう。これは，自転車競技の4,000m（追い抜き）走では約3秒ほどタイムが短縮される計算となる。特に，女性用に作られた体にぴったりした水着では，水抵抗において似たような効果が得られる。ある研究は，男子短距離水泳選手において全身を覆われた水着を着用すると，水抵抗を減少させる可能性があることを示唆している。

浮力：浮力の向上は，水泳選手においてはとても有効である。なぜならば，水中でより高い体の位置を保てれば，体が水上でよく動くことになり，水抵抗が減少されることとなる。それに加え，沈まないようにするために必要なエネルギーを使わずにすむ。浮くための用具が禁止されてから，水泳競技会において，

浮力を上昇させる効果的な手段はほとんどない。水泳は，伝統的なトライアスロンで行われる3種目のうちのひとつである。そして，この競技は，冷たい水温が選手から急激に体熱を奪うような季節に開催される場合が時々ある。ウエットスーツを使用することによって，トライアスリートを低体温症（極度の低体温）から守ることができる。そして，ウエットスーツは水泳選手に余分な浮力を与える。もし，ウエットスーツが許可されているならば，着用することはとてもよいことだろう。

　ある研究では，ウエットスーツはほとんどの水泳選手やレクリエーション的なトライアスリートのために，エルゴジェニックとして有効であることを示唆している。オーストラリアのある研究者は，水泳において3つの違ったタイプの水着を用いて，1,500m（およそ1マイル）のタイムをそれぞれに計測した。その3つのタイプとは，ウエットスーツ，Lycra のトライアスロンスーツ，そ

図5.4　ヒフに密着しているユニフォームは，あるスポーツにおいて高速時で空気抵抗を減少させる。

して通常の水着である。ウエットスーツを着用したときのタイムは，明らかに，他の2つのタイプよりも速かった。これは，ウエットスーツの浮力効果によるものと推測される。しかし，他の研究では，完璧なフォームをもっているエリート水泳選手においては，ウエットスーツを着てもほとんど恩恵にはあずからないことが報告されている。

重力：重いスポーツウエアは，パフォーマンス向上の妨げになるかもしれない。なぜならば，より大きな重力の影響を受けて，より多くのエネルギーを消費するからである。従って，スポーツウエアデザイナーは，最新の繊維と素材を使って最も軽量なスポーツウエアを開発している。

ほとんどのスポーツウエアは，このような研究とデザインから恩恵を受けているが，特にスポーツシューズには大きな関心が向けられている。重量を軽くすることは，長時間にわたって素早く移動しなければならない選手にとって有利なはずである。いくつかの研究がこのことを支持している。ある研究では，ランナーが違った重さのシューズをはいて，ある速度によるトレッドミル走で酸素摂取量を測定した。予想通り，ランナーの酸素摂取量は重いシューズを履いている選手の方が増えた。これは，軽いシューズより重いシューズを履いた方が，より多くのエネルギーを必要とすることを示している。

計算によるとエネルギーは1オンス（約28.35g）につき0.28％節約できるとされている。つまり5オンス（約141.75g）のシューズでレースを走ると10オンス（約283.5g）のトレーニングシューズよりも，マラソンのような長距離レースでは数分短縮できるということである。

他のランニングシューズでは，ランニング中の重力を利用して，エネルギーの貯蔵と回復がうまくいくようにデザインされている。足への衝撃については，重力がミッドソールとアウトソールに使われている特殊な伸縮性素材の中に吸収される。この貯蔵されたエネルギーは，足が地面から離れる際に戻されるので，ランニングに必要な酸素需要を減らすことができ，パフォーマンスの向上につながるのである。

> パラリンピックでは，カーボンやチタンのようなハイテク素材が使われ，義肢の重さが10〜15ポンド（約4.54kg〜6.8kg）も軽量化されている。それによってパフォーマンスが向上している。

摩擦：いくつかのスポーツでは摩擦を減らすことに注目しており，また他のスポーツでは摩擦を増加させようとしている。滑らかな皮でできているボーリングシューズの底は摩擦力を最小にして，ボーラーがボールを投げる間，滑らかに動けるようになっている。陸上トラック種目では，シューズのスパイクでス

図5.5　義肢に現在使われている軽量ハイテク素材は，パフォーマンスの向上に非常に役立っている。
©Chris Hamilton

リップを防ぐために摩擦を増加させ，選手が前方に進むのを助けている。

適切なスポーツウエアはパフォーマンスの向上に役立つ。ハイレベルな選手は，自分のスポーツにおいて，スポーツウエアの改良についての技術開発や新しい知見についても，詳しく知っておく必要がある。これらの多くの用具は，競技専門誌でも紹介されており，ほとんどのスポーツで利用できるものである。スポーツウエアは，国際レベルの競技に出場する個々の選手のためには特別に仕立てられる。

スポーツ用具

ここで議論する目的は，スポーツ用具がスポーツウエアとは異なっているという点である。スポーツ用具とはボール，道具，またはスポーツで使われる乗り物を指している。スポーツの基本的な前提は，用具によって競技の結果が決まらないということである。これは，水泳のようなスポーツでは問題ではない。水泳では基本的に用具を使用しないからである。他のスポーツでは，例えば，サイクリングのような場合，用具が競技の成績を決める要素が高かったり，特殊なデザインによって有利になる場合がある。

スポーツ競技会の全参加者に公平を期するためには，重さ，形状，そしてデザインなどのスポーツ用具の様式を決める必要がある。設計技術者にとっては，16ポンド（約7.26kg）の砲丸のような（あまり空気力学的ではない）スポーツ用具では，パフォーマンスを向上させることがほとんどできないが，その他のスポーツではパフォーマンスを著しく向上させることができる。例えば，古いルールでは槍投げの重さや長さの違いを明記しているが，デザインについてはほとんど触れていない。そこで空気力学的に優れている槍を技術者が開発した。この槍は300フィート（約91.44m）以上も投げられるそうである。この距離は観客席に届いてしまい，多くの人々が観戦するスポーツとして好ましくないと考えられた。そこで，ルールで槍の形状について制限が加えられることになったのである。

スポーツ用具は快適性とか，安全性というようなさまざまな目的のために作られているが，エルゴジェニックの視点からの大きな目的としては，機械的エッジを提供することによって競技パフォーマンスの向上を図ることである。いくつかのスポーツでは用具のデザインに幅が認められている。コンピュータ制

御デザイン（CAD）の出現は，スポーツ用具の設計過程を変えた。物理学の数学的法則は不変なので，重さ，形，風速などの変数をコンピュータプログラムに入力して計算し，最適な結果が出るまで操作することができる。このようにスポーツ技術者は，流体，浮力，重力と摩擦力が効果的なように用具を改良し，選手が競技で優位に立てるようにできるだろう（図5.6）。

スポーツで使われる用具はいくつかの基本的なカテゴリーに分けられる。ボール，槍，そして矢などの物体は距離や正確性が求められる。テニスのラケット，ラクロスのスティックや弓などの用具は物体を受け止め，物体に力を与えたりコントロールしたりすることに使われる。また別の用具は選手を移動させ

図5.6 洗練されたハイテクテストは，空気力学的なスポーツ用具のデザインに役立つ。
ⒸBicycle Sports/John Cobb

ることに使われる。ある場合では，用具は自転車やクロスカントリースキーのような競技で，選手を移動させるために使われる。他の場合では，選手はボブスレーやセイルボートのような乗り物の動きをコントロールして競技を行う。これらの動きは，重力や風によって生み出される。技術者の大きな目標は，最適な基本機能を満たす，さまざまなタイプのスポーツ用具の効果を向上させることである。以下に例を示そう。

スポーツの対象とされる物体：もしスポーツの目的が，対象物体の距離や正確性を追求するものであれば，その物体自身を改良すればよいだろう。物体の形状や成分組成の変更はスピード，距離，そして正確性に影響が出る。槍投げの距離は，浮上効果のある空気力学的デザインを後尾部に施した槍によって向上するだろう。ゴルフボールは，ボールのくぼみ（ディンプル）の数と形状を改良することにより遠くへ飛ぶ。アーチェリーでは，矢がターゲットに正確に飛ぶデザインが施されている。その他いくつも例はあるだろう。しかしほとんどのスポーツで，このような特性を持つ物体は，ルールで制限されていて改良ができない。

スポーツ道具：体や他の物体を動かすために使われるスポーツの用具は，多くの研究的興味が持たれている。このような研究の成果は，めざましい競技パフォーマンスの向上を導いている。1つの例としては，棒高跳びで使われるグラスファイバーポールである。棒高跳び選手は，アルミニウムのポールを使って15フィート（約4.57m）の高さを超えるために何年も挑戦して，ついに超えることができた。その直後にグラスファイバーが使用されるようになると，選手は以前の高さを軽々と超えてしまった。そして，世界記録は現在20フィート（約6.1m）を超えている（図5.7参照）。

　道具の成分組成はその道具の性質に大きな影響を及ぼすだろう。ある研究ではアルミの金属バットは木製バットよりボールにスピードを与えるとされている。この知見は中空のアルミバット素材の密度が木製バットより均一であるためである。このようにより均一な成分配合がより効果的な衝撃の中心を与えるが，それは振動やインパクト時のエネルギーの浪費が減少したことにより，より速いスピードが生み出されたためである。衝撃の中心はスウィートスポット

図5.7　ポールの成分改良は棒高跳びのパフォーマンスを飛躍的に向上させた。
©Human Kinetics/Tom Roberts

と呼ばれている。

　テニスでのデカラケの有利な点はスウィートスポットが大きくなったことである。ゴルフクラブと他の打撃系用具でも同じようなデザインが施されている。

スポーツの乗り物：技術者はボブスレー，リュージュ，スキー，セイルボートや自転車などの選手を動かすスポーツの用具の仕組みを向上させた。ほとんどの研究が，液体と摩擦の両方の抵抗を減らすことを目的としている。改良され，抵抗を減らすようにデザインされた自転車はパフォーマンスを向上させる。一流選手の自転車は，特殊メタル合金により軽量化されており，シートが低く水筒のような空気力学的デザインが施されており，空気抵抗とねじれを最小限に

図5.8 ハイテク自転車は，30,000ドル（約300万円）以上の費用がかかる。©Casey Gibson

抑えたタイヤとホイルなどを備えており，選手の体形に合わせて仕立てられている。このような自転車は，30,000ドル（約300万円）以上の費用がかかっている（図5.8参照）。

スポーツの道具に関する一般的な推奨はスポーツウエアの利用と対比して考えられる。あなたは研究と技術による用具のデザインの変化について注意を払う必要がある。重ねていうが，各種スポーツでの代表的な雑誌は正しい考え方と研究によって支持される用具の進歩を紹介している。エリート選手は，最高の用具を用意する必要がある。そうでない場合，確実に機械的に不利であり，相手が自分よりも良い道具を使っているとわかっている場合などは，心理的にも不利かもしれない。ハイ・レベルな大会での場合，用具がそれほど違うとい

> 技術開発は，その他の条件が同じならば，あなただけの競技力をより向上させることができる。相手よりもあなたをより遠くへやり，そしてより速くしてくれる。

うことはないが勝負の差が用具によって現れることもある。

　毎日練習をしている選手にとって，トレーニングはパフォーマンスを向上させるための重要な鍵である。あなたが隣にいるトライアスリートと同じぐらいトレーニングをよく行っているとしよう。しかし，あなたの自転車は昔のコロンビア製のバルーンタイヤで1速ギアしかない自転車で，相手は8,000ドルの受注生産自転車をもっている。大会の自転車部門でどちらが勝利するかを賭けた場合，これは非常に安全な賭けとなるだろう。

　あなたがとてもまじめな競技選手で，できることをすべて行った場合には，パフォーマンスの向上のためにテクノロジー（技術）を買うことができる。人生のほとんどの場合と同じように，優れているためには通常よりお金がかかり，手に入れることができる機械的エッジの大きさはあなたの財布の中身との相談となる。

機械的エッジ：身長，体型，体重，そして身体組成

　あなたが親から受け継いだ遺伝子は，競技で成功するための生理学的，心理学的な特性を持っている。そして個性的な形態学的特徴をももっている。この賦与された形態学的特徴は，あるスポーツでの成功をもたらすかもしれない。しかし，他のスポーツでは制限となるかもしれない。身長，体型，体重，そして身体組成は，あるスポーツにおいて機械的エッジをもたらす形態学的特徴なのである。

　身長が高いことは，あるスポーツでは有効である。走り高跳びがよい例である。身長の高い選手は重心が高く，低い選手よりも高く跳ぶ必要がない。反対に背の低い選手は体操競技の鉄棒では有利である。体の大きさの割にはより筋力が備わっているからである。骨の長さと幅も同様に大切である。長い手を持つ人は円盤投げで成功するだろうし，短い手を持つ人はウエイトリフティングなどに有利だろう。狭いヒップは女子スプリント選手にとって有利だろう。

> オリンピック水泳選手の Tom Dolan についての記述である。「彼の体はウナギのように長く細い。彼の腕はカヌーのパドルのように手が伸びるので，彼の足がもう少し大きかったら間違いなくパドルそのものだろう。」
> ──Gerry Callahan（『スポーツイラストレイテッド』誌記者）

　体型（体の形や体格）は，競技においては重要な点かもしれない。広範囲にわたる様々な体型でもスポーツでの成功をもたらすかもしれないが，研究によれば，特定の体型が特殊なスポーツやポジションに向いているということが明らかになっている。例えば，ほとんどのエリート長距離走選手は細身の体型である。ほとんどの重量挙げ選手は筋肉質で，ほとんどの力士はいくらか肥満である。ボディビルというスポーツでは体型と筋肉の付き方が競技の中心である。いくつかのスポーツ，つまり体操競技やフィギュアスケートそして飛び込みのようなスポーツでは体格と容姿は競技会での主な注目点ではないかもしれないが，芸術点の評価には影響するだろう。

　身体の大きさは，体重を表し，体脂肪量と除脂肪（主に筋肉）組織量の割合である身体組成を表している。身体の大きさそのものは，安定性が重要とされる相撲のようなスポーツでは有利かもしれない。身体，特に除脂肪体重が大きくなると，ウエイトリフティングのような筋パワーを必要とするスポーツでは，パワーが増加するだろう。逆に，過体重は脂肪量を増やし，自分の体を持ち上げたり，移動させたりする体操や長距離走の選手には不利かもしれない（図5.9）。身長や骨格はわずかに変えることができるが，トレーニングを行うといくつかのバイオメカニクス的な変化を与えることができ，おそらくそれはパフォーマンスの向上につながるだろう。

ウエイトコントロールと機械的エッジ

　多くのスポーツにとって，機械的エッジをもたらすであろうバイオメカニクス的手段とは，体の大きさの調整である。体重減少は重力によって引っ張られる力を減らす効果がある。従って，体重を支えることが必要な体操のようなスポーツでは有効かもしれない。体重増加は，重力によって引っ張られる力と身体の摩擦を増加させるので，動きに対抗する必要がある力士やアメリカンフッ

図5.9 機械体操のように少ない体重や脂肪が有利に働くスポーツと相撲などのように体重増加や筋力アップが有利に働くスポーツがある。
ⒸClaus Andersen
ⒸReuters/Corbis-Bettmann

トボールのラインマンにとっては重要な方法である。

　理論的考察と研究によって，あなたの身体組成はスポーツのパフォーマンスに多大な影響を及ぼすことが示唆されている。あなたの体重はさまざまな組織（細胞）に関係しているが，本章では体脂肪と除脂肪体重の2成分について考えてみよう。ほとんどの除脂肪組織は筋肉である。その筋肉の70％は水分である。このように水は，体重を構成している3つ目の物質である。ある特定のスポーツに適している体脂肪と除脂肪体重の割合については明らかになっていないが，十分な科学的データがいくつかの普遍的なことを示している。

減量：一般的に，必要以上の体脂肪は，走り高跳びや長距離走のような素早い，または効率的な動作を要求されるスポーツ種目において，パフォーマンスを阻害することが研究によって認められている。

　疫学的な研究によれば，長距離走，走り高跳び，器械体操，バレエ，短距離走や他の過剰な体脂肪が不利になる恐れのある種目では，選手の脂肪率は低いと報告されている。ある研究では，体脂肪と同じ重量を体に巻きつけ，体重を増加させて走らせる実験をしたところ，走りの効率が減少した。

　このような研究結果から，スポーツでも，重力に逆らって大きい物体を動かすためには，より多くのエネルギーが要求されるという物理の基本的な原則が適用されるのである。ある程度の量の脂肪は，最適な健康の保持と体の生理機能を維持するために必要だが，過剰な脂肪は，余分な荷物である。生理的な測定を含む研究では，体重160ポンド（72.5kg）の男性ランナーが，もし体重の5％，（約8ポンド[3.6kg]）の体脂肪を減量することが出来れば，26.2マイル（42.2km）マラソンにおいて時間を6分だけ短縮できるだろう。

> 正しいダイエットによる安全な減量方法による体脂肪の減少は，エネルギー効率の上昇をもたらすだろう。なぜならば，少ない重さが動くからである。

　研究によると，運動やカロリー摂取制限によって徐々に体重を減少させることは選手のパフォーマンスレベルを保つことができるとされている。除脂肪体

重は，正しいウエイトトレーニングプログラムによって，保持することができる。このように，正しい減量プログラムは，スポーツにおいて効果的にパフォーマンスを向上させることができるのである。

しかし，不適切な減量プログラムは，選手の健康を害する。体重制限をする必要があるスポーツ選手，特に女性選手の場合には，摂食障害を起こす危険性がある。女性選手において，摂食障害は，ホルモンバランスの不調，無月経や骨代謝障害を引き起こす可能性があり，このような選手は，疲労骨折や骨粗しょう症（骨密度の急激な減少）を起こす可能性が高くなる。あるスポーツ医学の専門家は，20代女性選手を調査した結果，数人の骨密度が，60代女性と同じであったと報告している。

過度な脱水，拒食や下剤や利尿剤による体重減少は，様々なスポーツパフォーマンスを低下させる。管理されていない状況での過度の減量は，命にかかわる事態を引き起こすかもしれない。

スポーツ関係者によると，韓国のチャン・セホン選手（1996年オリンピックでの金メダル有力候補）は，過剰なダイエットによる心臓発作で死亡した。彼は，柔道の代表になるための体重検査にパスするために18ポンド（約9kg）の減量を行なっていた。

体重増量：体重の増加は，いくつかのスポーツにおいては有利である。相撲，アイスホッケー，アメリカン・フットボールやオーストラリアン・フットボールなどのコンタクトスポーツでは，体重が多いことは，安定性を保つことや敵からの力に抵抗できるので有利である。少量の脂肪量増加は，このようなスポーツでは有用だが，体重の増加は筋肉量の増加であるべきである。プロ・アメリカンフットボール選手における研究では，優秀な多くのラインマンは，意外にも低い体脂肪率が低く，筋肉量が多いと報告されている。さらに，何百ものウエイトトレーニングの研究論文によると，筋肉量の増加は，たいていの場合，筋力とパワーの増加およびパフォーマンスの向上を伴うとしている。

> ウエイトトレーニングによって上半身に身につけたものは全て筋肉だった。上半身が強いと良い姿勢を保つことができる。だから，私の400mの記録は向上するのさ。
> ——マイケル・ジョンソン（男子初の陸上競技200m＆400mの両種目金メダリスト）

正しい体重の減量と増量：目標が減量であれ，増量であれ，どんな体重コントロールプログラムにおいても，栄養の原則を守ることが大切である。一般的に，医学的な監視下にある場合を除いては，1週間で2ポンド（約900g）以上体重を減らすべきではない。1日あたり1,000kcal消費するか食事によって制限すると，1週間あたり約2ポンド（約900g）の減少をもたらす。このような体重減少は，500kcalの運動と500kcalの食事制限によって達成することができる。

運動で500kcalを消費することは，5マイル（約8km）走ったエネルギー量と同じである。食事において脂肪と砂糖の量を制限することが1日あたり500kcalの摂取を制限するのに必要である。

筋肉量の増加による体重増加では，フリーウェイトまたはマシーンなどの重量を伴った正しいレジスタンス運動プログラムと1日あたり400〜500kcalの増食が必要である。1週間あたり1ポンド（約450g）の増量は，このようなプログラムによって現実的なものとなる。体重制限のためのプログラムについては，医師や栄養士に相談してみてほしい。

機械的エッジと疲労

第3章と第4章で述べたように，疲労は不適切な身体的パワーまたはパワーを制御する精神力を生み出すことができないために起こる場合がある。また，疲労は，不適切な機械的エッジにより起こる場合もある。スポーツでは，下記のような貧弱な構造やバイオメカニクスによって，非効率な動作を引き起こす。これは，選手が早期疲労を引き起こしやすくする。

1. 並みのバイオメカニクス・スポーツスキルは，動作と動くための抵抗力を

表5.1
機械的エッジを高めるために用いられるスポーツ・エルゴジェニック

1. **体重あるいは筋量の増加**
    栄養学的スポーツ・エルゴジェニック：アミノ酸
    薬理学的スポーツ・エルゴジェニック：アナボリックステロイド
    生理学的スポーツ・エルゴジェニック：クレアチン
2. **体重あるいは脂肪の減少**
    栄養学的スポーツ・エルゴジェニック：クロム
    薬理学的スポーツ・エルゴジェニック：利尿剤
    生理学的スポーツ・エルゴジェニック：ヒト成長ホルモン

上回る能力や推進力を妨げる。
2. 特殊なスポーツにおいて，不十分なスポーツウェアや用具を使用することは，体力の浪費をもたらす。
3. 過剰な体重，特に体脂肪は機械的な不利をもたらす。なぜならば，一般的には，余分な重量を動かすには，余分なエネルギーが消費されるからである。

運動中にはエネルギー生産は増大されない。反対に，不適切な体重，特に筋肉量は，体の安定性が求められるスポーツにおいては不利である。

機械的エッジのためのスポーツ・エルゴジェニック

バイオメカニクス的スポーツスキルと最適に身体組成を改善させる正しいトレーニングが，機械的エッジを向上させる方法として重要である。最適なスポーツウェアと用具を使用することは，厳密に言えば，スポーツ・エルゴジェニックではないが，それと同じ価値がある。

表5-1にあるように，栄養学的，薬理学的，そして生理学的スポーツ・エルゴジェニックが身体の重量と配分を改良するために使われている。

第6章では，栄養学的，薬理学的，そして生理学的スポーツ・エルゴジェニックが表で示されている。これは，選手が筋肉量を増加させたり，脂肪を減少

させるために参考にすることによって機械的エッジを向上することを目的としている。

　第8章では，スポーツ・エルゴジェニックに関連する有効性，安全性，法的および倫理的側面について詳細に述べている。

第6章

スポーツ種目別にみたパフォーマンス因子の検討

　各スポーツは，身体的パワーや精神力，そして機械的エッジに関連する固有で特殊なスポーツパフォーマンス因子（SPF）をそれぞれもっている。あるスポーツは，ハイパワーを必要とし，他のスポーツではローパワーを必要とする。あるスポーツでは興奮することが有利になり，他のスポーツではリラックスすることが有利になることがある。あるスポーツでは技術的に発達することがとても有利になるが，他のスポーツではそうでない場合もある。

　スポーツ・エルゴジェニックは，特別なSPFを向上させるためにデザインされている。あるスポーツでは効果的であるが，一方では，そうでない場合もある。

　本章は，あるスポーツ固有のSPFが何であるかをはっきりさせ，行っているスポーツのSPFを高めることを意図したスポーツ・エルゴジェニックを明らかにする手助けとなるだろう。

スポーツパフォーマンス因子（SPF）

ほとんどのスポーツでは，いくつかのSPFが複雑に関与しており，これらSPFは，好結果を出すパフォーマンスと関連している。

全体的にみると，特別なスポーツにかかわる各SPF（いくつかの細分化されたものを含めて）は，明らかになっており，その相対的な重要性や，成功に貢献するかどうかについて解析されている。

> オーストラリアボート協会は，コーチやスポーツ科学者らと世界的レベルのボート選手になる可能性をもつ女子選手のプロフィールを作る作業を行った。
> ——Jay Kearney（運動生理学者，米国オリンピック委員会）

還元論的アプローチをすると，私たちは重要なSPFが何であるかを明らかにでき，特殊なSPFをいくつかの一般的なカテゴリーに分類する過程が簡単

表6.1 スポーツパフォーマンスの諸要素

身体的パワー（エネルギー生産）
- 瞬発力と筋力
- ハイパワーとスピード
- パワー持久力
- 有酸素パワー
- 有酸素持久力

精神力（神経筋制御）
- 興奮
- リラクゼーション

機械的エッジ（効率）
- 体重に対して増加した筋量
- 体重に対して減少した体脂肪量

になる。この方法によって，われわれは，いくつかの特殊性を失うかもしれないが，スポーツ・エルゴジェニックによって影響を受ける主なSPFをうまく見つけることができるだろう。表6.1は，スポーツ・エルゴジェニックが影響を及ぼすであろう身体的パワー，精神力そして機械的エッジなどの一般的なSPFを表している。SPFの3つの一般的なカテゴリーについての詳しい説明は，第3章，第4章，そして，第5章で述べてある。以下の章では，簡単な例としてランニング競技を使って説明しよう。

身体的パワー

爆発的な筋力とパワーは瞬間的に力を生み出す能力を表している。爆発的な筋力は，しばしば瞬発力といわれる場合があるが，100メートル走のスタート時のような瞬間的に（1秒くらい）ダイナミックな力を使う能力である。爆発的筋力には，腕相撲のはじまりの行き詰まった状態のような時に，静的な，つまりアイソメトリックな筋力もまた関与している。ATP（アデノシン三リン酸）は，瞬発力とパワーを発揮するのに使われる主要なエネルギー源である。

ハイパワー，つまりスピードは，素早く力を生み出す能力を表している。しかし，瞬発力と比較するとその時間はいくらか長い（5秒〜30秒）。スピードとは，無酸素性パワーのことである。トラック競技において，100m走と200m走のパフォーマンスは，スピードに依存する。同じような時間の枠では，高いレベルの静的筋力を維持する必要があるかもしれない。CP（クレアチンリン酸）は，スピードと高いレベルの静的筋力を生みだすのに使われる主要なエネルギー源である。

パワー持久力，つまり無酸素的な持久力は，400m走や800m走のような45秒から2分間にわたって，高いレベルの筋力を持続する能力である。サッカーのような，長時間にわたる断続的なハイパワーの発揮は，パワー持久力に影響を及ぼす乳酸を徐々に増加させるだろう。筋グリコーゲンは，パワー持久力を発揮させる速筋線維（FT）において主として使われるエネルギー源である。

有酸素性パワーとは酸素を高い割合で使う能力である。そのような競技は，13分〜30分ほど持続されるだろう。5-10km（3.1-6.2マイル）のようなランニングの競技力は，有酸素性パワーによる。筋グリコーゲンは，有酸素性パワーを発揮するために遅筋線維（ST）といくつかの速筋線維（FT）で使われる主要なエネルギー源である。

有酸素性持久力は，有酸素性パワーと比較すると，最大酸素摂取量(VO_2max)に対してより低い強度の酸化過程によって力が発揮される能力である。それは，マラソン（42.2km，26.2マイル）やウルトラマラソン（100km，62.2マイル）のように長時間にわたって継続される。そして，筋グリコーゲン，血糖，筋肉内トリグリセリドや遊離脂肪酸が，エネルギー源として使われる。

精神力

興奮とはエネルギー生産を最大にするような反応時間，視力および複雑な筋肉の調整力などの心理的機能を高める神経系を覚醒させる能力を表す。興奮は，100メートル走のピストルの音に対する反応時間を短縮するかもしれない。

リラクゼーション，つまり鎮静とは，神経系を落ち着かせる能力のことである。鎮静の効果は，最適な心理的機能やエネルギー生成を妨げるような興奮しすぎや痛みなどの要素を軽減するだろう。リラクゼーションは神経質な100メートル走者がスタートの失敗をしないように助けるかもしれない。

機械的エッジ

体が大きくなると，主として筋肉量が増えるが，あるスポーツでは体脂肪も増える。体重増加とは，200kg（440ポンド）の力士の安定性が増すように，体を動かそうとする外部の力に対して抵抗する能力が上昇することを表している。筋肉量が増え，それがもしエネルギー生産を上昇させるならば，スプリンターを助けるかもしれない。しかし筋肉量が増えるとたいてい脂肪も増え，有酸素性パワーと持久力を減少させる。

特に体脂肪を減少させて体重を軽くすると，細身な長距離選手の効率性が上昇するというように，低体重は，体を動かそうとするときに生じる筋力に対する抵抗を減少させる能力を表す。

スポーツとスポーツパフォーマンス因子（SPF）

どんなスポーツでの成功にも，さまざまな生理的，心理的そしてバイオメカニクス的なSPFが関与しているだろう。あるスポーツではその他のスポーツよりも，主要なSPFを決定することはいくらか簡単だろう。

例えば，競技としてのウエイトリフティングである。選手は瞬発力，高いレベルの興奮，そして筋力の増大を必要とする。反対に10種競技や7種競技の選手は，瞬発力，ハイパワーやスピード，パワー持久力，そして有酸素性パワーなどを含む多様なSPFを必要とする。興奮効果はいくつかの種目ではパフォーマンスを向上させるかもしれない。その反対に，鎮静効果がそのほかの種目では有効かもしれない。同じようなことが，体重の増・減についてもそれぞれいえるだろう。

　表6.2は，さまざまなスポーツや競技に参加している選手の一般的なSPFを示している。その他のSPFも重要かもしれないが，ここで挙げたSPFは，最も関係がある項目に限定されている。表6.2を使うと，あなたのスポーツと関連した重要と思われるSPFを見つけることができる。

　これから指摘する点は，身体的パワー，精神力，機械的エッジという，3つの主要なSPF分類と関連していることを覚えておいてほしい。

表6.2 スポーツとスポーツパフォーマンス因子（SPF）の関係

スポーツ	身体的パワー					精神力		機械的エッジ	
	瞬発力	ハイパワー	筋持久力	有酸素性パワー	有酸素性持久力	興奮	リラックス	脂肪減少	筋肉量増加
アーチェリー							✗		
自動車レース	✗					✗			
バドミントン	✗	✗		✗		✗			✗
野球	✗	✗				✗		✗	✗
バスケットボール	✗	✗	✗	✗		✗		✗	
バイアスロン（ライフル＆クロスカントリースキー）								✗	
自転車（短距離・追跡）		✗	✗			✗		✗	
自転車（ロードレース・タイムトライアル）					✗	✗		✗	
ビリヤード							✗		
ボブスレー	✗					✗			
ボディビルディング		✗					✗	✗	✗
ボウリング							✗		
ボクシング	✗		✗			✗		✗	
カヌー（カヤック・静水）	✗	✗				✗			
クリケット	✗	✗				✗			
ダンス（競技・エアロビクス）			✗	✗		✗		✗	
十種競技	✗	✗	✗	✗		✗		✗	✗
飛び込み	✗						✗		
馬術							✗		
フェンシング	✗					✗			

種目	C1	C2	C3	C4	C5	C6	C7	C8	C9	C10	C11	C12
跳躍（走り幅跳びなど）	×					×		×				
投擲（円盤投げなど）	×					×		×	×			
フィールドホッケー	×	×	×			×		×				
釣り（深海）		×										
アメリカンフットボール（ラインマン・ラインバッツ）	×	×				×			×			
アメリカンフットボール（バックス）	×							×				
オーストラリアンフットボール	×	×				×		×	×			
ゴルフ	×						×					
器械体操（鉄棒・鞍馬・吊り輪等）	×	×					×	×	×			
器械体操（平行棒・床・跳馬）	×						×		×			
ハンドボール	×	×								×		
七種競技	×	×	×							×	×	
競馬										×		
アイスホッケー	×	×				×		×		×		
ラクロス	×	×	×							×		
リュージュ	×									×		
武術（柔術・柔道・空手）	×				×					×	×	
競艇					×					×		
モトクロスバイク				×						×		
登山	×									×	×	×
オリエンテーリング											×	×
近代五種競技			×			×				×	×	
ポロ競技	×									×		×

表6.2(続き)

スポーツ	身体的パワー					精神力		機械的エッジ	
	瞬発力	ハイパワー	筋持久力	有酸素性パワー	有酸素性持久力	興奮	リラックス	脂肪減少	筋肉量増加
ラケットスポーツ(卓球・スカッシュ等)	X					X			
漕艇 (2,000m)			X	X		X		X	
ラグビー	X	X	X			X			X
マラソン&ウルトラマラソン					X	X		X	
セイリング・ヨット		X				X			
射撃							X		
アイススケート(短距離:500~1,500m)			X			X		X	
アイススケート(長距離:5,000~10,000m)				X		X		X	
フィギュアスケート	X						X		
スキージャンプ競技	X						X		
スキー滑降・回転・大回転			X			X			
クロスカントリースキー				X		X		X	
サッカー(フィールドプレーヤー)	X	X				X		X	
サッカー(ゴールキーパー)	X					X			
競泳 (短距離:100~200m)			X			X			
競泳 (長距離:400~1,500m)				X		X			
シンクロナイズドスイミング				X			X		
サーフィン	X					X			
相撲	X	X				X			X
陸上競技(短距離:100~200m)		X				X		X	
陸上競技(中距離:400~800m)			X			X		X	

スポーツ種目別にみたパフォーマンス因子の検討

種目											
陸上競技(長距離:5,000~10,000m)					×		×	×	×	×	
ウルトラエンデュランス種目(トライアスロン(スイム1km,バイク40km,ラン10km))					×		×	×		×	×
バレーボール		×				×			×		×
競歩(20~50km)		×			×	×			×	×	
水球		×	×		×				×		
水上スキー									×	×	
ウエイトリフティング	×								×	×	×
レスリング	×	×					×		×	×	

身体的パワー：多くのスポーツ活動では，3種類のエネルギー生産系からのエネルギーが混合して使われる。例えば，200m競走では3エネルギー系がすべて関与しているが，中でもATP-CPエネルギー系が多くを占めている。10種競技のようないくつかのスポーツでは，複合的なエネルギー系が必要とされる。あるスポーツでは，複数の身体的パワーSPFが必要かもしれない。

精神力：興奮はほとんどのスポーツで最も重要な精神力SPFである。しかし，リラクゼーションは不安がパフォーマンスを妨げるようなスポーツの場合に有効だろう。興奮とリラクゼーションの効果は，選手個人によって異なる。器械体操選手は興奮効果がとても有効である。しかし，非常に不安になっている選手は，過大な興奮がパフォーマンスを妨げるかもしれない。リラクゼーション技法は不安を取り除き，覚醒が最適レベルに達することを助ける。

機械的エッジ：たいていのスポーツでは，選手は筋肉量を増やし，脂肪を減らしたいと考えている。相撲や長距離水泳などのようないくつかの限られたスポーツを除いては，体脂肪を減らすことはパフォーマンスの向上につながる。筋肉量増加は，身体的パワーを増加させる可能性があるが，動きに対して体重，つまり抵抗を増加させるかもしれない。上半身の筋力アップは，10種競技選手にとって砲丸投げにおいては有効であるが，1,500m走のような種目では負担となるだろう。

　選手は，スポーツに固有なSPFがあるということをよく知っておくべきだが，表6.2に示されているSPFは，各自によって修正される必要があるかもしれないということも覚えておいてほしい。

スポーツパフォーマンス因子（SPF）とスポーツ・エルゴジェニック

　表6.3は，第8章で述べられるすべてのスポーツ・エルゴジェニックと身体的パワーについての5つのSPF，精神力についての2つのSPF，そして機械的エッジの2つのSPFを示した一覧表である。表6.3を使うために，まず表6.2であなたのスポーツにとって重要なSPFを探す。そして表6.3で，理論的にSPFを向上させるスポーツ・エルゴジェニックがわかる。いずれの表も欄内に×を

つけて示している。

　スポーツ・エルゴジェニックが理論的にSPFと関連しており，いくつかの研究によってSPF，またはそれと関連したスポーツパフォーマンスにスポーツ・エルゴジェニックとして効果的であると評価されたものを×として示しているだけであるということを忘れないでほしい。×が必ずしもスポーツ・エルゴジェニックとして効果的であるということを意味しているわけではない。

　もし，特別なスポーツ・エルゴジェニック効果について指摘している研究に興味があるならば，その情報については第8章を参照してほしい。その情報は，競技選手がスポーツパフォーマンスを向上させるために使うための一般的な推奨と共に，スポーツ・エルゴジェニックの安全性，法的状態，そして倫理的な問題にも関連している。

表6.3
スポーツ・エルゴジェニックとスポーツパフォーマンス因子（SPF）

スポーツ・エルゴジェニック	身体的パワー					精神力		機械的エッジ	
	瞬発力	ハイパワー	筋持久力	有酸素性パワー	有酸素性持久力	興奮	リラックス	脂肪減少	筋量増加
アルコール	×						×		
アンフェタミン	×	×	×		×	×		×	×
アナボリック・フィトステロール	×	×	×					×	×
アナボリックアンドロゲニック・ステロイド	×	×	×					×	×
抗酸化物	×		×	×	×				
アルギニン・リジン・オルニチン	×								×
アスパラギン酸塩			×	×	×				
ハチ花粉		×	×				×		
β-ブロッカー							×		
β-2作用薬	×	×	×	×	×	×		×	×
血液ドーピング			×	×	×				
ホウ素	×	×	×						
分岐鎖アミノ酸（BCAA）		×	×	×	×	×			
カフェイン		×	×	×	×	×			
カルシウム	×	×			×				
炭水化物サプリメント			×	×	×				
カルニチン					×			×	
コリン					×				
クロム	×		×	×	×			×	×

	コカイン	コエンザイムQ10	クレアチン	DHEA	利尿剤	工学的食事サプリメント	エフェドリン	エリスロポエチン	脂肪補給	水分補給・液体補給(スポーツドリンク)	葉酸	ニンジン	グリセロール	HMB	ヒト成長ホルモン	イノシン	鉄	マグネシウム	マリファナ	マルチビタミン/ミネラルサプリメント	麻薬性鎮痛剤	ナイアシン	ニコチン	オメガ-3脂肪酸	酸素補給
				×	×		×								×	×				×					×
					×	×	×	×							×	×									
	×						×								×	×			×				×		
		×	×			×	×					×		×	×		×			×			×	×	×
		×		×	×	×					×	×	×				×	×		×		×	×	×	×
	×	×	×	×		×	×							×	×	×	×	×	×	×		×	×	×	×

表6.3（続き）

スポーツ・エルゴジェニック	身体的パワー					精神力		機械的エッジ	
	瞬発力	ハイパワー	筋持久力	有酸素性パワー	有酸素性持久力	興奮	リラックス	脂肪減少	筋肉増加
パントテン酸					×				
リン（リン酸）	×	×		×	×				×
プロテイン・サプリメント	×	×	×						×
リボフラビン（ビタミンB₂）				×	×				
セレン					×				
炭酸水素ナトリウム			×						
テストステロン＆hCG	×	×						×	×
チアミン（ビタミンB₁）				×	×	×			
トリプトファン			×	×	×		×		
バナジウム	×		×						×
ビタミンB₆	×	×	×	×	×	×			×
ビタミンB₁₂	×	×	×	×	×	×			×
ビタミンB₁₅				×	×				
ビタミンC				×	×				
ビタミンE									
ヨヒンビン	×		×					×	×
亜鉛	×		×						×

＊英語名におけるアルファベット順（第8章を参照のこと）

第 7 章

エルゴジェニックに関する4大疑問への回答

　自分の遺伝的才能を顧みず，その能力を高めるため生理学的，心理学的，バイオメカニクス的に最適なトレーニングをすることも忘れ，多くの選手がスポーツ・エルゴジェニックに頼ってパフォーマンスを高め，競争相手より優位に立とうとしている。各種の調査により，選手は，スポーツで成功するにはエルゴジェニックが不可欠であると信じていることは明らかである。

> 意見：「アトランタ五輪に出場した陸上競技選手の4人に3人が何らかのパフォーマンス向上薬物を使用している」
> ——Michael Turner（英国オリンピック委員会医事委員会）

　また，選手がさまざまなエルゴジェニックを使用していることも明白である。競技の歴史を通して，選手は文字どおり何百種類もの栄養学的，薬理学的，あるいは生理学的なエルゴジェニックを使用してきた。過去半世紀の間に，エル

ゴジェニックの使用は，あらゆるレベルの選手に広がったが，それには以下の相互に関係する要因が影響してきたようである。(a) プロ，アマチュアを問わないスポーツ人気の異常な上昇，(b) それに対応して，成功した選手に生じる財政上およびその他の利益の増大，(c) 理論上スポーツパフォーマンスを向上させる可能性のある薬物と栄養サプリメントの開発につながる，生物医学および栄養学の技術的進歩，(d) 成功したスポーツパフォーマンスの基礎となる生理学的，心理学的，バイオメカニクス的要因の解明と，その要因をより高めることに注目しているスポーツ・運動科学の学問分野としての出現。

パフォーマンスを高めるため，ある特定のスポーツ・エルゴジェニックを使うかどうかを決めるのに，価格と利便性以外では，以下の4つの疑問に対する答えが影響するであろう。

・有効か
・安全か
・合法的か
・倫理的か

スポーツ・エルゴジェニックの有効性

効果がないのにスポーツ・エルゴジェニックを使うということはありそうもない。それでは，特定のエルゴジェニックが自分のパフォーマンスを向上させるかどうかをどうやって知るのか。有効性，言い換えれば，望ましい効果と結果をもたらすかどうかを評価するためには，何らかの理由があるはずである。

広告

魔法の物質がパフォーマンスを向上させると選手が信じている限り，企業はそれを利用してデザインした製品を市場に出してくる。ボディビルダー向けの12種類の雑誌を対象とした，最近の栄養サプリメントの広告の調査では，89のブランド，311の製品，そして235の独特な成分が報告されている。そして，そのなかで最も多かったサプリメントはアミノ酸混合物であり，最も多かった効果は筋肉の発達であった。

エルゴジェニックを製造している企業は，利益を生むために商売をしているので，利益を追求すれば，製品の本当の効果が曲解されてしまうかもしれない。例えばアミノ酸は，筋肉の発達を支えるタンパク質の合成など人体のさまざまな重要な代謝過程に関与しているので，「筋肉の発達を支える」というアミノ酸の広告は受け入れられる。高品質のアミノ酸サプリメントは，筋タンパク質の発達に効果的であるには違いないが，スキムミルクや低脂肪の肉，魚，鳥肉のような普通の食品から得られるタンパク質やアミノ酸に比べて，かなり高価である。

また，広告は，さまざまな手法でごまかしたり，偏見をもたせることもできる。広告に使われるごまかし手法の代表として，前後関係のない研究上の発見，プロスポーツの競技団体のお墨付き，そして特許をもつ製品などがあるが，そのどれもが製品の有効性を保証するものではない。例えば特許は，製品がユニークであることを示すだけであり，米国特許庁では製品の有効性まではテストしない。

スポーツ雑誌と業界誌の記事

スポーツ雑誌を読むと，最適のパフォーマンスを得るには，ある種の栄養物質が不可欠であるという印象をもつであろう。ボディビルダーの雑誌には，筋量と筋力の増加に対するアミノ酸サプリメントの効果を詳述した記事が頻繁に見られる。出版社は，さまざまな高価なアミノ酸サプリメントを市場で売買し，これらを同じ雑誌の中で大量に宣伝している。記事の執筆者は，米国憲法の修正第一条のうちの"出版の自由"により保護されているので，自分の意見を堂々と表明するようである。一方で，広告は，連邦取引委員会によって監視されており，未証明の主張を含んでいてはならない。そこで慎重に観察すると，記事と広告がすぐ近くに印刷されている理由が分かる。執筆者は読者に偏見をもたせようとしているかもしれないので，格言にもあるように，読むもの全てを信じてはいけない。

合衆国では，最近通過したDietary Supplement Health and Education Act（「食事サプリメント，健康と教育に関する法律」）によって，食事サプリメントは，表示法の強制を免除されるかもしれない。それでも製品のラベルには科学的に支持されない主張を含んではならないが，消費者にサプリメントを販売

する時には，要約，記事，書籍の章の別刷などの情報資料が添付されているようである。規約の一つに，資料の情報は不正確であったり，誤解させるようなものであったりしてはならないという項目があるが，資料が法を犯しているとする証明責任は，食品医薬品局（FDA）にある。

さらに別の宣伝テクニックとして，肉体的パフォーマンスを向上させるという主張を製品ラベルに記載し，この主張は FDA による評価は受けていないと表示している会社もある。このやり方は，不正確な宣伝に関する規則を犯さずに，これらの製品が有効なエルゴジェニックであるようにほのめかす，ずるいやり方である。

個人的証言と逸話的な事例報告

スター選手を使って販売促進活動を行う会社があるが，製品の有効性に関する選手の個人的証言も，米国憲法修正第一条のうちの"言論の自由"により守られている。この例は，スポーツ雑誌に見られる。選手は，製品により自分のパフォーマンスが改善されたとは言わないとしても，通常は改善されたという印象を与える。選手は製品を使ったり，推奨したりすることで，多大な金銭的あるいはその他の利益を受けるであろう。

スター選手が使っているからと言って，有効であるということにはならない。スター選手は財政上の報酬に目がくらんで，偏見をもたせているのかもしれない。

個人的体験

自分が行っているスポーツのスター選手が推奨するエルゴジェニックの広告を見たら，それを買って試せば，トレーニングや試合の時に調子が良くなったと感じるかもしれない。こういう個人的体験をすると，これは有効であると確信してしまうものであるが，これは"プラセボ効果"かもしれない。

プラセボとは効果のない物質のことである。医学においては，治療を必要とする病気がないのに，処方箋を要求してくる患者に用いられる。内科医は，多くの病気が心身的なものであると認識しているので，害がなくて，強力な心理的効果をもたらすプラセボを処方するのであろう。プラセボは心身問題を治療するのに有効であり，これを"プラセボ効果"という。

エルゴジェニックは，生理的優位性とか物理的優位性をもたらすのでなく，

信じることで心理的に働くのかもしれない。薬の「魔法」を信じることが，プラセボ効果を生み出すのであろう。

一方で，適切な科学的研究により，有効性が裏づけられているエルゴジェニックは，意図した通りにパフォーマンスを高めるであろう。

研究による考察

あるスポーツ・エルゴジェニックが，スポーツ・パフォーマンスを改善するのに役立つかどうかを，どうやって知るのか。人を惑わす広告，偏見をもたらす記事，先入観をもたせる個人的証言，そしてプラセボ効果をいくら集めても，エルゴジェニックが有効であるという信頼できる証拠にはならない。エルゴジェニックの有効性を確認するには，適切な研究が必要である。

スポーツ科学者は，多くのエルゴジェニックについて研究を行い，有効性を評価するために使える科学的データを提供してきた。スポーツ科学者は，一般に，誰でもというわけではないが，特定のエルゴジェニックで儲けてやろうとは思わないので，有効性について公正な評価を提供できる。

有効性に関する研究上の成果は第8章に要約するが，そこで述べるように，使用を推奨するかどうかは，安全性，合法性，倫理性とともに，有効性を第一の基本としている。

エルゴジェニックの有効性を決定する研究を進めるのは容易ではない。正当な結果を得るためには，無数の要因を制御しなければならない。ここでは，有効性を評価するための完璧な研究デザインについては十分に議論できないが，以下の研究課題は不可欠なものである。

ここでは，研究課題を簡潔に説明するために，血液ドーピングというスポーツ生理学的エルゴジェニックを例に議論してみよう。

1. 原理：まずは正当な原理がなければならない。理論的には，エルゴジェニックは特定のスポーツ・パフォーマンス因子（SPF）に有利に働くはずであり，その結果として身体的パワー，精神力，機械的エッジ効果を高める。

血液ドーピングは，血中のヘモグロビンレベルを増加させ，酸素の運搬を容易にするだろう。

2. 被験者：適切な被験者集団を選ぶ必要がある。被験者には，目的とするSPF

レベルの高い人を選ぶ。エルゴジェニックが有効なら，トレーニング効果以上にパフォーマンスを改善するはずだからである。

血液ドーピングは，有酸素性持久力に重要な酸素エネルギー系を高めるためにデザインされたものであるから，マラソン・ランナーや自転車ロード選手のような有酸素性持久力を高度にトレーニングした選手を被験者とするべきである。図7.1を見てほしい。

3. **テスト**：テストは，SPFが正当かつ信頼に足るかどうかを評価するものである。ラボ（実験室）テストとフィールドテストを行うことにより，貴重な情報が得られる。ラボテストは種々の要因を制御しやすいが，現実の競技条件とは異なる。フィールドテストは，競技条件に近づけるが，ラボテストほど他の要因を制御できない。そして，テストは，エルゴジェニックが根本原理に対して有効であるかを評価するためのものである。

図7.1 スポーツ・エルゴジェニックの有効性を評価する研究では，被験者はトレーニングレベルの高い選手であるべきである。ⒸHuman Kinetics/Tom Roberts

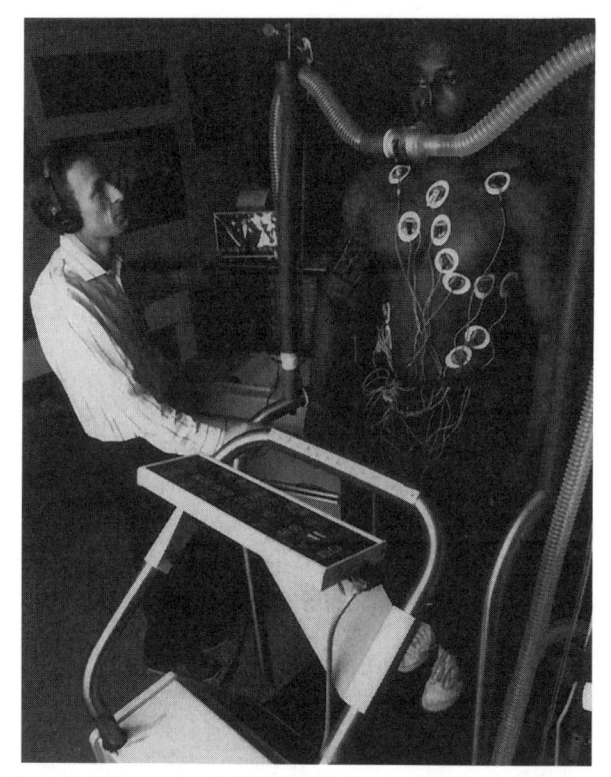

図7.2 スポーツ・エルゴジェニックの有効性を評価するには，実験室での正確なテストが用いられるべきである。©Susan Allen Camp

　ラボとフィールドにおける血液ドーピングのための適切なテストは，トレッドミルによる最大酸素摂取量（$\dot{V}O_2max$）テストと10kmロードレースである（図7.2）。ヘモグロビンの増加を確認するための血液検査も必要である。

4．習熟試行：トレーニングレベルが高い被験者であっても，テストを円滑に実施できるように，1回から数回の習熟試行を実施する。被験者は，$\dot{V}O_2max$を決定するため，疲労困憊までトレッドミル走ができるようになる必要があり，また習慣的に10kmロードレースを行う必要がある。

5．実験上の処理とプラセボ：実験上の処理は，信頼できる根本原理に則って行うべきであり，可能であれば適切なプラセボも用いる。1リットルの血液を注入することは，ヘモグロビン濃度を有意に増加させるであろう。プラセボと

しては，生理食塩水あるいは偽似静脈穿刺（せんし）が使える。

6. 被験者群：被験者は，処置群とプラセボ群にランダムに割り当てる。可能なら，被験者は特定のSPFテストや他の要因をもとにそろえ，ランダムに割り当てる。最も良いのは，繰り返し測定を行い，かつ各被験者が処方とプラセボの両方を適切な洗い流し期間をはさんでランダムに受けるもの（クロスオーバー）である。

予備テストに基づき，被験者は，最大酸素摂取量と10kmロードレースのタイムをそろえ，処置群とプラセボ群にランダムに割り当てる。繰り返し測定のために，第一期では半数の被験者が血液を注入され，残りの半数がプラセボを受け，6週間の洗い流し期間の後，第二期では処置とプラセボの条件を交替する。

7. 二重盲検法：被験者も測定者も，どちらの群が処置群でどちらがプラセボ群か，わからないようにする。つまり，第3の関係者が，処置とプラセボの管理を行い，研究終了時にコード番号を提示するのである。

研究のデータ収集に参画しない公明正大な専門家が，血液あるいはプラセボを被験者に注入し，測定者には研究終了時まで知らせない。

8. 外的要因の制御：測定者は，テストのパフォーマンスに影響するような外的要因を制御するべきである。

実験の期間中，被験者は通常の食事習慣と，運動習慣を維持すべきであり，競技に向けて準備するように，トレッドミルでの$\dot{V}O_2max$テスト，あるいは10kmロードレースなどのテストに備えるようにする。

9. テスト環境の制御：実験室は，温度，湿度，そしてテストに影響を与える他の要因を制御しておく。フィールドテストではそこまで制御できないが，各試行のフィールド条件ができるだけ同一となるようにする。

血液ドーピングのフィールドテストでは，室内トラックで10kmレースを行えば，温度と風の条件を制御することができる。

10. 適切な統計：統計上の誤差を最小にするため，適切な統計的手法を用いる。

被験者数と試行回数を十分なだけ用いる。繰り返し測定のデザインは，各被験者自身が自分の対照群となることにより，統計上の検出力を高める。

入手できる科学的研究の評価

スポーツ・エルゴジェニックの有効性に関する信頼できる科学的データのほ

とんどは，何人かの専門家により査読された学術雑誌に掲載されている。情報源としては，(a) 個別的研究，(b) 専門家による総説，(c) 適切な統計学者によるメタ解析の3つが一般的である。エルゴジェニックとしての重炭酸塩(重曹)を例とし，これら3つのデータ源を説明しよう。

個別的研究：重要なデータを提供するものであるが，一つの研究だけでは，エルゴジェニックが有効かどうかについて，結論的な証拠は得られない。

　炭酸水素ナトリウムについては，数十もの研究が実施されてきた。そのほぼ半分は，スポーツ・パフォーマンスを改善しないとしているので，この中から研究を選べば，炭酸水素ナトリウムは効果をもたないと結論づけるであろう。しかし，残り半分は，炭酸水素ナトリウムがパフォーマンスを改善するとしている。

> ある見出し：重曹は400mのダッシュタイムに何の効果も持たない
> 6カ月後の見出し：重曹は400mのダッシュタイムを1秒改善する

総説：エルゴジェニックの有効性は，信頼できる多くの研究により支持されるべきである。既に刊行された個別的研究を総説したものは，有効性を支持するためのより強力な基礎となるが，その結論は，選ばれた個別的研究と執筆者の考え方に影響されるであろう。

　20年ほど前の総説では，炭酸水素ナトリウムは投与効果をもたらさないとしているが，最近の4つの総説では，乳酸エネルギー系に依存したSPFに対してはパフォーマンスを改善すると結論されている。

メタ解析：信頼できる個別的研究を十分なだけ集めてメタ解析を行うと，有効性を支持する最も強力な証拠が得られる。メタ解析は，集めた個々の研究の要約的な統計を提供する総説である。これは本質的に，エルゴジェニックの有効度を表すものである。

　29編の信頼できる研究論文を用いた最近のメタ解析から，炭酸水素ナトリウムは乳酸エネルギー系に依存したスポーツ・運動のパフォーマンスを27%近く

増加させる非常に有効なエルゴジェニックであると結論づけられた。

安全性

　安全性は，特定のスポーツ・エルゴジェニックを使うかどうかを決める時に，重要な要因となる。第8章で議論するエルゴジェニックのほとんどは，過剰に摂取したり，不適切に用いれば，かえって健康上のリスクとなる。このようなリスクは，急性であったり，緩やかであったり，一時的なものである場合があるが，慢性で深刻で生命を危険にさらす結果さえ引き起こす場合もある。

> 　生物学の基本法則の一つであるが，生体に影響を及ぼす物質は全て過剰摂取すれば毒となろう。

　薬理学的エルゴジェニックや生理学的エルゴジェニックが，最も大きなリスクを示す。選手は，治療目的，社交目的（アルコールなど）そしてエルゴジェニックな目的で薬物を用いるが，第8章でも述べるように，それらを濫用するなら，健康上深刻な結果を招くことになる。

　栄養学的エルゴジェニックには，ビタミンのような基本的栄養素を始めとして，朝鮮人参のような外来の食事サプリメントまでが含まれるが，薬理学的スポーツ・エルゴジェニックよりは安全と考えられている。一般的に，この考えは正しいであろうが，ビタミンを含む多くの栄養素でさえ，過剰に摂取すれば健康を害することがある。その上，1994年に制定された「食事サプリメント，健康と教育に関する法律」では，食事サプリメントの安全性をFDAが規制することを制限し，各企業の責任としている。食事サプリメントは安全であると信じている学者もいるが，現在の証拠だけでは安全性は実証しきれないとする学者もいる。

　健康を害するようなエルゴジェニックを，選手がわざわざ使用することはないと考えるのが普通だが，以下のコラムにあるように，選手によってはスポーツでの成功の方が，健康を害するリスクより優先される場合がある。

　残念ながら，エルゴジェニックの安全性を評価するための研究はほとんどな

い。エルゴジェニックな薬物のリスクには関心が集まっているが，食事サプリメントと他の合法的エルゴジェニックについては，それらを長期にわたって補給した場合のリスクに関する科学的データがほとんどない。安全性の研究は，通常，ほとんどが試験管内での研究か，動物実験か，特定の製品を消費してリスクを体験した人々のケース・スタディである。このようなデータは，健康な選手に対する安全性評価の証拠として望ましくないので，スポーツ・健康分野の専門家のほとんどが，注意深いことが賢明と考えており，特定のエルゴジェニックのあらゆる急性，慢性のリスクを指摘している。

> Robert Voy 博士は，USOCの内科医を勤め，"Drugs, Sports, and Politics"の著者であるが，選手は競争に勝つためには，化学的近道を用いるし，そのためには健康上深刻なリスクでも進んで受けると述べている。ヴォイ博士は非公式の研究を引用し，オリンピックで金メダルが保証される物質なら，その物質の服用が1年以内に致命的になると知っていても，調査されたトップ選手の50％以上が喜んで使うと答えた，としている。

法的状況

　スポーツ・エルゴジェニックを使おうとの決断に影響する別の要因として，合法性がある。全ての競技団体は，エルゴジェニックを用いることを制限する規約をもっているので，自分のスポーツに関する規則は知っておくべきである。
　薬理学的エルゴジェニックを用いること，つまりドーピングは，競技団体間で最も関心を集めている。
　アンチドーピング法は，選手の健康とは別個に発展してきたようだが，それは薬物使用の根源的理由がパフォーマンスの向上だからである。それゆえ，アンチドーピング法は，パフォーマンスを向上させる薬物を禁止することにより，不正を防ぎ，選手の健康を守るために意図されてきた。
　IOCはドーピングの定義を，「競技パフォーマンスを人工的かつ不正な方法で向上させる意志を持って，身体に異質な物質を投与あるいは服用すること，あるいは生理的物質であっても異常な量を摂取したり，異常な経路で体内に入

れること」とした。加えて，競技パフォーマンスを後押しする物質を用いた医療行為も，ドーピングとみなしている。

　この規則の主な目的は，選手に薬物使用を思いとどまらせることである。第8章に述べるように，いくつかの例外と制限はあるものの，パフォーマンスの向上に使われる薬物のほとんどがIOCにより禁止されており，選手が使うのは違反である。使用が禁止されている薬物は表として示されるべきであり，IOCは禁止薬物と血液ドーピングのような他のスポーツ・エルゴジェニックの広範なリストを刊行してきた。これらの薬物のいくつかについては，第8章で解説されている。IOCとUSOCによって禁止され，それゆえ多くのスポーツ団体によっても禁止されている薬物の詳細なリストを付表Aにまとめた。

　アンチドーピング法を施行するために，ほとんどの競技団体が高度な技術をもった効率的な薬物検査システムを利用することができる。

　薬物検査の主たる目的は，不正を防ぎ，選手の健康を守り，スポーツの高潔さを促すことである。
　——Andrew Pipe, MD（カナダのスポーツ内科医）

　ほとんどの選手はスポーツパフォーマンスを向上させようと，あえて違法の薬物を摂取したりはしないであろう。しかし，多くの選手が，頭痛，鼻づまり，風邪，あるいはけがの治癒などさまざまな治療目的で薬物を摂取している。このような症状を緩和するOTC（処方箋なしで買える市販薬）の多くは，競技で禁止されている薬物を含んでいる（図7.3を参照のこと）。例えば，Sudafed，Dristan，SinexそしてNyquilである（巻末付表を参照のこと）。ほとんどの競技団体が，禁止薬物をリストアップし，抜き打ち検査を含む薬物検査の過程を説明した小冊子や他の資料を用意している。

　薬物検査のある競技にエントリーする選手は，自分が服用している全ての医薬品の合法性を，競技団体に照合するのが望ましい。

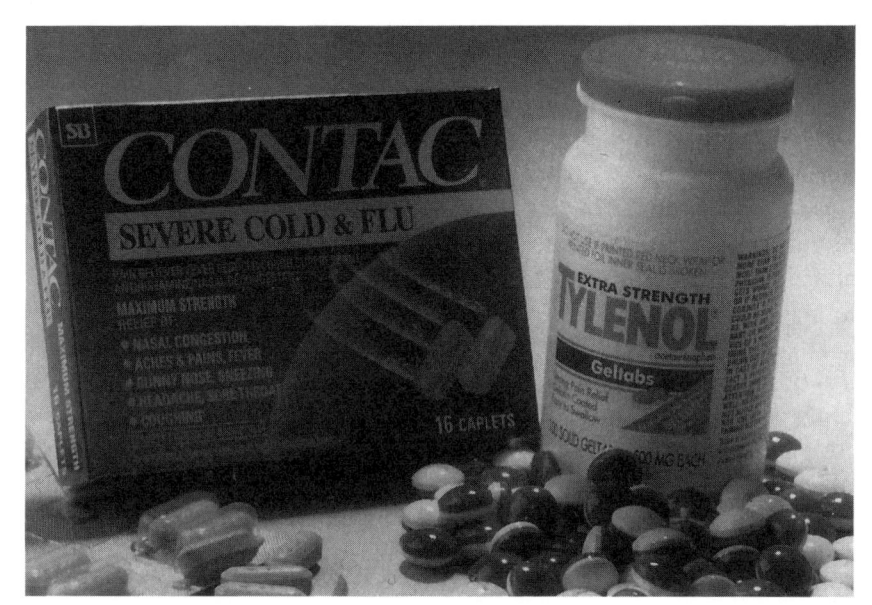

図7.3 風邪や頭痛など普通の病気のための多くの市販薬が，国際オリンピック委員会（IOC）によって禁止されている薬物になっている。©Terry Wild Studio

倫理的観点

　スポーツにおける倫理とは何か。オックスフォード英語辞典によれば，倫理の定義は，(a) 特定の思想学派の道徳原則，(b) 一定の団体において認められる行動原則，(c) 個人が導かれる道徳原則の3つである。

　スポーツにおいても，この3つの定義は生きている。古代ギリシャの「選手は助力なしの努力によって成功すべきである」という理想は，多くの選手およびIOCを含む団体によって採用される思想学派（定義a）である。IOC内部では，国際アマチュア自転車連盟のような特定の団体が，独自の行動原則（定義b）を確立し，選手には，ギリシャの理想を守って不正を行わないように促している。しかし，何としてでも勝つことを一番の目的と考える選手は，不正により優位性を得ようとする自身の原則（定義c）によって行動するであろう。

　我々は，オリンピックの理想である「もてるものを発揮して最善を尽くせ」という言葉を聞いたことがある。もともとは選手の生まれつきの運動能力を指

した「もてるもの」は，コーチやトレーナーの指導による激しいトレーニングを通してもつに至ったものになってきた。国際試合に出場するエリート選手はますます増えているが，相手に対して優位に立つため，不正ではないが，通常のトレーニング以上の技術によって，自分の生まれつきの運動能力を改善することを学習している。その努力は，さまざまなスポーツ科学者によって支えられており，それにはスポーツドクター，スポーツ生理学者，スポーツ栄養学者，スポーツ心理学者，そしてスポーツ薬理学者さえも関与している。

同化ステロイドや血液ドーピングのように，IOC アンチドーピング規則により禁止されているスポーツ・エルゴジェニックを使用することは，確かに非倫理的行動と見なされる。しかし IOC は，人工的かつ不正にパフォーマンスを向上させる意志をもって，異常な量が摂取された生理的物質もドーピングと解釈すべきであると規定している。過去数十年にわたり，スポーツ科学者は，運動中のエネルギー代謝におけるさまざまな栄養素と生理物質の重要な役割について情報を提供してきた。すべての栄養素と生理物質は，通常の食事から直接，または間接に得られるが，エネルギー代謝に重要な栄養素や生理物質は，食事からのみ摂取されると信じている研究者もいる。近年のバイオテクノロジー（生物工学）により，食事サプリメントと生理物質が幅広く大量に単離・製造されている。これらの製品の中で，ヒト成長ホルモンのようにエルゴジェニックを意味するものは薬物に分類され，IOC により使用が禁止されている。しかし，ヒト成長ホルモンの自然な生成を刺激する特定のアミノ酸のような製品は栄養素に分類されるので，禁止されてこなかった。

薬理学的そして生理学的エルゴジェニックを選手が使うと，競技への出場が停止される理由となるので，効果的かつ安全で，合法的な栄養学的エルゴジェニックを見つけ出そうとして，多くの研究が行われてきた。栄養学的あるいは生理学的食事サプリメントは，非合法の物質を含んでいなければ禁止されない。しかし，例えば興奮剤のエフェドリンは，さまざまな食事サプリメント製品に見られる。最近の研究から，クレアチンのような生理学的エルゴジェニックが，通常の食事で摂取される量よりもかなり多く摂取された時に，特異的 SPF を高めることが示唆されている。もし，生理学的そして栄養学的エルゴジェニックが効果を示すならば，これらは人工的かつ不正にパフォーマンスを向上させる意図をもって，異常な量だけ摂取された生理的物質という点では，IOC の

一般的なドーピング規則を犯していることになるだろうか。IOC によれば，物質によってもたらされるエルゴジェニック効果が，一般的なドーピング規則からみておかしいとして特別に指定された時にのみ，その物質は禁止されるのである。この IOC の規定により，選手が倫理面を懸念して，競争相手の使用する有効かつ合法的なエルゴジェニックを使わないとしたら，競技では不利な立場となるであろう。

　第8章に述べるように，有効で安全で合法的なエルゴジェニックは使用できる。それらの使用が倫理的であるかどうかは，選手個人の倫理観による。あるエルゴジェニックが合法的なら，その使用も倫理的であると考える権威者もいれば，アンチドーピング規則の倫理を犯すとして反発する権威者もいる。このような状況においては，ある合法的で，安全で，かつ有効なスポーツ・エルゴジェニックを使用するかどうかについての最終的判断は，選手個人に委ねられる。

推奨と個人差

　学術雑誌に報告される研究結果というものは，通常は，集団に対する有効性に焦点を当てている。すべての人間は，解剖学的，生理学的に同様の特徴をもっているが，もともとの遺伝的差異と環境による修飾という生物学的個性をももち合わせている。

　例えば，試合前に炭酸水素ナトリウムを摂取した時の応答もさまざまであろう。研究によれば，炭酸水素ナトリウムの有効性は支持されるが，ある選手によっては不利益となるかもしれない。逆に，研究により有効でないとされた他のエルゴジェニックでも，ある選手が使ってみればそれは有効かもしれない。一般に，ビタミンは有効なエルゴジェニックではないが，体重コントロール用の超低カロリー食のためにビタミン摂取レベルが境界域であるなら，適切なビタミン補給は有効となるであろう。第8章の各々のエルゴジェニックの使用に関する推奨は，有効性だけでなく，安全性，合法性，倫理性にも基づいている。

第 ⑧ 章

スポーツ・エルゴジェニックの評価

　選手は身体的パワー，精神力，機械的エッジを高めるため，何百種類もの異なるスポーツ・エルゴジェニックを消費している。この章では，有効性の研究が行われてきたほとんどすべてのエルゴジェニックについて議論する。
　各々のエルゴジェニックについては，以下の形式で議論する。

分類と用法：それが何であり，どうやって使うのか。スポーツ・エルゴジェニックは，栄養学的，薬理学的，あるいは生理学的なものに分類されるだろう。一般名，タイプ，供給源，通常の使われ方について，わかる範囲で明らかにする。研究では通常用いられる量をメートル法の単位で表す。

スポーツ・パフォーマンス因子（SPF）：どの選手がどのスポーツ・エルゴジェニックを使えば効果があるのか。スポーツ・エルゴジェニックは，身体的パワー，精神力，機械的エッジから成る SPF の1つ以上に影響するようにデザインされている。6章には SPF を簡潔にまとめてあるが，詳しくは3，4，5章を

参照されたい。

理論：どのように作用するのか。スポーツ・エルゴジェニックは，スポーツ・パフォーマンスに効果があるとする信頼できる理論的基礎があるべきであるが，その論理を検討する。

有効性：作用するのか。スポーツ・エルゴジェニックが身体的パフォーマンスを向上させる可能性は，できれば実験室とフィールドの両方からなる，よく制御された実験的研究により支持されていなければならない。最近の研究における知見をまとめておくが，第7章の有効性を明らかにするための研究の利用についての節を読んでおくとよいだろう。

安全性：使って安全か。適切に使うなら，スポーツ・エルゴジェニックは無害であろう。可能性のある急性と慢性のリスクを挙げておく。第7章の安全性に関する節を読んでおくとよいだろう。

法的および倫理的観点：利用が合法的であり倫理的であるか。IOCやNCAAのような競技団体は，ほとんどの薬理学的あるいは生理学的効果のあるスポーツ・エルゴジェニックを禁じており，それらを用いることは，非合法かつ非倫理的とみなされる。有効かつ合法的なエルゴジェニックもあるが，その使用が非倫理的と考えられるものもある。これらの点を挙げておくが，第7章の法的状況と倫理的観点に関する節を読んでおくとよいだろう。

推奨：使うべきか。一般に，スポーツ・エルゴジェニックは，有効で安全で合法的で倫理的であるなら，勧められるし，そうでなければ勧められない。各々のエルゴジェニックの一般的推奨を記すが，それは可能性のある慢性的なリスクと倫理的問題と関連づけて評価されなければならない。一つの警告であるが，試合で使う計画があるなら，まず練習で試してみることだ。

本章の利用法

　自分が行っているスポーツのパフォーマンスに影響すると思われるスポーツ・エルゴジェニックに興味を抱いたなら，以下の3つの段階を踏んで実行する。

1. 表6.2（110-113ページ）から自分のスポーツに固有のSPFを選ぶ。自分のスポーツがなければ，近いものを選ぶ。
2. 表6.3（116-118ページ）からそのSPFを改善させるということで研究されてきたスポーツ・エルゴジェニックを選ぶ。
3. この章で，選んだスポーツ・エルゴジェニックの情報を読んで，使うに値するかどうか決定を下す。

Alcohol　アルコール

分類と用法

　薬理学的エルゴジェニック。アルコール（エチルアルコール，エタノール）は鎮静作用を有する社交的薬物であるが，逆に興奮作用を引き出すこともできる。アルコールは果物，野菜，穀類を発酵させて作られるが，1g当たり約7kcalのエネルギーをもっている。アルコール1回分，すなわちビール1本（小瓶），ワイン120〜150mL，リキュールなら37mLには，約14gのアルコールが含まれている（図8.1）。アルコールの恩恵にあずかりたい選手は，競技の30〜60分前にこれを摂取する。

SPF

　精神力。ダーツ，射撃，アーチェリーなど正確さを競う競技においてマイナスに働く心理的ストレスを緩和させる目的で研究されてきた。アルコールは一般社会では広く飲まれているので，身体的パワーに対する効果も研究されてきている。

グラスワイン1杯（約120ml）
アルコール度数12%

アルコール量約14.4g
約120ml×0.12≒14.4

ビール1缶（約350ml）
アルコール度数4%

アルコール量約14g
約350ml×0.04≒14

ウイスキー，リキュールなど蒸留酒1杯（約37ml）
アルコール度数40%（アルコール飲料標準強度80プルーフ）

アルコール量約14.8g
約37ml×0.4≒14.8

図8.1　缶ビール1本，ワイングラス1杯，ウイスキーショットグラス1杯に含まれるアルコール量（アルコール14gを含むアルコール量）

理論

　神経組織の鎮静効果を通して，アルコールは精神的不安というマイナス作用を軽減すること，特に手の震えを抑えることで，精度の求められる競技のパフォーマンスを高めるだろう。アルコールは自信を高めることで，パフォーマンスを高めると主張する研究者もいる。

　有酸素性持久的運動では，アルコールはエネルギー源になると理論づけられる。

有効性

　アルコールは不安や手の震えを抑えることにより，パフォーマンスを高めると理論づけられているが，正確さを競う競技での研究例は少ししかない。きちんとしたアーチェリーの研究では，アルコールの効果については対照的な結果が得られている。少量のアルコールでは，反応時間が遅くなり，手の安定感が減少したが，これはパフォーマンスを損なうものである。しかし，矢を放つ動きはスムーズになり，これはパフォーマンスを向上させるものである。残念ながら，実際のパフォーマンスのデータはない。他の研究によれば，ダーツ投げの正確さは，飲み物1杯分の含有量に相当する血中アルコール濃度（BAC）0.02で向上し，2杯分に相当する0.05では損なわれた。

　他のスポーツでは，アルコールの使用はパフォーマンスを損ねるだろう。研究によれば，テニスのような知覚-運動系のスポーツでは，反応時間，バランス，手／眼の連携，視覚的知覚といった技術が関与するので，パフォーマンスの向上にはアルコールは逆効果であるという結論が圧倒的に支持されている。

　加えて，アルコール摂取は無酸素的および有酸素的な持久力を損なうものであり，800m走と1500m走の両方にとって有害な効果がある。このマイナスの効果は摂取量に依存し，BACが0.01から0.1に増加するとリスクも増加する。

　社交目的でアルコールを摂取する選手には，節度ある量（1～2杯）であれば翌日に影響しないという研究がある。酔うまで過剰に飲めば，翌日の知覚神経の働きと有酸素運動のパフォーマンスを損ない，これが慢性化すれば，トレーニング効果も低下し，パフォーマンスも損なわれる。

安全性

社交目的で，節度ある摂取をするなら，安全であり，かつ冠動脈の疾病の軽減など健康にも良い影響がある。逆に，急性の過剰摂取は事故死につながり，慢性的な過剰摂取は肝臓障害や心臓病，ガンなどの疾病につながる。

法的および倫理的観点

競技でアルコールの使用を公式に禁じているのは，射撃種目を含んでいる近代五種のみである。アルコール検査は国内のどんな競技団体（NGB）でも要求されるものであり，陽性となると制裁が下る。制裁は，オリンピックにおいては11のピストル種目と2つのアーチェリー種目であるそうだが，過剰な不安がパフォーマンスを低下させるスポーツ，例えばフィギュア・スケート，スキーのジャンプ，飛込，フェンシング，体操，シンクロナイズドスイミングでも同様である。これらのスポーツではアルコールの使用は非倫理的である。

推奨

研究は限られているものの，アーチェリーやダーツのような照準競技ではエルゴジェニック効果を支持する傾向がみられるが，その使用は非合法的であり，勧められない。他のスポーツではアルコールの使用は禁止されていない。しかし，試合に向けて飲んだり，トレーニング期に飲みすぎたり，試合前夜に飲みすぎたりすれば，さまざまなスポーツでパフォーマンスを損なう可能性がある。

Amphetamines　アンフェタミン

分類と用法

薬理学的エルゴジェニック。アンフェタミンは処方薬であり，睡眠障害（不眠症），小児の注意力欠損障害（活動亢進），および食欲抑制剤として治療に用いられる。

アンフェタミンは真に医学的に適用される薬物であるが，娯楽に用いられる薬物でもある。ベニゼドリン（Benzedrine）とデクセドリン（Dexedrine）は，1950～1960年代にかけて法律で規制されるまでたやすく入手できた。他のアン

フェタミン誘導体であるメタンフェタミンとメチレンジオキシメタンフェタミン（MDMA）は気分転換効果があるので娯楽に用いられる。アンフェタミンの形状は錠剤か粉末であり，飲み込むか，吸入するか，注射する（図8.2）。ベニゼドリンとデクセドリンが最もよく研究に用いられ，投与量は5～15mgである。

SPF

　精神力，身体的パワーと機械的エッジ。アンフェタミンはさまざまなSPFを高める目的で研究されてきており，補足的な心理的興奮効果，ヒトの3つのエネルギー生産システムの全てに由来するパワーに対する効果，そして体脂肪の減少を通しての機械的エッジの改善効果が含まれる。

理論

　アンフェタミンは中枢神経系（CNS）の強力な興奮剤であり，主に脳のノル

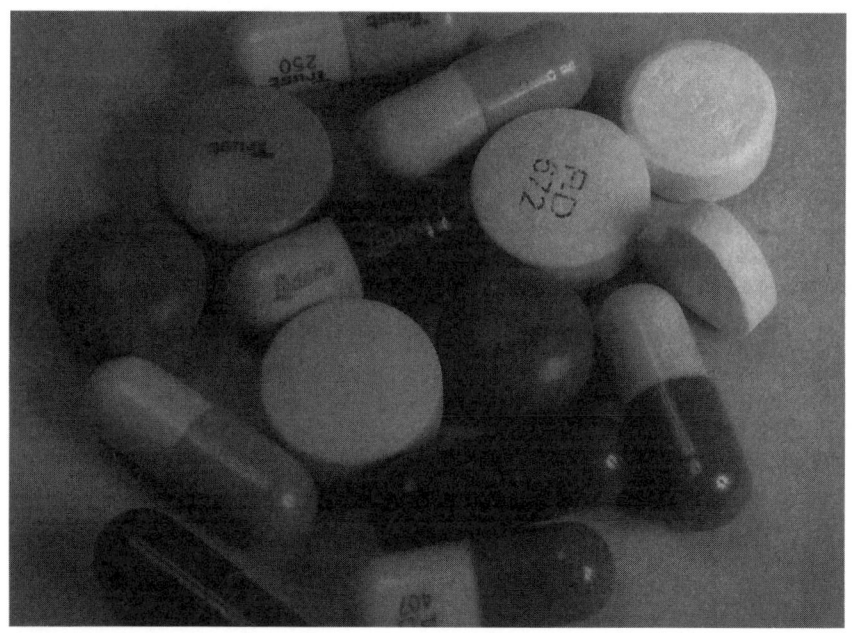

図8.2　アンフェタミンはさまざまなスポーツ・パフォーマンスに影響する強力な刺激剤である
©Terry Wild Studio

エピネフリンとドーパミン活性を高め，機敏さ，覚醒，集中，自信の感覚を強める。アンフェタミン誘発性 CNS 刺激に伴う生理的応答としては，筋肉の収縮性が高まり，筋肉への血流が増加し，疲労感が軽減される。一般には，アンフェタミンの心理的効果は，選手に自分の正常な生理的限界を超えさせることだと理論づけられてきた。また強力な食欲抑制剤でもある。

有効性

アンフェタミンは有効なエルゴジェニックのようだ。全ての研究がポジティヴな結果を示しているわけではないが，アンフェタミン使用により，疲労時の反応時間が改善され，筋力と持久力が向上し，加速度が高まり，最大運動時の乳酸レベルが上昇し，有酸素性持久的能力が向上するという知見は研究によって支持されている。研究はまた，アンフェタミンが食欲を抑制し，体脂肪を減少させるなど代謝を刺激することを明らかにしている。

安全性

娯楽目的で使用した時の副作用としては，頭痛，めまい，不眠，不安が報告されている。多量に摂取すると精神的混乱，幻覚，皮膚障害，潰瘍を招き，大量の使用になると脳の障害を伴う。アンフェタミンを濫用した母親から生まれた子どもでは，罹病率や死亡率が高くなっている。アンフェタミンの注射で針を使うと，肝炎とエイズのリスクを増やすことにもなる。

アンフェタミン使用は，選手にも著しい健康上のリスクを与え，数例のアンフェタミン関与の死亡例がある。アンフェタミンは体温調節を妨げ，運動中の高体温を招く。1960年のローマ五輪におけるオランダの自転車選手の死亡および他のアンフェタミンが関与した悲劇が触媒となり，IOC によるアンチ・ドーピング規定が進展した。

市販品の純度はさまざまである。類似品は，アンフェタミンよりも効果の低い興奮剤であるカフェインとエフェドリンを含み，アンフェタミンと同等の効果を得るため，より多量に摂取させようとしている。もし純粋のアンフェタミンを入手したのに，類似品と考えて多量に摂取すれば，結果は有害となるだろう。

法的および倫理的観点

アンフェタミン使用は，ほとんどの競技団体で禁止されており，非倫理的行為とみなされる。薬物検査では，選手の尿中のアンフェタミン代謝物を検出するのが有効である。アンフェタミンと同様，選手が無数の興奮剤を使用したり，興奮剤を含むOTC薬物療法（充血除去や冷却療法）を行うことさえ，IOCによって禁止されている（巻末の付表を参照のこと）。加えて，アンフェタミンは取り締まり対象薬であり，非合法の販売と使用は犯罪となる。

推奨

研究はアンフェタミンのエルゴジェニック効果を支持している。しかし，非合法かつ非倫理的かつ健康上のリスクを著しく高めるので，勧められない。

Anabolic Phytosterols (Plant Sterols)
アナボリックフィトステロール（植物ステロール）

分類と用法

アナボリックフィトステロールは食事性サプリメントであり，栄養学的エルゴジェニック。それらはさまざまな植物や野菜から抽出される。いくつかのアナボリックフィトステロールとその誘導体は，瞬発系の選手に向けて市販されており，一般的にはγ-オリザノール，スミラックス，β-シトステロール，フェルラ酸を含む。他のイチョウ，ヨヒンビンなどの抽出物も選手用に市販されている。

サプリメントは，単独か他のエルゴジェニックとの混合物であり，推奨投与量は製品によって異なる。

SPF

機械的エッジと身体的パワー。アナボリックフィトステロールは初め，筋力とパワーを増加させたり，ボディビルのようなスポーツでのより審美的な肉体を実現するために，筋量増加と体脂肪減少に用いられてきた。

理論

アナボリックフィトステロールは，筋量を増加し体脂肪量を減少させるテストステロンやヒト成長ホルモンの分泌を刺激する手段として宣伝されてきた。

有効性

最近のいくつかの総説では，いわゆるアナボリックフィトステロールでテストステロンとヒト成長ホルモンの分泌を刺激するものはなく，筋量や体脂肪量にも影響しないと結論づけられている。ヒトを用いた研究はほとんどなく，ある専門家は，動物実験の代謝上の知見から，γ-オリザノール摂取はテストステロン分泌を抑制する可能性があると説明している。

安全性

植物ステロールを含む多くのハーブ系の製品は，適切な安全性のデータを欠いている。調製法によっては健康上のリスクを伴うし，アナフィラキシスによるショック死も報告されている。

法的および倫理的観点

合法的かつ倫理的。

推奨

パフォーマンス向上効果を支持する再現性ある科学的データがないので，エルゴジェニックとして勧められない。その上，健康を害する危険性も伴う。

Anabolic/Androgenic Steroids(AAS)
アナボリック/アンドロジェニック・ステロイド

分類と用法

薬理学的エルゴジェニック。アナボリック/アンドロジェニック（タンパク同化/男性化）・ステロイド（AAS）は，天然の男性ホルモンであるテストステロンの作用を模した処方薬である。テストステロンのタンパク同化作用には，

表8.1
主なアナボリック/アンドロジェニック・ステロイド(AAS)の商品名(と一般名)

経口薬
　　アナドロル（キシメトロン）
　　ロナバル（オキサンドロロン）
　　ディアナボル（メタンドロステノロン）
　　メタンドレン（メチルテストステロン）
　　プリモボラン（メテノロン）
　　ウインストロール（スタノゾロール）

注射薬
　　デカ‐デュラボリン（ナンドロロン デカノエート）
　　デラテストリル（テストステロン エナンテート）
　　デポテストステロン（テストステロン シピオネート）
　　テストステロン混濁液

筋組織を含む多くの体組織の成長と発達が含まれる。男性化作用には，髭のような第二次性徴の促進が含まれる。

　AASは経口摂取と注射が利用できる。代表的なタンパク同化ステロイドについては，表8.1に挙げるが，より完全なリストは巻末の付表に示してある。AASは有益で医学的適用があり，通常の治療に用いる投与量は，経口型で1日5-10mgである。多くの選手が，1日に300mg以上摂取しているという報告がある。スタッキングと呼ばれる方法を実践する選手もいて，これは一度に2種類以上のステロイドを服用することであり，普通は経口と注射の両方を用いる。スタッキングは，最高の同化作用を求めるあまり，AASの種類と投与量が累進的に増加する恐れがある。選手はAASの好ましくないいくつかの作用を防ぐため，別の薬を飲むかもしれない。例えば，ヒトのコリン作動性性腺刺激ホルモンは睾丸の萎縮を抑え，抗エストロゲン薬は男性の女性化（乳房の発達）を抑える。2つ以上の薬物を1度に用いるのは，多種薬物濫用症候群として特徴づけられている。

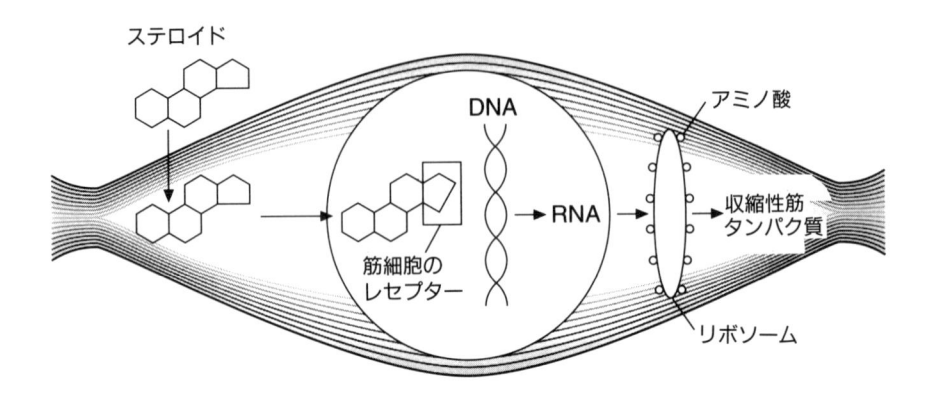

図8.3 細胞核内のレセプターによって取り込まれた同化ステロイドは筋線維のような細胞内でタンパク合成を開始する

SPF
　機械的エッジと身体的パワー。AAS は，主として，筋力と体力を向上させるため，あるいはボディビルのような競技でより美しい外見を得るために，筋量を増やし体脂肪を減らす意図で研究されてきた。AAS は心理過程にも影響を及ぼし，攻撃的行為が増えるようである。

理論
　AAS 使用は，高められたスポーツ・パフォーマンスと関係する生理的過程と心理的過程とに影響を及ぼすようである。AAS のタンパク同化メカニズムは図8.3に示されている。AAS は細胞核を刺激して筋のタンパク合成を亢進させる。AAS は筋組織の分解を抑えるので，激しいトレーニングからの回復がより速くなるであろう。加えて，AAS の男性化作用は，個人によっては覚醒と攻撃性を増し，これはトレーニングとその競技をより激しく行えるということが示唆される心理的効果である。AAS は筋力／パワー系の選手に広く用いられているが，持久的競技の選手にも回復が早まればより激しいトレーニングができるので有益であろう。

表8.2
アナボリック/アンドロジェニック・ステロイド使用による健康上のリスク

容姿的影響
　顔や体のにきび
　男性の女性化乳房
　若年性の禿げ
　女性の男性化
　女性の顔と身体の毛の発達
　青年期の骨端線の未成熟閉鎖
　女性の声変り

心理学的影響
　攻撃性と凶暴な行為の増加

生殖機能への影響
　睾丸の萎縮
　精子生産の減少
　性欲の減退
　男性機能の不全
　前立腺肥大
　クリトリス肥大

心臓循環系のリスク因子と疾病
　アテローム性動脈硬化症の血清脂質状態
　　HDL-コレステロールの減少
　　LDL-コレステロールの増加
　高血圧
　グルコース耐性の損失
　卒中
　心臓病

肝機能
　黄疸
　ペリオーシス（紫斑症）
　肝臓癌

運動による傷害
　アキレス腱断裂

エイズ
　汚染された針の使用

有効性

　数十もの研究が，AASのエルゴジェニック効果を評価するために実施されている。これらの研究は詳細な総説の対象となっているが，最も注目に値するのはアメリカスポーツ医学会のものと，Janet Elashoff博士によって書かれたものであり，後者は部分的にメタ分析を行っている。これらの専門家は，研究上の知見は実験デザインの違いから幾分曖昧になっていると記しているが，AAS使用を適切なレジスタンス・トレーニングおよび食事と組み合わせれば，筋量と筋力を増加するだろうと結論づけている。実験的な研究では，AASの投与量は最小の5-10mgであり，筋量と筋力の向上は小さかった。しかし，筋力／パワー系選手のケース・スタディでは，より多量で，スタッキング法を用いており，オン（投与）とオフ（非投与）の期間を設けたところ，オンの期間に筋量と筋力ともにはっきりした増加が認められた。

　AASは，筋量と筋力を増加するための薬理学的エルゴジェニックとして有効である。実際のスポーツ・パフォーマンスに対する効果はそれほど広範囲には研究されていないが，筋量と筋力の増加により爆発的な筋力とパワーに依存するようなスポーツでは仕事量は改善されるだろうと報告されている。

安全性

　AASは効能があるが，副作用も，にきびのような美容的外見の変化から，心臓病のような生命を脅かす障害まで広範囲にある。加えて，ブラック・マーケット（やみ市）由来のAASの調剤は品質と組成が不明なので，多種薬物濫用の時などは健康上のリスクが高まる。AASは，視床下部-脳下垂体－生殖腺の正常なフィードバックを阻害することにより，正常なホルモンバランスを混乱させる。AASのうち特に経口型は，肝臓で異化されるので，正常な肝臓の機能を損なうだろう。AASは攻撃的行為を増加させ，これは異常行動につながり，健康上のリスクを伴う。表8.2はAAS使用に伴うリスクのうちの顕著なものを示している。

法的および倫理的観点

　AASはスポーツ競技で最も濫用されている薬物である。AASの使用は，ほとんどの競技団体で禁止されており，非倫理的行為とみなされる。薬物検査は選

手の尿からAASの代謝物を検出するのに有効であり，AASの使用が認められたオリンピックチャンピオンは失格となる。AASを使用していないのに代謝物により陽性になったと表明する選手がいる。AASは市場に出るまでに鶏のような動物の筋肉中に，筋組織の成長を促すために注射される。最近の研究により，AASを注射された動物の肉を食べた選手が尿検査で陽性になることが示された。

ブラック・マーケットによる非合法のAAS取引きは刑事犯罪であり，罰金と懲役で罰すべきである。

推奨

AASの有効性は研究により支持されているが，その使用は非合法かつ非倫理的であり，健康上のリスクも著しく高めるので勧められない。

Antioxidants　抗酸化物

分類と用法

抗酸化物は栄養素であり，食事性サプリメントであるので，栄養学的エルゴジェニック。選手用に無数の抗酸化物が市販されているが，ビタミン類ではβ

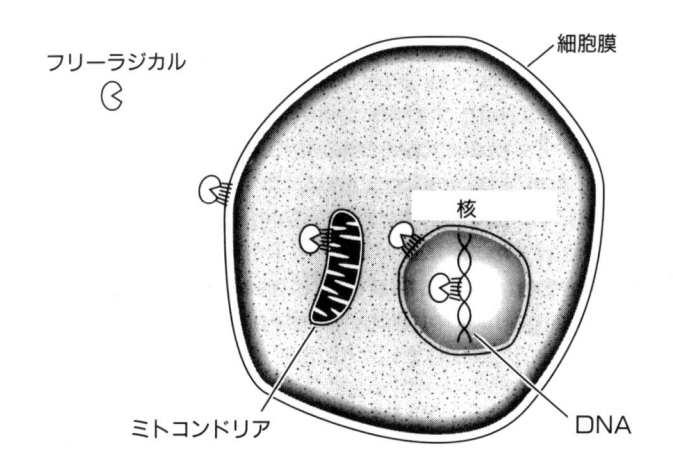

図8.4　フリーラジカルは細胞膜とミトコンドリア，核，DNAなどの細胞内膜構造を損傷するだろう。

-カロチン，ビタミンC，ビタミンEがあり，ミネラルではセレンがあり，食事サプリメントとしてコエンザイム Q_{10} がある。これらは単独で，混合で，あるいはその他の抗酸化物と混合して売られている。バー状の食品にも抗酸化物を強化したものがある。ヒトの研究で用いられる投与量はさまざまであり，ある研究では，β-カロチン22.5mg，ビタミンC 750mg，ビタミンE 600IU，コエンザイム Q_{10} が100mgである。

SPF

身体的パワー。人間の3つのエネルギー供給システムに由来する全てのパワーを増加させる試みで用いられる。

理論

強度の高い運動では，運動中と回復期における酸素フリーラジカルの産生が高まる。細胞膜脂質や他の細胞構造に対するフリーラジカルの過酸化作用に対抗するため，人体の組織はいくつかの抗酸化酵素（グルタチオン・ペルオキシダーゼ，カタラーゼ，スーパーオキシド・ディスムターゼ）を生産する。抗酸化サプリメントは，これら生体がもっている抗酸化的防御能を支え，筋肉や他の組織が，強度の高い有酸素性持久的トレーニング中にダメージを受けないように守ると理論づけられている（図8.4）。このような酸素障害から守られることにより，選手はより効率的にエネルギー系をトレーニングでき，さまざまなスポーツ競技においてパフォーマンスを高められるのであろう。

有効性

抗酸化サプリメントの効果は，筋肉組織のダメージを指標として多数の研究が行われ，有効性は確定的でないものの見込みはあるといえる。専門家によれば，トレーニングを積んでいる個人の抗酸化物必要量は高くなるかもしれないが，運動が誘発する脂質の過酸化と筋肉のダメージを防ぐという抗酸化サプリメントの効果についてははっきりしていない。

安全性

ビタミン・ミネラルはRDA（所用量）の範囲内ならば安全であるが，過剰摂取すれば副作用を引き出すだろう。

表8.3
抗酸化ビタミンを摂取するのに良い食品と含有量

β-カロチン
  アプリコット中1個＝800IU
  調理したブロッコリ1/2カップ＝550IU
  キャンタロープ（メロンの1種）1カップ＝5,000IU
  ニンジン1本＝20,000IU
  マンゴ1個＝8,000IU
  パパイヤ1個＝6,000IU
  調理したホウレン草1/2カップ＝7,000IU
  焼いたサツマイモ1本＝25,000IU

ビタミンC
  調理したブロッコリ1/2カップ＝50mg
  グレープフルーツ果汁4オンス（120mL）＝45mg
  マンゴ1個＝55mg
  オレンジ果汁4オンス＝60mg
  パパイヤ1個＝190mg
  イチゴ1/2カップ＝40mg

ビタミンE
  アーモンド1オンス（約28g）＝8IU
  マーガリン　テーブルスプーン1杯＝8IU
  マヨネーズ　テーブルスプーン1杯＝10IU
  ヒマワリ油　テーブルスプーン1杯＝6IU
  ヒマワリ種1オンス＝4IU
  乾燥小麦胚芽1/4カップ＝4IU
  小麦胚芽油　テーブルスプーン1杯＝20IU

法的および倫理的観点

合法的かつ倫理的。

推奨

抗酸化物がスポーツパフォーマンスを高めるという科学的証拠はないし，有

効なエルゴジェニックとは評価できないので，この目的では勧められない。

　抗酸化ビタミンのサプリメントは，強度の高いトレーニング時の筋組織をダメージから守る働きがあるという研究者がおり，使用も比較的安全であるので，常に激しいトレーニングをしている個人には勧められる。

　ある研究者は，強度の高いトレーニングをする選手に多量のβ-カロチン（50,000 IU），ビタミンC（女子2,000mg，男子3,000mg），ビタミンE（1200 IU）を勧めている。これらはスポーツパフォーマンスを高めるためではなく，過剰な酸素フリーラジカル産生に伴うガンのような健康上のリスクから体を守る方法としてのようである。これらの推奨は重要であり，それらは通常の食事からは取りきれないので，サプリメント使用が必要である。

　ほとんどの選手にとっては，表8.3に挙げた抗酸化ビタミンの豊富な食品から十分量の抗酸化物をとるのが理想である。果実や野菜が豊富な健康的な食事はβ-カロチンとビタミンCの摂取量を増やし，植物性の油はビタミンEの良い供給源である。自然の食品はまた，ガンのような慢性疾患の進展を抑えるフィトケミカル（植物性化学物質）も含んでいる。

　トレーニング内容に合わせて抗酸化物サプリメントを使うなら，ビタミンC 500-1000mg，ビタミンE 400-800IU，セレン50-100μgが安全であり，食事で十分量が摂取できないときには体の中の抗酸化酵素の働きを補ってくれるだろう。ビタミンC，ビタミンE，コエンザイムQ_{10}は個々にエルゴジェニック機能が研究されており，本章の他の箇所で議論される。

Arginine, Lysine, and Ornithine
アルギニン，リジン，オルニチン

分類と用法

　栄養学的エルゴジェニック。アルギニンとオルニチンは必須アミノ酸ではなく，体内で他のアミノ酸から合成されるが，リジンは必須アミノ酸であるから，食事から摂取しなければならない。これら3種類のアミノ酸は，タンパク質の天然の成分であるが，食品中では遊離アミノ酸として存在してはいない。リジンのRDAは，1日に1g以下であり，日常の食事から容易に摂取できる。

アルギニン，リジン，オルニチンは，単体あるいは混合型で，パウダーやタブレットの形で販売されている。研究で用いられる典型的な投与量は1日2-3gであり，混合に用いる場合には各アミノ酸を等量混ぜ合わせている。

SPF

機械的エッジおよび身体的パワー。アルギニン，リジン，オルニチンは，筋力とパワーを高めるため，あるいはボディビルのようなスポーツでより一層の肉体美を実現するため，主として筋量を増加し体脂肪を低下させようとして研究されてきた。アナボリック／アンドロジェニック・ステロイドよりも効果があるという触れ込みで市場に出された製品もある。

理論

アルギニン，リジン，オルニチンを経口摂取すると，成長ホルモン（hGH）やインシュリンなどの血中レベルが高まる。hGHやインスリンは，筋肉量を増加させ体脂肪を減少させると理論づけられているので，これらのアミノ酸の有効性は，hGHとインシュリンの同化作用によるものである。

有効性

特定のアミノ酸を注射すると，hGHやインスリンの血中レベルは高まるが，最近の4つの優れた研究によると，経口摂取では同様な効果が得られていない。これらの研究では，レジスタンストレーニングを積んだ男性鍛練者を被験者としているが，アルギニン，リジン，オルニチンあるいはこれらと他のアミノ酸との混合物を経口摂取させても，効果は認められなかった。そのうちの一つであるフィンランドの研究では，アルギニン，リジン，オルニチンをそれぞれ2gずつ4日間摂取させ，血中hGHとインスリンのレベルを24時間にわたって定期的に測定したが，効果は認められなかった。一方，オルニチンを大量に摂取させた研究では，インスリンに変化は見られなかったものの，hGHレベルは高まった。しかし残念なことに，投与量が10gかそれ以上であり，胃腸の不快感すなわち下痢を起こしてしまった。

また，これらの研究のうちのいくつかは，鍛練されたウエイトリフターを対象に，アルギニン，リジン，オルニチン摂取のエルゴジェニック機能を評価し

ているが，体脂肪，筋量，筋力，パワー，持久力に対する効果は認められていない。

安全性
1日6gまでの摂取であれば，健康を害するという報告はないが，個々のアミノ酸をそれ以上多く摂取すると，胃腸の不快感を招く。加えて，特定の経口アミノ酸サプリメントを大量に摂ることは，他のアミノ酸の吸収を妨げると主張している専門家もいる。

法的および倫理的観点
合法的であり，倫理上の問題もないようである。

推奨
レジスタンストレーニングを行う選手は，筋量を増加させるため，より多くのタンパク質を食事から摂取する必要があるが，アルギニン，リジン，オルニチンの補給により，さらに利点が得られるという再現性のある科学的証拠はない。それゆえ，これらのアミノ酸の補給は選手には勧められない。

Aspartates(Aspartic Acid Salts)　アスパラギン酸(塩)

分類と用法
栄養学的エルゴジェニック。アスパラギン酸は非必須アミノ酸であり，タンパク質の天然の構成成分であるが，食品中に遊離アミノ酸としては存在しない。
アスパラギン酸塩のサプリメントは，アスパラギン酸カリウムやアスパラギン酸マグネシウムとしてタブレットか粉末で市販されている。研究で用いられる投与量は，24時間で平均7-10gである。

SPF
身体的パワー。酸素エネルギーから主としてエネルギーが供給される競技の有酸素性パワーと持久力を高める試みで研究されてきた。

理論

　上記のアスパラギン酸塩摂取のエルゴジェニック効果のメカニズムは詳述されていないが，いくつかの仮説が提出されている。第1にアスパラギン酸塩はエネルギー産生のために遊離脂肪酸（FFA）の利用を高め，筋グリコーゲンの利用を節約する。第2に，血中アンモニアの蓄積を減少させる。血清アンモニアが増加すると疲労を起こすが，そのメカニズムは不明である。この2点から，理論的には，筋グリコーゲンの節約とアンモニア蓄積の減少によって，長時間の有酸素性持久的競技のパフォーマンスが高まることになる。

有効性

　アスパラギン酸塩摂取のエルゴジェニック効果に関し，結論づけられるような研究上の知見はない。5つのよく制御された研究があり，ほぼ同様な投与量（アスパラギン酸カリウムかアスパラギン酸マグネシウムを24時間にわたり6-10g）と持久性運動テスト（60-75%$\dot{V}O_2max$でトレッドミル走か自転車エルゴメータの疲労困憊運動）を用いているが，結果はさまざまである。2つの研究は，運動に対する心拍数，血中乳酸濃度，FFA利用，疲労困憊に至る時間などの生理的・代謝的応答に効果はなかったとしている。逆に3つの研究は，疲労困憊に至る時間が，それぞれ15%，22%，37%改善されたことを報告しており，そのうちの1つの研究では，FFA動員の増加と血中アンモニア蓄積の減少を伴っていた。

　このようなばらつきの原因を究明し，メカニズムを決定するにはさらに研究が必要であるが，アスパラギン酸カリウムとアスパラギン酸マグネシウムは有効なエルゴジェニックだろう。しかし，マグネシウム自体が，理論上は有酸素性持久的競技に効果をもつことも注目しておかねばならない。

安全性

　アスパラギン酸カリウムとアスパラギン酸マグネシウム摂取では，短期（24時間で10g），長期（1日8gを18ヵ月間）とも副作用は認められていない。より大量の投与では，浸透圧性の下痢を起こすかもしれない。

法的および倫理的観点

合法的かつ倫理的。有効なエルゴジェニックであることが示されれば，非倫理的と考える人も出てくるだろう。

推奨

アスパラギン酸カリウムとアスパラギン酸マグネシウムは合法的，かつ安全で，明らかに倫理的であり，確証を得るための追加的な研究が必要であるが有効なエルゴジェニックであろう。

持久的競技の選手には，炭水化物がエネルギー源として勧められ，長時間の有酸素性持久的運動では，運動前・運動中の適切な炭水化物摂取が必要である。アスパラギン酸カリウムとアスパラギン酸マグネシウムの摂取は，この炭水化物エネルギーを補足するものであり，代替物ではない。完全に証明されたわけではないが，約10gのサプリメントを24時間のうちに2gずつ5回に分けて摂取する方法が良い。それでも試合で用いる前に，練習で試すことである。

Bee Pollen　ハチ花粉

分類と用法

栄養学的エルゴジェニック。正確な化学的分析はできていないが，収穫されたハチ花粉は，ビタミン，ミネラル，アミノ酸と微量栄養素の混合物である。市販のハチ花粉はカプセルであり，スポーツ・パフォーマンスの研究に用いられてきた投与量は1日に2.7gまでである。

SPF

身体的パワー。ハチ花粉はハイパワー，パワー持久力，有酸素性パワーを高めるので，ヒトの3つのエネルギー系全てに影響すると宣伝されている。

理論

ハチ花粉の特定の化学物質はエルゴジェニックとして認められていないが，多種類の栄養素の集合効果が信じられている。宣伝広告では，ハチ花粉は優れ

たエネルギー食品であり，特に強度の高いトレーニング後の回復を容易にすると主張している。

この理論は，条件設定の甘いフィールド研究によるものであるが，オリンピック・スプリンターからマラソンランナーまでの世界的レベルの選手のパフォーマンスを高めたという逸話により，使用が助長されている。

有効性

ハチ花粉の有効性を支持する再現性のある研究は発表されていない。6つのよく制御された研究では，ハチ花粉の補給は，運動に対する代謝的応答，生理的応答，心理的応答にも効果がなく，最大酸素摂取量やいくつかの運動負荷時の持久的能力にも効果を示さなかったとしている。ある研究では，高度に鍛練されたランナーを用いて，回復を速めるという理論をテストするため，休憩をはさむトレッドミルでの疲労困憊にいたる最大運動を繰り返したが，回復速度はハチ花粉の投与量を変えても変化しなかった。

安全性

含んでいるのはほとんどが栄養物質なので，たいていの人には安全だろう。しかし，ハチ花粉のアレルギーをもっている人に注射すると深刻な反応を引き起こす。医学論文の症例報告によれば，ハチ花粉の注射により，頭痛，吐き気，下痢，腹痛，生命の危険に至るアナフィラキシーなどの副作用が示されている。

法的および倫理的観点

ハチ花粉は合法的かつ倫理的である。

推奨

ハチ花粉の補給は，スポーツ・パフォーマンスの向上手段としては勧められない。有効性を支持する科学的データがないし，ハチ花粉の注射によりリスクを受ける人もいる。アレルギーのある選手は十分な注意が必要である。

Beta-Blockers　β-ブロッカー（遮断剤）

分類と用法

　薬理学的エルゴジェニック。β-ブロッカーはβ-アドレナリンブロッカーとしても知られる処方薬であり，心臓をはじめとするさまざまな生体の組織に局在するβ受容体に対するエピネフリンとノルエピネフリンの刺激作用を抑制するように設計されている。無数のβ-ブロッカーが，心臓循環系疾患と高血圧の治療のために用いられている。一般的なのはプロプラノロールであり，Inderal がブランドの一つである。β-ブロッカーは競技の1～4時間前に服用され，その投与量は薬物のタイプによって違う。

SPF

　精神力。β-ブロッカーは冷静な状態をつくる目的で，主としてフィギュアスケート，アーチェリーやライフル射撃のように正確さを問われる競技における心理的ストレスのマイナス効果を減らすために研究されてきた。

理論

　過剰な心理的ストレスは，エピネフリンとノルエピネフリンの分泌を刺激し，不安，手の震え，心拍数を増加させる。β-ブロッカーは，精度の高い運動制御に対する不安によるマイナス効果を減少させることにより，パフォーマンスを向上させるが，その制御とは，射撃では筋肉の震えを低下させて腕を安定させ，心拍数を低下させて心臓の収縮による拍動と拍動の間の，少しのブレもない射撃時間を長くすることである（図8.5）。

有効性

　β-ブロッカーは，研究により射撃競技では有効なエルゴジェニックであることが支持されている。ピストル競技選手を対象としたよく制御された研究では，β-ブロッカーは不安，緊張感および競技にしばしば伴う心拍数と血圧の高まりを減少させ，パフォーマンスを13％以上改善したが，これは筋肉の震えが低下し，非常に安定したことによるものである。β-ブロッカーはまた，ス

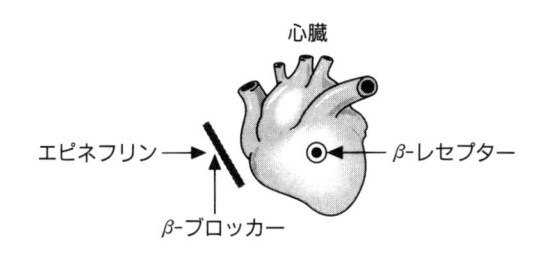

図8.5 エピネフリン（アドレナリン）の作用を，心臓を含む体内のさまざまな受容体で阻害する β-ブロッカーの機能

キーのジャンプのような高度なストレスのかかるスポーツで，心拍応答からみた不安を減少させることも研究によりわかっている。

β-ブロッカーはさらに，いくつかのSPF，とりわけ高度にトレーニングを積んだ選手の有酸素性持久的能力を損なうことが研究により示されているが，これは正常なエピネフリンの刺激作用が抑制されたためであろう。その上，β-ブロッカーの使用は無酸素的なパフォーマンスも損なうので，禁忌である。

安全性

β-ブロッカーは，心臓病や高血圧の患者には有益な治療法であるが，健常人にはリスクを伴う。副作用としては，眠気，疲労，吐き気，虚弱がある。過剰投与は，呼吸困難，血圧低下，失神，そしておそらく充血性心疾患を引き起こすだろう。

法的および倫理的観点

β-ブロッカーの使用は，オリンピックでは11のピストル種目と2つのアーチェリー種目で禁止されているが，過剰な不安がパフォーマンスを妨げるボブスレー，リュージュ，フリースタイルスキー，フィギュアスケート，スキーのジャンプ，飛込，乗馬，フェンシング，体操，近代五種，ヨット，シンクロナイズド・スイミングなどでも同様に禁止されている。これらのスポーツでは，β-ブロッカーの使用は非倫理的でもある。

推奨

β-ブロッカーの研究は，ピストル射撃のように正確さを競うスポーツでエルゴジェニック効果を支持するが，非合法であり，安全でもないので，勧められない。他のスポーツでは禁止されていないが，パフォーマンスは損なわれるであろう。

Beta-2 Agonists　β-2作用薬

分類と用法

薬理学的エルゴジェニック。β-2作用薬クレンブテロールは，エルゴジェニックとしてかなりメディアの注目を集めたが，アルブテロールや他のβ-2作用薬の方が，ヒトで精力的に研究されてきた。

クレンブテロールと他のβ-2作用薬は興奮剤に分類される。クレンブテロールはヨーロッパなどの国で喘息治療に用いられた処方薬である。FDAはアメリカ合衆国ではその使用を許可しなかったが，ブラック・マーケットを通して入ってきている。アルブテロール（サルブタモール）は類似のβ-2作用薬であり，合衆国での使用がFDAにより許可されている。

クレンブテロールは吸入用のエアロゾル，経口摂取用の錠剤，注射液として使用されている。錠剤として，喘息用には0.02-0.03 mgを1日に2回の使用であるが，選手はその2倍量を摂取すると報告されている。アルブテロールは主にエアロゾル型で研究されている。エルゴジェニック効果を評価するのには，200-400 μg の吸入量が用いられる。

SPF

精神力，身体的パワー，機械的エッジ。β-2作用薬は，補助的な心理刺激効果によって恩恵を受けるさまざまなSPFを高めるために研究されてきたが，それにはATP-CP系，乳酸系，酸素系の3つのエネルギー供給システムから由来する身体的パワーに対する効果も含まれている。

加えて，興奮剤に分類されるものの，クレンブテロールおよび類似のβ-2作用薬は，筋力と体力を向上させるため，あるいはボディビルのような競技でよ

り美しい外見を得るため，筋量を増やし体脂肪を減らす意図で研究されてきた。

理論

　β-2作用薬は，肺の機能を高めると理論づけられる。これらの薬物は毛細気管支の β-2受容体を刺激し，拡張して呼吸を楽にする。理論的には，このような効果は酸化エネルギー系の改善に関係するが，β-2作用薬の心理的刺激効果は，他のエネルギー系のパフォーマンスも高める。

　β-2作用薬は，アナボリック／アンドロジェニック・ステロイドではないが，そのいくつか，特にクレンブテロールは同化作用を持つと理論づけられる。メカニズムは不明だが，クレンブテロールは，筋中のタンパク質蓄積に影響する細胞内の諸酵素を活性化すると推察されている。クレンブテロールは脂肪分解あるいは脂肪細胞中の脂肪の分解をも促進する。

有効性

　β-2作用薬の特にアルブテロール（サルブタモール）を吸入させたいくつかのよく制御された研究から，肺機能向上の証拠が示された。しかし，30秒，60秒のウインゲート・テストや疲労困憊までの運動持続時間や20kmタイムトライアルのシミュレーションを自転車エルゴメータ運動で行った時の代謝応答や心理的応答の改善は報告されていない。

　動物実験は，クレンブテロールが筋量を増やし体脂肪を減らす効果を支持している。個々の筋細胞の肥大と収縮タンパクの増加が，遅筋と速筋の両方で認められている。

　最近の総説によれば，クレンブテロール補給に関するヒトでの実験的研究が，特にレジスタンス・トレーニングと，十分な食事をとっている人を対象には行われていないことが報告されている。選手は動物の研究データを外挿してクレンブテロールを用いているが，ヒトで有効であることを支持する科学的データはない。

　いくつかの研究では，β-2作用薬（主にアルブテロール）の経口摂取により，レジスタンス筋力トレーニングを行う人の筋量を増加させなかったが，筋力を増加させたと報告している。ある研究では，コンセントリックとエキセントリックの両方の筋力を各6回測定したところ，アルブテロールは12回中5回の筋力

を高めた。しかし，そのメカニズムはわかっていない。

安全性

神経過敏，頭痛，筋肉の震え，筋肉の痙攣，動悸などが，喘息患者がクレンブテロールを使用した時の副作用である。同様の兆候が非合法にクレンブテロールを使用した選手により報告されている。ラットを用いたクレンブテロールの研究では，心臓に有害な作用である異常な肥大が認められた。

法的および倫理的観点

クレンブテロールと β-2作用薬の使用は，IOCにより禁止されている。興味深いのは，その使用が興奮剤としてではなく，タンパク同化剤として禁止されていることだ。選手のクレンブテロール使用は非倫理的と見なされる。

> 世界チャンピオンのスプリンター，Katrin Krabbeは，1992年にクレンブテロール陽性となり，2年間出場停止となった。

喘息の選手は，β-2作用薬の経口摂取や注射以外の合法的な治療を受けなければならない。医学的許可によって，選手はいくつかの β-2作用薬を使えるが，それは全身的な効果（タンパク合成，脂肪分解）のないエアロゾルか吸入のみである。一般的な β-2作用薬であるサルブタモール，サルメテロール，テルブタリンは内科医によって処方されるが，選手は国内のオリンピック委員会に指示を仰ぐべきである。

推奨

動物実験の知見は興味深いが，クレンブテロールが同化剤として有効であるという証拠を提供するヒトでの研究はない。いくつかのデータは，β-2作用薬は筋力を増加するとしている。ヒトで同化に必要とされる量で長期に使用した時のリスクは明らかでない。クレンブテロールと他の β-2作用薬の使用は，吸入で投与して良いものを除くと，非合法かつ非倫理的であるので勧められない。喘息の選手は許可された β-2作用薬の吸入を使うことだ。

Blood Doping　血液ドーピング

分類と用法

　血液ドーピングは，誘発性赤血球増多症としても知られており，生理学的エルゴジェニック。血液ドーピングにはいくつかの方法があるが，第1は成分の一致した他人の血液を輸血する「相同輸血」であり，第2はあらかじめ取り出して凍結貯蔵しておいた自分の赤血球（RBC）を，血中RBCとヘモグロビンレベルが回復してから輸血する「自己輸血」である。研究で輸血する血液（つまりRBC）の量は500mL〜2Lである。

SPF

　身体的パワー。血液ドーピングは，主として酸素エネルギー系からエネルギーを獲得する競技の有酸素性パワーと持久力を高めるために研究されてきた。

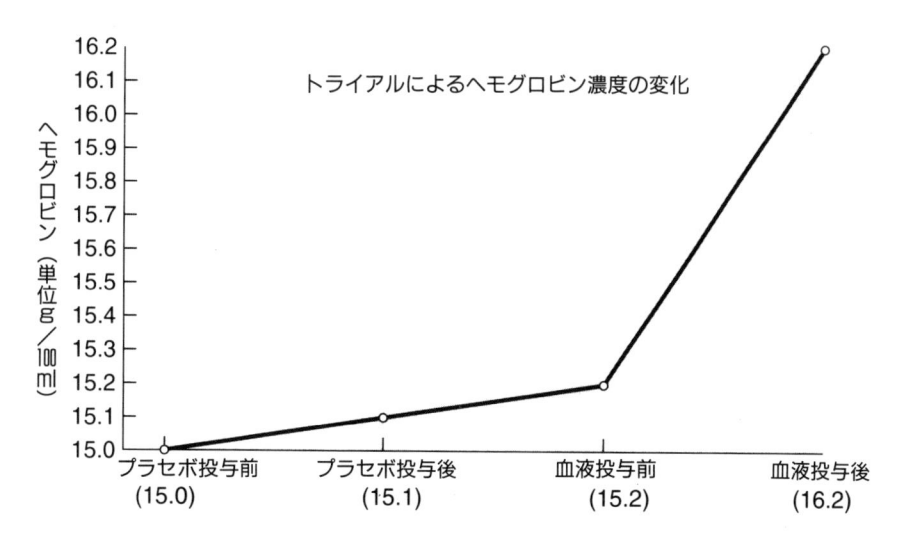

図8.6　約1Lの血液ドーピング後に，ベースラインおよびプラセボの塩類溶液と比べて，ヘモグロビンレベルは増加する

```
29:25
29:30
29:35
29:40
タ  29:45
イ
ム  29:50
（
分  29:55
／
秒  30:00
）
30:05
30:10
30:15
30:20
```

トライアルによる5マイル（約8km）走のタイム

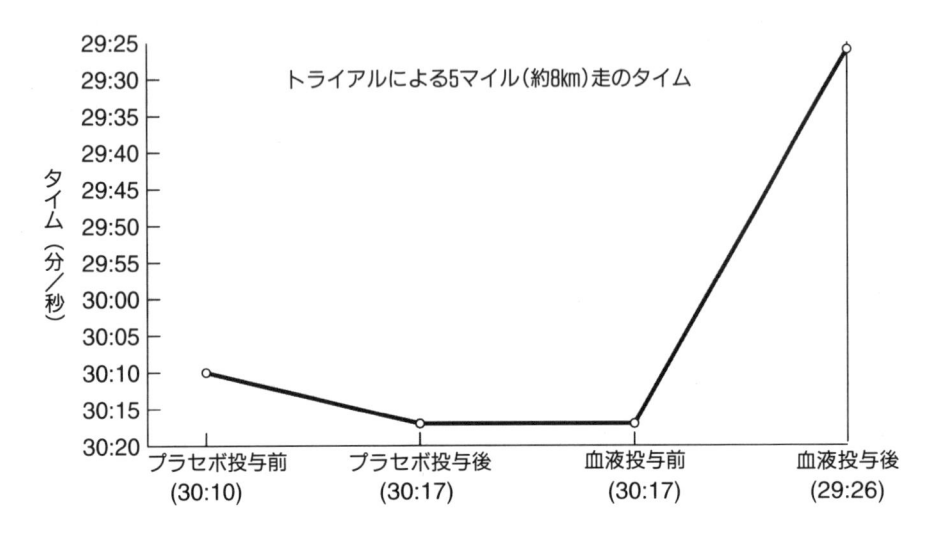

　　　プラセボ投与前　プラセボ投与後　血液投与前　血液投与後
　　　　(30:10)　　　 (30:17)　　　(30:17)　　 (29:26)

図8.7　約1Lの血液ドーピング後に，5マイル走のタイムは平均で約45秒改善された。

理論

　血液ドーピングは，RBCとヘモグロビンの濃度を高めるように設計されている。RBC中のヘモグロビンは，肺で酸素と結合して筋肉へ運ばれるので，酸素運搬能力が高まれば，5分以上の運動時の酸素エネルギー系にエルゴジェニック効果をもたらすはずである。

有効性

　最近の一流の総説は，血液ドーピングは有酸素性持久的運動に有効であると結論づけている。900mL〜2Lの血液（RBC）の輸血により，総ヘモグロビン量，ヘモグロビン濃度，RBC量，血液の酸素含量が有意に増加することが示されている（図8.6）。これらの血液学的変化は$\dot{V}O_2max$の有意な増加と最大下運動時のストレスの軽減を伴い，このストレスの軽減は心拍数，血中乳酸，RPEの低下から明らかである。運動パフォーマンスも血液ドーピングにより向上する。実験室の研究では，血液ドーピングにより，トレッドミルと自転車エルゴメータのテストで疲労困憊に至る時間が延長し，トレッドミルの5マイル（約8km）

走のタイムが短縮した（図8.7）。一方，フィールド研究では，1,500～10,000m走のタイムが速くなることが報告されている。血液ドーピングは，選手にとって最も有効なスポーツ・エルゴジェニックのようだ。

安全性

相同輸血は，B型肝炎，C型肝炎，HIV（AIDS）感染のリスクをはらむ。自己輸血はより安全だが，書き写しの間違い，ラベルの貼り間違い，サンプルの取り違えにより深刻な問題が起こることがあるだろう。自分と合わない血液の輸血は死につながるのである。

法的および倫理的観点

1984年のロス五輪で，アメリカ自転車チームの数人のメダリストは，競技前の血液ドーピングを受けた。その後，1985年に血液ドーピングはIOCにより禁止となった。現在の尿検査の手法では，血液ドーピングは検出できない。しかし，最近，国際自転車協会は血液検査をはじめ，ヘマトクリット値が50以上の選手を競技会から締め出してきた。血液ドーピングは非合法かつ非倫理的である。アメリカスポーツ医学会は，競技パフォーマンス向上のために血液ドーピングを行うことは非倫理的であると宣言した。

推奨

血液ドーピングは非常に有効なエルゴジェニックであり，適切な医学的注意を払って行えば安全であるが，その使用は非合法なので勧められない。エリスロポエチン（EPO）の「推奨」の項も参照されたい。

Boron　ホウ素

分類と用法

非必須ミネラルであり，栄養学的エルゴジェニック。

ホウ素は，ドライフルーツ，ナッツ類，アップルソースやグレープジュースなど，多くの植物性食品に天然に含まれている。所要量は決められていないが，

表8.4
ホウ素を豊富に含む食品（0.5mgを含む量）

果物
 アップルソース （176g　6.2オンス）
 桃（缶詰） （267g　9.4オンス）

ドライフルーツ
 プルーン （18.5g　0.65オンス）
 レーズン （20.0g　0.70オンス）

野菜
 ブロッコリー （270g　9.5オンス）
 パセリ （18.5g　0.65オンス）

ナッツ
 アーモンド （21.7g　0.76オンス）
 ピーナッツ （27.7g　0.98オンス）

アルコール
 ワイン （58.8ml　2液体オンス）

骨のミネラル化などヒトの代謝に重要な役割を果たすので，栄養的，臨床的に重要とする科学者もいる。

ホウ素のサプリメントは，錠剤や選手用のステロイド混合剤として市販されている。ヒトの研究で用いられる投与量は，約2ヵ月間で1日に約2.5mgである。

SPF

機械的エッジと身体的パワー。ホウ素摂取は，もともと筋肉量の増加と体脂肪量の減少により，筋力やパワーを高めたり，ボディビルのようにより美しい肉体を実現する目的で研究されてきた。

理論

ホウ素摂取が骨のミネラル化に及ぼす効果を評価した研究では，閉経後の女性に4ヵ月間ホウ素を与えず，その後48日間ホウ素が与えられた。この研究で

報告された効果の1つに，ホウ素の摂取による血清テストステロン濃度の上昇がある。そこで，すぐに選手に対してホウ素補給の宣伝がなされたが，そこでは，血清テストステロンが上昇するので同化作用が刺激され，筋肉量が増加し体脂肪が減少するとしている。

有効性

通常の食事をとっている男女にホウ素を摂取させても，血清テストステロンの増加は見られないという報告がいくつもある。その上，ボディビルダーを対象とした研究でも，血清テストステロン濃度，LBM，体脂肪，筋力のいずれにも効果が認められないとしている。ホウ素は有効なエルゴジェニックではないようである。

安全性

所要量は決められていないが，ある研究者によれば，我々はホウ素を1日に1mg摂取しており，10mgでは安全だが，50mg以上では毒性があり，食欲と消化が妨げられる。

法的および倫理的観点

合法的かつ倫理的。

推奨

科学的なデータからみて，ホウ素摂取は有効でないので勧められない。ホウ素に関する権威者は，ホウ素を3週間以上欠乏させると，運動能力に支障をきたすとしている。通常の食事をしている選手であれば，ホウ素欠乏の問題はない。ホウ素を豊富に含む食品については，表8.4に示したので参考にされたい。

Branched-Chain Amino Acids(BCAA)　分岐鎖アミノ酸

分類と用法

ロイシン，イソロイシン，バリンの3つの必須分岐鎖アミノ酸（BCAA）は栄

養学的エルゴジェニック。BCAAはタンパク質豊富な食品の天然の成分である。BCAAの所要量は，1日に3gより少ないくらいであり，日常の食事から容易に摂取できる。

BCAAは，パウダーやタブレットの形で，しばしば他のアミノ酸との混合型で販売され，またスポーツドリンクにも混合されている。補給の研究で用いられる量は錠剤を用いた場合は1日5-20gであり，液体では1Lあたり1～7gである。

SPF

精神力および身体的パワー。BCAAは，主として長距離走，自転車（ロード），フルセットや延長にもつれ込んだテニスやサッカーなど，非常に長時間の有酸素性運動の心理的疲労感を防ぎ，パフォーマンスを高める試みで研究されてきた。

理論

運動中の精神的疲労は，中枢神経系，特に脳のマイナス作用によるもので，中枢疲労と呼ばれる。オックスフォード大学の生化学者Eric Newsholmeは，BCAAの血中レベルが低い時に遊離トリプトファン（F-trp）レベルが高いと中枢疲労を引き起こすと主張した。

F-trpは脳の神経伝達物質セロトニンの合成に必要であり，セロトニンは中枢神経系を抑制し眠気と疲労感を催させる。通常，脳に入るF-trp量は2つの

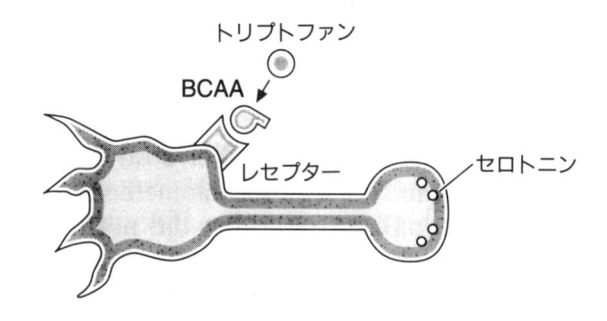

図8.8 分岐鎖アミノ酸（BCAA）は遊離トリプトファンが脳に侵入するのを防ぐことにより，長時間の有酸素性持久的運動の疲労の一因と考えられる神経伝達物質セロトニンの生成を抑えると理論づけられている。

理由で制限されている。第1にBCAAの血中レベルが高いこと（図8.8），第2にトリプトファンは通常，血中タンパク質アルブミンと結合しており遊離状態では存在しない。長時間運動の後半になると，以下の2つの理由で，F-trpレベルが増加し，脳に入りやすくなる。第1に筋グリコーゲンレベルが低下するにつれて，BCAAはグリコーゲンからのエネルギー産生の低下を補償するために使われるので，血中BCAAレベルも低下する。第2に遊離脂肪酸（FFA）レベルが高まり，これは血中でアルブミンにより運ばれるので，トリプトファンと結合するアルブミンが減少する。それゆえ，BCAAに対するF-trpの比が高まり，トリプトファンが脳に入りやすくなって，セロトニン合成が誘発され，疲労感が起こる。J. Mark Davisはこの中枢疲労仮説についてかなり研究し，最近の総説でこの理論の確定的証拠が得られたとしている。

　理論的には，BCAA補給により，より至適なF-trp/BCAA比が維持され，F-trpの急速な脳への侵入を防ぎ，中枢疲労を防ぐことができる。

有効性
　中枢疲労を抑えるBCAA補給の可能性に関する理論は合理的だが，研究上の知見は決定的なものではない。

　有効とする面では，運動前と運動中のBCAA補給が，プラセボ摂取と比べて，サッカーの試合終了後および30km走後の心理的パフォーマンスを向上させ，暑熱環境下での自転車運動の持続時間を高めたことが示されている。193名のマラソン選手を対象とした研究では，BCAAは全体のパフォーマンスを改善しなかったが，ランナーを遅い群(3:05-3:30　時間：分)と速い群(3:05未満)に分けると，遅い群ではBCAA摂取がプラセボ摂取よりも速く走っていた。この研究者は，遅い群は筋グリコーゲンの枯渇が速い地点で起こるため，血中BCAAレベルの低下も早まるので，BCAA補給の恩恵があるのだろうといっている。

　いくつかの研究は，BCAAの継続的な使用によりパフォーマンスが高まることを示唆している。二重盲検，プラセボ使用，クロスオーバーを用いたよく制御された研究では，ヴァージニア大学の研究者が，トレーニングを積んだ自転車選手が2週間のBCAA補給をした後での40kmテストが6.8分も改善し，プラセボ摂取は1.4分だけであったことを報告している。

　有効でないとする面では，運動前と運動後に一過性にBCAAを摂取させても，

筋グリコーゲンレベルが枯渇していても，自転車の運動持続時間の向上はみられなかった。他の研究では，ブドウ糖のサプリメントと比較して，100km 自転車パフォーマンステストの前と途中に BCAA-ブドウ糖を補給した時，F-trp/BCAA 比を低下させたが，パフォーマンスは改善せず，中枢疲労が低下したという説明はつかなかった。また，前述したヴァージニア大学の研究では，BCAA を2日間摂取した時に40kmの自転車パフォーマンスに有意な効果は認められなかった。

BCAA を他のアミノ酸や栄養素とともに継続的に使用しても，65%VO_2max の長時間運動のパフォーマンスやハーフアイアンマン型のトライアスロンの遂行時間に改善は認められなかった。

BCAA をスポーツドリンクに加えることの有効性を研究するため，炭水化物溶液に BCAA が加えられている。研究プロトコルはプラセボ，炭水化物溶液，BCAA-炭水化物溶液であり，ある研究では BCAA のみの溶液も使われている。いくつかの研究が，これらの溶液の効果を持続時間が4時間までの運動で行われている。そして1つの研究では，数時間の自転車運動の後，40km レースを行っている。その結果，プラセボに比べて，炭水化物溶液と BCAA-炭水化物溶液のパフォーマンスは向上したが，両者には優位な差が認められなかった。炭水化物の補給が，十分なエネルギーを供給して BCAA と FFA のエネルギー供給を抑え，F-trp/BCAA 比の上昇も抑えて中枢疲労の始まりを遅らせたのだろう。

安全性

BCAA は食事中のタンパク質に含まれる栄養素なので，比較的安全なサプリメントである。しかし，経口の BCAA サプリメントを大量に摂ることは，他のアミノ酸の吸収を妨げると主張しているスポーツ栄養学者もいる。加えて，大量の BCAA 投与は，腸管に水が貯留するため，胃腸の不快感を招く。溶液では，1L に7g までであれば安全である。

法的および倫理的観点

合法的であり，現状では倫理上の問題もない。

推奨

　長時間にわたる持久的運動選手の主要なエネルギー源は炭水化物なので，選手は試合前に炭水化物ローディングを行い，競技中にも炭水化物飲料を摂取する。これに BCAA を加えることが一層の恩恵を与えることはないようだし，逆効果でもないようだ。

　限られた研究だが，BCAA の継続的使用がパフォーマンスを高めることが示唆されている。考えられる理論は，BCAA 摂取がトレーニング中の筋タンパクの分解を防ぎ，より徹底的なトレーニングを可能にするというものであるが，この点では炭水化物も有効であろう。適切なタンパク質の摂取も不可欠である。

　持久系の選手には，炭水化物がエネルギー源として勧められる。炭水化物栄養が不十分であれば，BCAA 補給は助けとなる。今後の研究により，BCAA 補給の有効性が明らかになるだろう。

Caffeine　カフェイン

分類と用法

　カフェイン（トリメチルキサンチン）は薬理学的エルゴジェニックであるが，我々が日常飲んでいるコーヒーなどの飲料に含まれているので，栄養学的エルゴジェニックともみなせる。

表8.5 主な飲料，薬剤のカフェイン含有量

ブレンドコーヒー1杯 = 100mg	エキセドリン1錠 = 65mg
ノンカフェインコーヒー1杯 = 3mg	No Doz1錠 = 100mg
普通にいれた紅茶1杯 = 50mg	Vivarin1錠 = 200mg
ココア1杯 = 5mg	ガラナ100mg = 100mg
コーラ類の炭酸飲料 = 40mg	

*1杯=約150-180mL

> **表8.6**
> **カフェイン摂取によるエネルギー供給系の
> パフォーマンスの改善と心理的覚醒**
>
> **ATP-CP系**
>   6秒間で最大パワーを生産
>   等速性筋力の増大
>
> **乳酸系**
>   100m競泳
>
> **乳酸系／酸素系**
>   1500m走
>
> **酸素系**
>   1500m競泳
>   60分以上で疲労困憊にいたる自転車とランニングの時間
>
> **心理的覚醒**
>   一定RPE（主観的運動強度）レベルでの仕事量の増大

　治療に通常用いられるカフェインの量は100〜300mgである。コーヒー1杯（150〜180mL）には100-150mgのカフェインが含まれており，その他の製品については表8.5に示す。ガラナやマテなどのハーブ系サプリメントのエルゴジェニック効果は，カフェインの含有量によるものである。研究に用いられる量は体重1kgあたり3-15mgであり，体重70kgの男性では210-1050mgに相当する。

SPF

　身体的パワーと精神力。カフェインは，主としてその刺激効果によってすべてのエネルギー生産システム（ATP-CP系，乳酸系，酸素系）からの身体的パワーを高める目的で研究されてきた。

理論

　カフェインは，複合的なメカニズムによってパフォーマンスを高めると理論づけられている。第1にカフェインは中枢神経を刺激し，覚醒を促し，それが

さまざまなスポーツの競技パフォーマンスを向上させる。第2にカフェインは中枢神経を刺激することにより，副腎からのエピネフリンの分泌を促し，心肺機能やエネルギーの利用といった運動中に重要な生理過程を亢進する。エネルギーの利用においては，カフェインの仲介により遊離脂肪酸が動員され，結果的に筋グリコーゲンが節約されるというのが，長時間の有酸素運動に対するカフェインの主要なエルゴジェニック理論である。第3にカフェインは筋細胞からのカルシウムの放出を容易にし，カルシウムが筋肉の収縮を刺激するのを効率化する。この効果は，筋力を高め，ATP-CP系に依存して始まる短時間・高強度のパワーを高める。もちろん，乳酸系，酸化系をも高めると思われる。これらの効果は，カフェイン，エピネフリン，あるいは，カフェインの分解による代謝的副産物であるディメチルキサンチンの作用によるものだろう。

有効性

カフェインのエルゴジェニック効果に関する研究はほぼ100年近く行われている。何百もの研究がなされており，研究計画や結果は異なるものの，幅広く運動パフォーマンスを向上させるとしている研究が多い。表8.6には，ヒトの3つのエネルギー供給システムに対するエルゴジェニック効果の研究のうち，最近の際立ったものを示す。

Lawrence Spriet や Terry Graham ら国際的に知られた研究者の最近の総説では，合法的な範囲で摂取した時でさえ，カフェインは有効であると結論づけている（「法的および倫理的観点」を参照のこと）。特に，酸素系に依存した有酸素性パワーと持久性競技においてはそうであるが，パワー持久力にいくらか依存した競技にも効果があるようだ。それゆえ，トラック競技を例にとると，1500m，5000mとマラソン（42.195km）のパフォーマンスを高めることになる。他の運動実験のデータから推定すると，100mや400mという短距離においても有効かもしれないが，長距離のデータほど明確ではない。

これらの研究者は，身体的パフォーマンスの向上を唱えているが，ほとんどが実験室内や試合でない状況で行われているので，実際の競技場面では，ストレスによってエピネフリンレベルが影響を受け，カフェインの効果が帳消しになることもあり得る。例えば，ある研究では，暑熱ストレスの環境下でのハーフマラソンにおいて体重1kgあたり5-9mgのカフェインを摂取させたが，パフ

ォーマンスには影響しなかった。今後の研究により，実際の競技場面やそれをシミュレートした状況でカフェインを用いた時の有効性を評価する必要がある。

安全性

健康な選手にとっては比較的安全である。過剰に摂取すると，顔面が赤味を帯びたり，イライラしたり，震えを感じたり，不安を感じたり，動悸が激しくなるなどの副作用を伴う「カフェイニズム」を引き起こす可能性がある。したがって，高血圧など健康に問題のある人は，使用の際にあたっては医師に相談するべきである。

法的および倫理的観点

IOCにより，興奮剤に分類されている。ほとんどの興奮剤は使用が禁止されているが，カフェインは選手が飲む飲料の天然成分であることから，ある程度の量まで容認されている。しかし，検査時に尿1mLあたり12μg以上のカフェインが検出された場合は，失格となる。USOCは，100mgのカフェインを摂取した時，尿には1.5μg検出されるとしている。カフェインを800mg摂取すると非合法になる計算だが，体格，性別，体内水分量によっても変わってくるので，800mg以下の摂取でも失格になる選手もいる。以下の量が非合法となる。

　　コーヒー　8杯
　　コーラ類の炭酸飲料　16-20缶
　　No Doz　8錠
　　Vivarin　4錠
　　エキセドリン　12錠

推奨

カフェインは合法的な量でも有効なエルゴジェニックであるようだ。しかも，比較的安全である。しかし，研究者の中には，カフェインの摂取は非倫理的であり，IOCに基準値を下げるように勧告している人もいる。現状では，カフェインを用いるかどうかは，選手個人に委ねられている。

カフェインを用いると決めたなら，体重1kgあたり5mgという量を勧める。

体重60kgのランナーなら300mgである。予備的研究によると，Vivarinのようなカフェインの錠剤はコーヒーのカフェインより有効であり，1〜2錠で200〜400mgのカフェインを含んでいる。コーヒーが好きなら，2，3杯で十分である。体重1kgあたり5mgのカフェインを摂取すればカフェイン効果は十分であり，尿中レベルを12μg/mLまでは高めない。また，試合前の2，3日，カフェインを摂取しないようにするのも効果がある。こうすると，カフェインのエピネフリン分泌を刺激する効果が高まるという研究もある。

カフェインの感受性には個人差があり，イライラや震えなどの副作用を受けるとパフォーマンスが損なわれる恐れがある。

Calcium　カルシウム

分類と用法

カルシウムは必須ミネラルであり，栄養学的エルゴジェニック。カルシウムは，乳製品，緑黄色野菜，豆類などさまざまな食品の天然成分である。また，オレンジジュースなど，カルシウム強化食品もある。アメリカの所要量は，成人で800mg，11歳から25歳は1200mgである（日本人は成人で600〜700mg）。

カルシウムサプリメントの主な原料は，炭酸カルシウムやグルコン酸カルシウムであり，いろいろな形態で入手できる。制酸剤であるTumsにもカルシウムは利用されている。通常，食事とともに，200mgのサプリメントを摂取する。

SPF

身体的パワー。カルシウムは主として，3つのエネルギー供給システム（ATP-CP系，乳酸系，酸素系）に由来する身体的パワーを高める目的で用いられる。

理論

体内に含まれているカルシウムの99%は骨や歯に蓄積されるが，残り1%は他の組織での様々な代謝に重要である。特に，全ての筋肉の収縮に重要であり，不足すればあらゆるタイプのスポーツのパフォーマンスは損なわれる。カルシウムはまた，グリコーゲンを分解してエネルギーをつくる酵素など，スポーツ

に関与する多くの酵素を活性化する。

有効性

　カルシウムのエルゴジェニック効果を支持する科学的データはない。身体には，組織のカルシウムレベルを正常に保つ強力なホルモンシステムが存在するので，組織のカルシウムレベルが低下し始めると，ホルモンは骨から貯蔵カルシウムを組織に分配する。骨から抜かれた分は，あとで食事から補われる。

表8.7
さまざまな食品群の普通食品とファストフードのカルシウム含有量

牛乳
　低脂肪牛乳1カップ＝300mg
　ノンファットヨーグルト1カップ＝350mg

肉／魚／鳥／チーズ
　スイスチーズ1オンス（約28g）＝270mg
　赤身ステーキ1オンス（約28g）＝3mg
　エビ1オンス（約28g）＝11mg

パン／シリアル／豆／デンプンの多い野菜
　全粒小麦パン1枚＝18mg
　焼いた豆1カップ＝127mg
　コーン1カップ＝8mg

野菜
　調理したブロッコリ1カップ＝70mg
　調理したホウレンソウ1カップ＝245mg

果物
　バナナ1本＝6mg
　レーズン1/4カップ＝18mg

ファストフード
　バーガーキングのBKブロイラー1個＝60mg
　ピザハットのパンチーズピザ・ミディアムスライス＝250mg

安全性

食事との合計で800-1200mgまでのカルシウム補給は安全である。過剰に摂取すると、便秘を起こしたり、鉄や亜鉛など他の必須ミネラルの吸収を阻害する。人によっては、腎臓結石や不整脈につながる。

法的および倫理的観点

合法的かつ倫理的。

推奨

一般的には、カルシウム補給は科学的根拠がないので、エルゴジェニックとして勧められない。

選手は、表8.7のカルシウムが豊富な食品を選んで、食事から十分なカルシウムを摂取するのが望ましいが、それができない選手、例えば
(a) 乳製品を控えている選手
(b) 体重階級制スポーツの選手
(c) 無月経の若い女子選手
(d) 中高年女子選手

に関しては、カルシウム・サプリメントを利用するのは有効である。このような場合は、約200mgのサプリメントを3食とともに摂取し、トータルで800〜1500mgとなるようにする。カルシウム補給は、それ自体がエルゴジェニックではないが、早期の骨粗鬆症を予防するのに役立つだろう。骨粗鬆症は、骨を弱め、疲労骨折や完全骨折の原因となる。

Carbohydrate Supplements　炭水化物サプリメント

分類と用法

栄養学的エルゴジェニック。炭水化物（糖質）は私たちが通常摂取する多くの食品に含まれていて、単純糖質（砂糖類）や複合糖質（デンプン）として知られている。グルコース（ブドウ糖）と果糖は、最も基本的な単純糖質であるが、多くの果物に見られる。ショ糖（普通の砂糖）と乳糖もまた単純糖質であ

る。デンプンは，穀類や野菜に含まれており，グルコースの長い鎖から構成される複合糖質である。ショ糖は，果糖の多いコーンシロップとグルコースポリマーのように，加工された糖である。グルコースポリマーは10分子以上のグルコースが結合した鎖である。炭水化物の所要量は設定されていないが，栄養士は，1日の摂取カロリーの55～60％にすべきであるとしており，多くの選手ではこの比率はさらに高くなっている。

人体における炭水化物の主要な機能はエネルギーを供給することである。乳酸系と酸素エネルギー系におけるエネルギー源としての役割はすでに議論した。無数の炭水化物サプリメントが選手用に市販されており，スポーツドリンク，スポーツバー，グルコース・タブレット，砂糖の濃縮ゲル，グルコースポリマー粉末などがある。研究で用いられる糖質のタイプや量はさまざまである。スポーツ・パフォーマンスの向上に最も有益なものを決定しようとしている。

炭水化物サプリメントは多くがグラム単位で摂取が勧められている。ほとんどの食品表示は1回あたりの炭水化物をグラム表示しているので，食物繊維の量を引く必要があるとしても，これは日常の摂取量を決めるのに簡単な方法である。1日の摂取カロリーのうちの60％を炭水化物から摂取することが勧められるなら，1日の摂取カロリーの60％を4で割ると，1日に摂取する炭水化物の重量がわかる。例えば，1日に3,000kcal摂取する選手は，450gの炭水化物が必要となる。計算は，3,000kcalに0.6をかけると，炭水化物カロリーは1,800kcalとなり，炭水化物1gは4kcalに相当するので，1,800kcalを4で割ると450gとなる。

SPF

身体的パワー。炭水化物サプリメントは，酸素系からエネルギーを得る競技の有酸素性パワーと持久力を高めるために用いられるが，サッカーのような長時間の間欠的高強度無酸素性運動にも有益である。

理論

炭水化物は，長時間の有酸素運動において65％$\dot{V}O_2$max以上での運動の主要なエネルギー源となる。脂肪よりも効率的なエネルギーであり，摂取した酸素の強度当たりでは，脂肪より多くのATPをつくることができる。身体は，筋グリコーゲン，肝グリコーゲン，血糖などとして限られた量の炭水化物しか蓄

えられない。体内の炭水化物レベルが低下すると以下の原因で疲労が起こる。(a) 筋グリコーゲンレベルが低下し，エネルギー源として脂肪への依存が高まると，ATP産生量が減少するのでペースが遅くなる。(b) 肝グリコーゲンレベルが低下し，血糖が減少するので，筋肉から炭水化物のエネルギー源が奪われる。(c) 低血糖により，脳は主要なエネルギー源を奪われ，正常な脳の機能を損ない，衰弱や方向感覚の低下が起こる。(d) 筋グリコーゲンや血糖が不十分であると，鎮静的に働く神経伝達物質セロトニンの合成による疲労を引き起こす（BCAAの項の中枢神経系の疲労理論を参照のこと）。筋グリコーゲンとしての炭水化物は，高強度無酸素性運動で唯一用いられる乳酸系のエネルギー源である。

　炭水化物補給は，理論的には，筋グリコーゲンと肝グリコーゲンとして適切に炭水化物を貯蔵することと，血糖レベルを適切に維持することとにより，長時間の有酸素性持久的運動のパフォーマンスを高めるだろう。炭水化物補給はまた，速筋線維に筋グリコーゲンを蓄えたり，グルコースを運搬してくることにより，長時間で間欠的な高強度の無酸素性運動のパフォーマンスも高めるだろう。

有効性

　炭水化物補給とその効果は，最もよく研究されたスポーツ・エルゴジェニックである。何千もの研究と多くの総説が，さまざまなスポーツのパフォーマンス向上に対する炭水化物の有効性を評価してきた。ほとんどの専門家は，炭水化物補給は疲労の始まりを遅くする上で非常に有効なエルゴジェニックであるが，それは通常の体内貯蔵炭水化物が早期に枯渇するのを防ぐ場合のみに有効であるとしている。一般的に，炭水化物補給のエルゴジェニック効果については次の結論が研究によって裏づけられている。

1. 筋肉や肝臓のグリコーゲンレベルが開始時に正常であるなら，炭水化物補給は60分以内の有酸素性持久的種目ではパフォーマンスを高めない。
2. 炭水化物補給はより長時間の，特に，マラソン（42.195km）や自転車（162km），ロングのトライアスロンなど90分間以上の有酸素性の持久的種目のパフォーマンスを高めるだろう。選手は競技の初期段階ではスピードを感じないが，より長く適切なペースを維持することが可能になるので，レースタイムは

表8.8
基本的食品交換のための
1食あたりの炭水化物とカロリー (kcal)

スキム／超低脂肪乳-1食あたり炭水化物12g・90kcal
  スキムミルク　1カップ　　　　　低脂肪ヨーグルト　1カップ

デンプンの多い野菜, 豆類, パン, シリアル-1食あたり炭水化物15g・80kcal
  調理／乾燥シリアル　1/2カップ　　焼きジャガイモ　小1個
  調理したパスタ　1/2カップ　　　　焼いた豆　1/3カップ
  調理したグリッツ　1/2カップ　　　コーン　1/2カップ

野菜-1食あたり炭水化物5g・25kcal
  調理した野菜　1/2カップ　　　　　野菜ジュース　1/2カップ
  生野菜　1カップ
例：ニンジン, 緑豆, ブロッコリ, カリフラワー, 玉ねぎ, ホウレン草, トマト, トマトジュース

果物-1食あたり炭水化物15g・60kcal
  リンゴ　小1個　　　　　　　　　　バナナ　1/2本

他の炭水化物-1食あたり炭水化物15g・60kcal
  無脂肪クッキー　小2枚　　　しょうが入りクッキー　3枚
  果物スプレッド　1スプーン　無脂肪フローズンヨーグルト　1/2カップ

引用：Adapted from Exchange Lists for Meal Planning by the AmericanDiabetes Association and American Dietetic Association, 1995, Alexandria, VA：American Diabetes Association and Chicago：American Dietetic Association

短縮される。

3. 炭水化物補給は，サッカー，グランドホッケー，テニスのような長時間の間欠的高強度運動のパフォーマンスを高めるだろう。研究により，炭水化物補給はサッカー選手の後半での移動距離と運動強度を高めるので，より多く得点することができ，相手にはゴールを許さないだろう。

安全性

炭水化物サプリメントは，安全と考えられている。ただし，果糖などの単純糖質を一度に多量に摂取すると，浸透圧の作用により，腸に過剰に水が引き込まれ下痢を起こすことがある。

法的および倫理的観点

合法的かつ倫理的。

推奨

多くの選手が1日ごとにみると十分な量の炭水化物を摂取していない。そこで，全ての選手，特に持久系の選手に対する基本的推奨は，天然の単純および複合炭水化物を豊富に含む食品に力点を置いた食事であり，さらに炭水化物に加えて，ビタミン，ミネラル，タンパク質，その他食物繊維などの健康に恩恵のあるものを摂取する。炭水化物を豊富に含む天然食品は，主にデンプン／パン，果物，野菜である。

食事カロリーの約60〜70％をさまざまな食品の炭水化物からとるべきである。日常的に高カロリー食を取る選手では，やや低めでも十分な炭水化物がもたらされるかもしれない。摂取エネルギーが4,000kcalで炭水化物エネルギー比が50％では，炭水化物摂取量は500gとなり，これはほぼ十分な量である。減量食では，60％を下回らないようにし，適切なタンパク質と脂肪の量を確保するためにやむを得なければ，60％をやや下回るという程度にするべきである。

表8.8は基本的食品交換の1食あたりの炭水化物含有量をgで表している。これらの高炭水化物食品を多く含むバランスのとれた食事により，高強度の無酸素および有酸素性トレーニングを支えるために筋肉と肝臓に十分量のグリコーゲンを貯えることができるのである。

丸ごとの自然の食品が最も良いのではあるが，間食や試合間のような特定の条件下では，市販の炭水化物サプリメントも便利である。炭水化物のサプリメントは，その他の栄養素をバランス良く摂取するための補助であって，代用ではないことを強調しておくことが大切である。

一般に，体内の炭水化物が枯渇すると疲労しやすくなるようなトレーニングおよび試合で炭水化物を摂取する場合は，以下の推奨が研究により支持されて

図8.9 長時間の有酸素持久運動時の炭水化物摂取はパフォーマンスを高めるのに有効な方法であることが明らかになってきた ©Human Kinetics/Tom Roberts

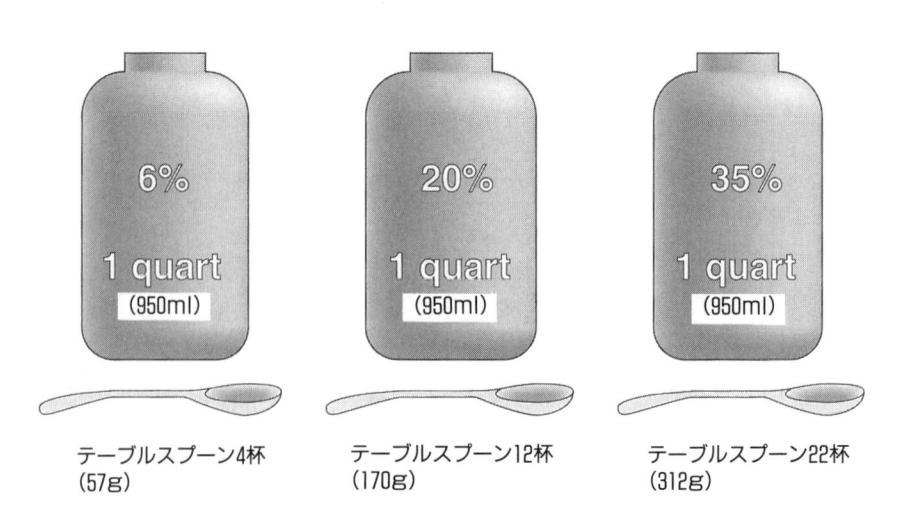

図8.10 6％，20％，35％のグルコースポリマー溶液を作る方法

表8.9
30-60gの糖質を6％，8％，10％濃度で
供給する時の水分の補給量(ml)

パーセント濃度	炭水化物の重量（g）			
	30	40	50	60
6％	500	666	833	1,000
8％	375	500	625	750
10％	300	400	500	600

いる。個人により反応はまちまちであるが，試合でいきなり実行して逆効果にならないよう，トレーニングの時にさまざまな炭水化物のタイプと量を検討しておくことが大事である。

運動前の炭水化物摂取

1. 運動中のエネルギー源として用いるため，摂取した炭水化物が筋肉に運ばれるためには，胃から腸に移行され，血中に吸収される必要がある。この観点から，さまざまなタイプ（グルコース，果糖，ショ糖，グルコースポリマー），形態（固体，ゲル，液体），グリセミック指数（高，低）の炭水化物が研究されてきた。一般に，炭水化物の補給という点では大した違いはない。最近の研究では低グリセミック指数の食品の方が運動時に長く炭水化物を供給することが示唆されているが，高グリセミック指数の食品以上にエルゴジェニック効果があるかどうかさらに研究が必要である。

2. 運動前に摂取する炭水化物の量は体重によって異なり，以下がもっともな推奨量である。

　　a．4時間前ならば体重1kgあたり4g
　　b．1時間前ならば体重1kgあたり1g
　　c．10分前ならば体重1kgあたり0.5g

　例えば，体重65kgの場合，4時間前ならば260g，1時間前ならば65g，直前は約35gとなる。

運動中の炭水化物摂取

1. 筋肉には1時間で約200gの炭水化物を酸化する能力があるが，研究によれば，選手が1時間の運動中に補給した炭水化物のうち30〜60gしか使われないようだ。典型的な炭水化物濃度6％のスポーツドリンクならば，240mLで約15gの炭水化物を供給する。したがって，この量を15分毎に飲めば，1時間で60gの摂取となる（図8.9）。

 水分をもっと減らしたいなら，より高濃度に炭水化物を含むスポーツドリンクを試してみたくなるだろう。市販のスポーツドリンクの糖濃度はさまざまで，ゲータレードは5〜6％であり，他のものは10％かもしれない。自分独自のスポーツドリンクを準備したいなら，多くのスポーツ用品店で乾燥グルコースポリマーを入手できる。ある濃度の溶液を作るには，一定量（乾燥重量）の粉末を，一定量（液体重量）の水に溶かさなければならないので，計量カップを利用する。2オンス（57g）の粉末を32オンス（950mL）の水に溶かせば，約6％の溶液ができる（2／32＝0.0625）。テーブルスプーン1杯（14g）の粉末をグラス1杯の水に注いでも，約6〜7％の溶液になる（0.5／8＝0.0625）。図8.10は0.96Lの水を使って，6％，20％，35％の溶液を作る方法を示したが，市販品の商品説明に従ってもよい。

2. 暑熱環境下において運動を行う場合は，液体中に炭水化物を入れることが，エネルギー補給用の炭水化物と体温調節用の水分を供給する方法として勧められる。運動中の炭水化物と液体の必要量を計算するには，液体補給（スポーツドリンク）の項と表8.9を参照のこと。

運動後の炭水化物質摂取

1. 高強度のレジスタンス運動，無酸素運動あるいは有酸素運動を含む激しいトレーニングを毎日行う選手は，運動後に炭水化物摂取を行い，身体の炭水化物貯蔵レベルを正常に戻す必要がある。炭水化物のカロリー比が60〜70％以上の高炭水化物食を摂取すれば，筋肉と肝臓のグリコーゲンを正常レベルに再貯蔵し，翌日また高強度の練習ができるようになる。

 1つの推奨としては，24時間以内に体重1kgあたり8〜10gの炭水化物を摂取する。体重65kgの選手なら，1日に520〜650gの炭水化物あるいは炭水化物エネルギーとして2,080〜2,600kcalである。3,500kcalの食事では，そのうちお

日常の食事に含まれる約500g の炭水化物	
全粒小麦パン	6枚（90g）
調理したパスタ	2カップ（60g）
スキムミルク	コップ2杯（24g）
バナナ	2本（60g）
焼きジャガイモ	中1個（30g）
リンゴ	1個（15g）
しょうが入りクッキー	6枚（30g）
ベーグル	小2個（60g）
乾燥シリアル	1カップ（30g）
焼いた豆	1/2カップ（15g）
オレンジジュース	1カップ（30g）
パイナップルジュース	1カップ（30g）
桃（缶詰）	1/4缶（15g）
プレッツェル	20g

よそ60～75％を炭水化物から摂取する。

2. 運動後の体内のグリコーゲン合成を速めるには，選手は15分以内に体重1kgあたり1gの炭水化物を補給し，これを運動の4～6時間後まで，2時間ごとに繰り返す。体重65kgの選手なら，65gの炭水化物を4回，運動の6時間後までに摂取する。高炭水化物食を取れば，インスリンレベルが増加し維持されるので，筋肉と肝臓のグリコーゲン合成は促進される。

3. いくつかの研究では，運動後の補給には炭水化物のみよりも，炭水化物にタンパク質を含んでいる方が，筋肉のグリコーゲン合成が早まるとしている。インスリンは同化ホルモンでもあるので，レジスタンス運動後の，タンパク質の分解を抑制する助けとなる。

　炭水化物とタンパク質の割合は，3：1が望ましい。体重65kgの選手の場合は，65gの炭水化物に21gのタンパク質を加えて，ほぼ3：1となる。この量であれば，ミルク，バナナ，シリアルなど自然の食品から簡単に摂取することが

できる。スポーツドリンクにも，タンパク質と炭水化物の両方を含むものがあり，これを使えば便利である。例えば，Gator Pro 1缶は，約60gの炭水化物と17gのプロテインをミックスしたものである。

炭水化物ローディング

フルタイプの炭水化物ローディングは，42.195kmのマラソン，160kmの自転車レース，2-3日かけて行うサッカーのトーナメントのような，メジャーな大会で推奨されるだろう。表8.10に，1週間かけたローディングの処方を挙げておく。第1日は，疲労困憊まではいかないまでも，筋肉および肝臓のグリコーゲンレベルを低下させるような長時間の運動を行う。次の3日間は，運動ではテーパリング（徐々に低下させていき）を行い，炭水化物は普通に摂取する。その後の3日間では運動はさらにテーパリングか休息とし，高炭水化物食とする（1日体重1kgあたり8〜10gあるいは500〜600gの炭水化物）。

表8.8に高炭水化物食品の炭水化物含有量のガイドラインを示す。毎日の食事では，これらの食品に力点を置き，それに赤身肉や鳥肉や魚から良質のタンパク質を90〜130g確保する。表8.8で示した食品を，もし1日を通して3度の食事や間食で食べられるなら，炭水化物が500g以上摂取できるだろう。

**表8.10
勧められる炭水化物ローディング法**

第1日　中等度の長時間運動（疲労困憊させない）
第2日　混合食；中等度炭水化物摂取；運動量漸減
第3日　混合食；中等度炭水化物摂取；運動量漸減
第4日　混合食；中等度炭水化物摂取；運動量漸減
第5日　高炭水化物食；運動量漸減
第6日　高炭水化物食；運動量漸減あるいは休息
第7日　高炭水化物食；運動量漸減あるいは休息
第8日　試合

注：中等度炭水化物食とは1日の炭水化物摂取量が200〜300gのこと；高炭水化物とは1日の炭水化物摂取量が500〜600gのこと。実際の炭水化物摂取量は，体重によって異なる。もっと情報が必要なら本文を参照のこと。

Carnitine(L-Carnitine) カルニチン(L-カルニチン)

分類と用法

カルニチンは食事性サプリメントであり，生理学的エルゴジェニック。生物学的な活性型はL-カルニチンである。L-カルニチンはビタミン様の物質であるが，体内でいくつかのアミノ酸から合成されるので必須栄養素とはみなされない。主な供給源は，肉と乳製品である。市販のサプリメントは，カルニチン単体か他のエルゴジェニックと混合されている。研究で用いられる投与量は，1日0.5〜6gを1日〜4週間の範囲でというものである。

SPF

身体的パワー。L-カルニチンは，主として乳酸系と酸素系のエネルギー供給を伴う競技のパワー持久力と有酸素性パワーを高めるために研究されてきた。

理論

L-カルニチンは筋肉細胞内のいくつかの酵素の補助因子であり，脂肪酸およびクレブス回路のエネルギー源物質の代謝に関わっており，スポーツパフォーマンスに重要な役割をもっている。

L-カルニチン摂取は，脂肪酸の代謝に影響を及ぼし，エネルギー産生のために長鎖脂肪酸をミトコンドリア内に輸送するのを容易にするだろう。脂肪酸の酸化が増えれば，エネルギー源としての糖質の利用が減少し，長時間の有酸素性持久的運動の後半における筋グリコーゲンの節約につながる。

加えて，L-カルニチンの別な代謝作用として，エネルギー生産のためにピルビン酸（ブドウ糖の分解産物）がミトコンドリア内に入るのを容易にする。理論的には，L-カルニチン摂取は乳酸の蓄積を減少させ，無酸素的なパワー持久力を改善する。

逆に，L-カルニチン補給がブドウ糖の代謝を増加させることにより，有酸素性持久力が損なわれるとする研究者もいる。これは，ピルビン酸の利用が増加すると，筋グリコーゲンの早期の枯渇を招くからである。

有効性

　L-カルニチン摂取が有効なら，筋中のカルニチンレベルが増加しなければならない。L-カルニチン摂取は，ヒトでは血漿L-カルニチンレベルを増加させるが，筋中レベルは1日4〜6gを2週間摂取した後でも影響されないようである。しかし1つの研究では，1日2gを6ヵ月間摂取した時に筋中レベルが増加したことを報告している。

　L-カルニチン摂取は強度の高い運動中の乳酸蓄積を減少させない。この知見は，600m走，4分間の高速度走，5km走，1分間の高強度自転車こぎの反復運動の後に血中乳酸濃度を測定した無数の研究により報告されている。

　L-カルニチン摂取の運動中の脂肪酸酸化に対する効果は，まだはっきりしていない。2つの研究が呼吸交換比（RER）という脂肪酸酸化の指標値が低下することを見出している。しかし，他のいくつかの研究では，脂肪負荷食あるいは脂肪酸の利用を容易にするための筋グリコーゲン枯渇などの方法を用いたが，RERに影響しなかった。

　$\dot{V}O_2max$に対する効果もはっきりしていない。2つの研究は4gを2週間摂取して$\dot{V}O_2max$が6％改善されたとしているが，他の3つの研究では2〜3gを1〜4週間摂取しても効果はなかったとしている。

　L-カルニチン欠乏を改善するために用いるのなら，身体パフォーマンスは改善されることもある。しかし健常人の身体的パワーを高めたという研究例はない。よく制御された研究では，L-カルニチン摂取は，大学水泳選手が91.4m泳を反復した時のパワー持久力（乳酸系）および長距離選手のトレッドミル5km走の有酸素性パワー（酸化系）のいずれをも改善しなかった。

　筋グリコーゲンの節約が鍵となる長時間の有酸素性持久的運動に対する，L-カルニチン摂取の効果を評価した研究はない。筋グリコーゲンの節約ということがL-カルニチン摂取の基本理論の一つなので，その効果を評価するために研究される必要がある。

安全性

　薬品レベルの品質のL-カルニチン摂取は安全だろう。2〜6gを1カ月摂取させた研究で副作用は報告されていない。過剰摂取は下痢を起こす。ある研究者は，慢性使用の健康上のリスクを考えるにはデータがほとんどないとしている。

加えて，市販品の純度はさまざまである。D，L-カルニチンは，体内でのL-カルニチンの正常な機能を妨げるので使ってはならない。

法的および倫理的観点
合法的かつ倫理的。

推奨
その摂取は，エルゴジェニック効果を支持する科学的データが足りないので勧められない。脂肪酸の酸化を高め，長時間運動のパフォーマンスを高めるとする研究もある。筋中レベルが低くなりがちな持久的競技選手（動物性食品を食べない菜食主義者）は，L-カルニチンサプリメントを用いると良い。

Choline(Lecithin)　コリン（レシチン）

分類と用法
コリンは食事性サプリメントであり，生理学的エルゴジェニックに分類されるが，栄養学的エルゴジェニックに分類する人もいる。コリンはビタミン様の物質であるが，体内での代謝上の役割が他の栄養素でまかなえるため，必須の栄養素とはみなされない。コリンの主な供給源は，卵黄やレバーのような動物性食品中のレシチン（フォスファチジルコリン）や，植物，特にナッツ，小麦胚芽油，カリフラワー，ホウレン草，大豆に含まれる遊離コリンである。食事からの摂取量は，1日に約0.4〜0.9gであり，それで要求量を十分に満たしている。

市販のコリン製品は，レシチンあるいはコリン塩として入手できる。コリン製品中の実際のコリン含量はさまざまであり，それはコリンがレシチン化合物やコリン塩の一部分にすぎないからである。実際のコリン含量を知るには表示を読むことである。コリンはまた，スポーツドリンクとして，炭水化物と電解質とを混ぜた粉末としても売られている。研究で用いられる投与量は，コリン塩で2.5〜5.0gの範囲で，レシチンでは14gまでであり，通常，運動の約1時間前に摂取する。

SPF

身体的パワー。コリンは主として，酸素系のエネルギー供給を伴う競技の有酸素性持久力を高めるために研究されてきた。

理論

コリンは，ヒトの代謝のさまざまな過程で重要であるが，スポーツ・エルゴジェニックとして理論づけられている。その理由は，中枢神経系の神経伝達物質として重要であり，かつ神経-筋接合部に存在するアセチルコリンの合成に関与するためである。アセチルコリンの放出が筋肉の収縮過程の開始点である。いくつかの研究により，血中コリンレベルは，マラソンのような長時間の有酸素運動後に低下することが示されている。コリン補給は理論上，神経と筋の機能を最適な状態にするため，正常なアセチルコリンレベルを維持するのを助けるようである。

有効性

研究により，コリン塩とレシチンの補給は，安静時と長時間運動中の血中コリンレベルを増加させることが明確に示されており，この効果はエルゴジェニックである。例えば，予備的なフィールドと実験室の研究から，コリン補給により，20マイル（約32km）走のタイムが有意に短縮し，自転車エルゴメータの疲労困憊運動を遂行した40分後において自転車選手の気分が改善されることが示唆された。一方，よく制御された実験室における研究では，コリン摂取は，2分間の短時間・高強度無酸素自転車こぎ運動および70分間の長時間有酸素運動には効果を示さなかった。

これらの知見だけでは，効果はまだはっきりしないので，実験室レベルでの2時間以上継続する持久的運動の研究などが必要である。他の研究では，バイアスロン競技におけるライフル射撃の精度を向上させなかったので，コリン補給には精神的不安を解消する効果はない。

安全性

コリンとして約1.5〜2.0gを摂取させた研究では副作用は報告されていない。

法的および倫理的観点

合法的かつ倫理的。コリン塩あるいはレシチンが有効なエルゴジェニックということになれば，非倫理的と考える人も出てくるだろう。

推奨

コリン摂取は，合法的かつ安全で，倫理的にも問題ないが，有効性については未だはっきりしないので，勧めることはできない。

しかし，多くの持久的競技選手が摂取する高炭水化物食には，コリンの豊富な食品が含まれないので，日常の長時間運動によって体内のコリンの貯蔵が枯渇するという研究者もいる。解決策は，食事（卵黄，内臓肉，ホウレン草，カリフラワー，ナッツ，小麦胚芽油）でもっとコリンを取ることであるが，サプリメントも助けとなるだろう。この問題を解決するには，よく制御された研究がもっと必要である。

Chromium　クロム

分類と用法

クロムは必須ミネラルであり，栄養学的エルゴジェニック。クロムは，天然の食品，特に全粒穀物製品，チーズ，ナッツ，ビール酵母，マッシュルームとアスパラガスのような野菜に見られる。1日当たりの適正食事摂取量は50～200 μg である。

サプリメントは，クロミウム・ピコリン酸塩やクロミウム・ニコチン酸塩などさまざまな塩として入手できる。ヒトを対象とした研究で用いられる量は，1日におよそ200～400μg である。

> ボディビルダーを対象とした雑誌の最近の調査では，クロムは宣伝されているサプリメントのベスト2であった。

図8.11 クロム・サプリメントは，体脂肪減少と筋量増加という触れ込みにより，ボディビルダーの間では人気がある。しかし研究による支持は十分でない。 ©Terry Wild Studio

SPF

　機械的エッジと身体的パワー。クロム摂取は，主として筋力と体力を向上させるため，あるいはボディビルのような競技でより美しい外見を得るため，筋量を増やし体脂肪を減らす試みで研究されてきた。クロムはまた，長時間の有酸素性持久的運動のパフォーマンスを改善する試みでも用いられてきた。

理論

　クロムは，血糖を低下させる因子（GTF）として知られる体内の有機化合物の一部であり，インスリンの感受性を高めるとされる。理論的には，クロム摂取はインスリンの同化作用を高め，アミノ酸の筋細胞への輸送を促進することで筋量を増加し，タンパク合成を刺激し，筋タンパクの分解速度を減少させる（図8.11）。インスリン感受性が高まると，視床下部の満腹中枢が刺激され，食物摂取を抑え，結果的に体脂肪は減少する。そこで，宣伝ではクロム摂取は，アナボリック／アンドロジェニック・ステロイドの代替物と主張されている。

インスリン感受性が高まると，筋肉と肝臓のグリコーゲン貯蔵量が増え，運動中のグルコースの利用が改善されるが，これは長時間持久的運動のパフォーマンスを高める因子である。

有効性

　動物実験では，成長期の動物に慢性的にクロムを摂取させると，筋量を増加

表8.11
食品交換表の普通食品とファストフードのクロム含有量

肉／魚／鳥／チーズ
　カナディアンベーコン28g　4μg
　スモークハム28g　3μg

パン／シリアル／豆／デンプンの多い野菜
　オートミール1カップ　5μg
　小麦シリアル1カップ　24μg
　グラハムクラッカー4枚　17μg
　焼いた豆1カップ　140μg

野菜
　コスちしゃ1カップ　16μg
　グリーンペッパー28g　5μg

果物
　バナナ1本　18μg
　メロン1/4　20μg
　オレンジジュース120mL　15μg

ファストフード
　マクドナルドのクォーターパウンダー1個　47μg
　ドリトスのトルティラチップ28g　39μg
　コーヒー1カップ　21μg

出典：G. A. Leville, M. E. Zabik, and K. J. Morgan. 1983. Nutrients in Foods. Cambridge, MA：The Nutrition Guild

し体脂肪を減少させることが示されている。短期のクロム摂取が成人の体組成に与える影響については，研究は豊富だが結果は明らかではない。大学生とフットボール選手を対象とした初期の研究では，12週間にわたるクロム摂取により筋量が増加することが示唆されている。これらの研究は，体脂肪の測定法が不正確であったり，食事のコントロールや評価をしていないなど，方法に問題があるため批判されてきた。

最近になって何人かの研究者が，正確な実験方法で再現しているが，そこでは筋量，体脂肪，筋力や筋持久力に対する効果は認められなかったと報告している。クロム摂取が糖代謝に良い効果をもたらすので，長時間の有酸素的持久性能力を高めると理論づけられるだろうが，そういう観点では研究がなされていない。

しっかり制御された研究でも，スポーツ競技に対して，クロム摂取が競技力向上のために体組成や筋機能を改善する手段として有効であることは支持されていないし，持久力を高めることも支持されていない。

安全性

1日当たりの適正食事摂取量の範囲内での摂取は安全だろう。糖尿病の治療にはより多くの量が用いられる。最近の研究に関する総説では，クロムの慢性的補給により，動物ではDNAにダメージが観察されるレベルまでクロムが体内に蓄積することを示唆している。長期のクロム蓄積が人体に与える影響は明らかでないので，サプリメントの長期摂取の生物学的効果を再評価することを勧める科学者もいる。

法的および倫理的観点

合法的かつ倫理的。

推奨

入手できる科学的証拠によれば，クロム摂取は有効なエルゴジェニックではないので勧められない。鉄と同様に，食事で十分量が得られない選手もいるだろう。残念ながら，欠乏していてもそれをテストする信頼できる方法はない。理想的には，表8.11に挙げたクロムの豊富な食品を含んだ食事でとるべきで

ある。しかし，食物の選択がうまくできない時は，クロムのサプリメントを摂取した方が良い選手もいる。それは，(a) クロムの少ない加工食品を食べる選手，(b) ウエイトコントロールが必要であるスポーツ選手，(c) クロム必要量が高まる高炭水化物食を摂取する選手，(d) クロムは運動により尿に排泄されるので，強度の高い運動を行う選手である。このような場合，1日に100～200 μg を補給する。USOC では，研究から，1日当たりの適正食事摂取量を越えた摂取は，意味がないとしている。

Cocaine　コカイン

分類と用法

薬理学的エルゴジェニック。コカインは，コカ葉に由来するアルカロイドであり，局所麻酔剤として治療に用いられる処方薬である。コカインは，大衆的な娯楽用の麻薬でもあり，通り名は，coke, snow, crack であり，後者がより効能のある塩のないタイプである。コカインは，鼻孔粘膜から吸入するか，タバコに混ぜて吸うか，注射する。ヒトの研究に用いられる投与量は4～5gである。

SPF

精神力と身体的パワー。コカインは，もっぱら補助的な刺激効果から有効となるような SPF を高めるために用いられており，有酸素性パワーとパワー持久力を高める目的で研究されている。

理論

コカインは，交感神経を含む中枢神経系を刺激し，心理的興奮を促し，疲労感を軽減する。交感神経系の，生理的応答としては心拍数を高め，血圧を上昇させる。一般に，コカインの心理的，生理的効果は，疲労感を軽減することにより，さまざまなスポーツでの頑張りによってパフォーマンスを改善することであると理論づけられる。

有効性

　コカインのエルゴジェニック効果を評価するための研究のほとんどは，マウス，ラット，馬などの動物実験である。生理的テスト，代謝テスト，パフォーマンステストが行われてきたが，パフォーマンステストは通常疲労困憊まで追い込むものである。動物実験の結果は二面性があり，運動持続時間は向上したり，減少したり，変化を見せなかったりしている。

　逸話的なデータによれば，コカインは効果的なエルゴジェニックであるが，よく制御されたヒトの研究はほとんどなく，これは以下で述べる健康上のリスクのためであろう。1970年代初期のいくつかの研究では，コカ葉を噛むアンデスの原住民を対象にしているが，コカインは，運動に対する生理的応答にも疲労困憊に至るパフォーマンス時間にも効果を示さなかった。しかしその研究者は，プラセボに比べてパフォーマンス時間が延長したと述べている。この実験による知見は統計的には有意でないが，経験的観察によるものだと説明している。

　研究からはスポーツパフォーマンスに及ぼすコカインの一過性使用効果は支持されていないが，興奮剤としての役割からすると，特定の環境下ではアンフェタミンやカフェインと同程度に有効なスポーツ・エルゴジェニックであろう。

安全性

　コカインはかなり常習性のある麻薬で，アメリカの公衆衛生局は1度使うとくせになるので，使わないように呼びかけている。

　コカイン使用は多幸感を引き起こすが，一過性の使用は数人の若い有名選手の心臓発作によって明らかなように致死作用がある。コカインは心臓を刺激すると同時に，心筋への血流を減少させるので，心室細動（急速な不整脈）とその後の心臓麻痺を引き起こすことになる。

　慢性使用は，肝毒，脳卒中，精神疾患の兆候を含む一連の健康上の問題の原因となる。コカイン注射のための針の使用は，肝炎と HIV 感染のリスクを高める。

法的および倫理的観点

　コカインのエルゴジェニックとしての使用は，ほとんどの競技団体で興奮剤

として禁止されており，非倫理的行為と見なされる。選手がコカインを娯楽に用いるのも，多くの競技団体で禁止されている。コカインの販売と使用は非合法であり，犯罪となる。

推奨
　コカイン使用は，非合法かつ非倫理的であり，深刻な健康上のリスクを伴うので，スポーツ・エルゴジェニックとして勧められない。コカインのエルゴジェニックとしての理論には説得力があるが，データは不十分であり，一過性の使用によりパフォーマンスが損なわれるというデータもある。

> 私は，コカインが走りを遅くしただけでなく精神活動をも鈍らせたと思う。
> ——Lonnie Smith（MLB・カンサスシティロイヤルズ）

Coenzyme Q_{10}（CoQ_{10}, Ubiquinone）　コエンザイム Q_{10}

分類と用法
　コエンザイム Q_{10}（CoQ_{10}）はユビキノンとしても知られ，食事性サプリメントであり栄養学的エルゴジェニック。CoQ_{10}サプリメントは錠剤かカプセルで，単体あるいはイノシンやビタミンEなど他のエルゴジェニックと組み合わせた形で入手できる。
　研究者が用いる投与量は，1日100〜150mgを数カ月である。

SPF
　身体的パワー。CoQ_{10}は主として酸素エネルギー系の競技の有酸素性パワーと持久力を高める試みで研究されてきた。

理論
　CoQ_{10}は，酸素エネルギー系を適切に機能させるための人体のいくつかの代謝過程に関与している。CoQ_{10}はあらゆる組識のミトコンドリア内に含まれ，ATP

を酸化過程で産生する電子伝達系の重要な成分である。CoQ_{10}は，強度の高い有酸素運動で生じる酸素フリーラジカルから細胞がダメージを受けるのを防ぐ抗酸化剤である。

研究により，CoQ_{10}摂取が心疾患患者の心臓の機能，$\dot{V}O_2max$，運動パフォーマンスを改善することがわかっているので，CoQ_{10}を提唱する人々は，健康な持久的競技の選手にも有効なエルゴジェニックであると理論づける。

有効性

CoQ_{10}の臨床的応用を詳述した本に書かれたいくつかの研究は，CoQ_{10}の有効性を示唆しているが，これらは対照群やプラセボを用いていないなどの方法論的問題があり，よく審査された科学雑誌には掲載されないのである。

科学雑誌に発表された研究は，CoQ_{10}摂取の有効性を，単体においても他のエルゴジェニックと組み合わせた場合においても支持していない。このような摂取では，運動中の脂質の過酸化を防ぐこともなく，若い選手と中高年の選手の最大下運動や最大運動時の無酸素性作業閾値（AT），乳酸閾値（LT），$\dot{V}O_2max$，自転車エルゴメータ運動の疲労困憊に至る時間などの代謝応答を改善することもなかった。その上，スウェーデンの最近の無酸素運動トレーニングの研究では，10秒間の自転車漕ぎ運動をオールアウトまで繰り返すパフォーマンスがプラセボ群で改善されたのに対し，CoQ_{10}を20日間摂取した群は改善を示さなかった。それゆえ，よく制御された研究ではCoQ_{10}補給は効果を示さないばかりか，無酸素運動ではパフォーマンスを損なう可能性も示唆されている。

安全性

100〜150mgを数カ月摂取するのであれば，副作用も報告されていないので安全だろう。しかし，上記のスウェーデンの研究では，1日120mgのCoQ_{10}を20日間摂取した被験者は，プラセボ群よりも筋組織にダメージを受けた。著者らは，これは易酸化作用であり，フリーラジカルのダメージを増加させるものであると推測している。著者らはこれが，無酸素運動パフォーマンスもプラセボに比べて改善されない理由であるとしている。

法的および倫理的観点
合法的かつ倫理的。

推奨
科学的データに基づけば，現状では有効とは言えないので，使用は勧められない。

Creatine　クレアチン

分類と用法
　クレアチンは生理学的エルゴジェニックであるが，栄養学的エルゴジェニックとみなす人もいる。クレアチンはアミンであり，動物性食品に少量含まれる成分であるが，肝臓や腎臓で数種類のアミノ酸から合成される。

　クレアチンのエルゴジェニック効果の研究では，1日20〜30gを4〜5等分して5〜7日間摂取する方法が用いられている。最も一般的なのは，クレアチン1分子に水1分子がついたモノハイドレート粉末で，飲料とともに摂取する。アメリカの多くのスポーツチームでは，クレアチンのサプリメントを使用している。図8.12にクレアチンサプリメントを示す。

SPF
　身体的パワーと機械的エッジ。クレアチン補給は，主としてATP-CP系に由来するハイパワーとスピードを高めるために用いられるが，体重増加とも関連して研究が行われている。

理論
　通常，食事性と内因性のクレアチンの必要量は1日に2gであり，筋肉内のクレアチンリン酸（CP）レベルを正常に保つには十分である。クレアチン補給は，身体全体のクレアチン・プールを増大し，CPの産生を容易にする。ATPを急速に再合成するため，筋中のCPは分解され，エネルギーを放出するが，ATPと同様，CPの供給量にも限界がある。ATPとCPを合わせても，最大エネ

ルギーを生産できるのは5〜10秒であり，これは50〜100mダッシュの主要エネルギー源である。このような競技の疲労は，CPの急速な減少が原因だろう。そこで，CPがより早く回復すれば，ATPの合成を高め，ハイパワーとスピードが求められるスポーツのパフォーマンスは改善するはずである。

有効性

いくつかの研究が，1日20〜30gのクレアチンを5〜7日間経口摂取することにより，安静時および高強度運動後の回復時の筋中クレアチン濃度およびCP濃度を高めることを示しているが，中には，応答を示さない被験者もいる。菜食主義者は，食事からのクレアチン摂取が制限されるので，クレアチン補給が最も有効となる。クレアチンをグルコースとともに摂取すると，体内への取り込みが高まる。

数十にものぼる最近のよく制御された実験室内とフィールドでの研究が，ATP-CP系のエネルギー供給を伴う運動に対するクレアチン摂取のエルゴジェ

図8.12 クレアチンサプリメントは筋力トレーニングを行う選手の間で一般的である

ニック効果を調べているが，結果は様々である。反復・短時間（4〜10秒間）・高強度の自転車漕ぎスプリントテストの後半のパフォーマンスを改善するという研究もあれば，アイソトニック・アイソメトリック・アイソキネティックなレジスタンス運動を反復試行する時の筋力を有意に向上させるという研究もある。研究によれば，高強度運動を1回試行する場合は，クレアチン摂取には効果が見られない。加えて，60m走の反復や水泳の25mや50mの反復ではよく制御されたフィールド研究で効果が見られなかった。

クレアチン摂取は筋肉中で緩衝剤として働き，乳酸の蓄積を低下させることで，乳酸系に依存する競技のパフォーマンスを高めることを示唆する研究もある。入手できる研究上の知見はまだ少なく，明らかではない。パフォーマンスに関しては，ある研究では1,000mのボート競技で，タイムを2.3秒短縮したことが報告されている。しかし乳酸系に依存する100m水泳テストあるいは超最大運動のレベル（115〜125%$\dot{V}O_2max$）での無酸素自転車漕ぎ運動では効果が認められていない。これらのデータをはっきりしたものにするには，もっと研究が必要である。

クレアチン摂取は，主として酸素エネルギー系に依存する競技のパフォーマンスには不都合であろう。CPは長時間の有酸素運動のエネルギー源として重要ではなく，副作用の一つである体重の増加が，起伏のある地形での6km走のパフォーマンスに不都合であることが示唆されている。余分な体重を運ぶには，より多くのエネルギーが必要とされるだろう。

ほとんどの研究で一致した見解は，体重の増加であり，1週間の摂取で体重は0.9〜2.2kg増加する。増加分が筋組織かどうかは明らかでなく，急速な増加から考えてクレアチンに結合する水の重さだろう。クレアチン摂取とともに，尿生成が低下することを報告した研究があり，これは身体の水分保持の間接的な指標である。しかし，クレアチン摂取がレジスタンス・トレーニングの時間を高めるならば，結果は筋肉量あるいはLBMの増加をもたらし，筋力とパワーの向上につながるだろう。

最近のいくつかの総説は，クレアチン摂取が有効なエルゴジェニックであることを示唆しており，それは真実であろう。しかし，有効性はある種のパフォーマンスに特有であり，それは反復・高強度・超短時間で，短時間の回復期をもつ運動である。また，クレアチン摂取により，選手はより高強度の身体トレ

ーニングが可能となるので，結果的にスポーツ・パフォーマンスの向上につながる可能性がある。クレアチン補給の可能性を証明するには，よく制御された実験室内とフィールドでの研究が必要である。

> クレアチンを新しいインチキ・サプリメントとみなすべきではない。その摂取は，爆発力を要するスポーツの選手にとっては，急速で顕著なパフォーマンスの改善をもたらしてくれる手段である。
> ——Paul Greenhaff（英国の運動生理学者）

安全性

クレアチン補給についての，エルゴジェニックとしての可能性に関する研究では副作用の報告がないので，急性のリスクはないようである。しかし，長期摂取のリスクははっきりとしていない。筋肉の痙攣を起こすという報告もあるが，これはおそらく筋肉内の水分が増加することで，電解質レベルが希釈されたためだろう。

法的および倫理的観点

現状では合法的。しかし，IOCのアンチドーピング規定の「人工的かつ不正にスポーツ・パフォーマンスを向上させる目的で，ある物質を異常な量摂取する」には抵触するので，選手の見解によって，倫理的にも非倫理的にもなる。

推奨

クレアチン補給は，ATP-CP系に依存する特定の運動，特に反復性で短時間の回復期がある高強度運動には有効なエルゴジェニックだろう。クレアチンを使用すれば，スプリント型の選手はトレーニングによる疲労からより早く回復することができ，トレーニング強度を増加させることになるだろう。

クレアチン摂取を始めたら，1日約20g（1回5gを4回摂取）で5〜7日以内にクレアチンレベルが増加するだろう。筋中のクレアチン貯蔵量を高めるためには，5g摂取する時に90gの炭水化物を摂取する。緩やかに貯める方法としては，3gを約1カ月摂取する。ひとたび満タンになれば，1日2gの摂取で筋中クレア

チンレベルは維持される。

しかし，有酸素性持久的競技には，体重増加がパフォーマンスを損なう可能性があるので勧められない。クレアチンは適切な量を守って摂取するなら安全であり，合法的である。使用が倫理的であるかどうかは論争の余地がある。パフォーマンスを高めるために，クレアチンサプリメントを使用するかどうかの決定は，選手個人に任される。

DHEA（Dedydroepiandrosterone）デヒドロエピアンドロステロン

分類と用法

デヒドロエピアンドロステロン（DHEA）とそのエステル（DHEA-S）は天然のステロイドであり，副腎で生合成されるので生理学的エルゴジェニックに分類される。純粋な DHEA や体内で DHEA に変換されると宣伝されているハーブに含まれる前駆体など，いくつかの型が食事性サプリメントとして市販されているので，栄養学的エルゴジェニックにも分類される。ヒトの研究では，通常1日に50～100mg の範囲で用いられるが，1,600mg 以上用いた研究もある。DHEA は経口か注射で摂取する。

SPF

機械的エッジと身体的パワー。DHEA は，主として，筋力と体力を向上させるため，あるいはボディビルのような競技でより美しい外見を得るため，筋量を増やし体脂肪を減らす意図で研究されてきた。

理論

DHEA の体内での機能はわかっていないが，テストステロンとエストロゲンなどの他のホルモンに変換されるだろう。DHEA 補給により，成長ホルモンの分泌に付随する同化物質であるインスリン様成長因子1（IGF-1）の血清レベルが増加するという研究がある。テストステロンと IGF-1への何らかの作用により，DHEA は同化作用を刺激し，筋量を増加させ体脂肪を減少させると理論づ

けられる。

有効性

　動物実験から，DHEAは脂肪を減らし筋量を増やすことにより，肥満を含むいくつかの慢性疾患の発生を減少させることが示唆されているが，大部分は天然のDHEAがほとんどない齧歯類に関与したものである。ヒトでは個人差があるものの，天然のDHEA産生は青年期で高く，30歳を越えると減少し始め，50歳を越えると非常に低レベルになるようだ。ヒトの研究は，DHEA補給によって恩恵を受けるであろう50歳以上の高齢者に焦点をあてたものが多い。

　DHEA補給のエルゴジェニック効果を実証するデータは限られている。1つの研究では，DHEA補給（1日100mgを3カ月間）により，50-65歳の男女の筋量と筋力が増加したが，この対象者は一般人である。他の研究では，身体的，心理的な主観的健康状態の改善が示されたが，運動負荷テストはしていない。逆にその他の研究では，一般高齢者が対象で身体組成に対する効果は見られていない。

　ある著者は，DHEA補給は，高強度のトレーニングによりテストステロンレベルが低くなった若い持久系の選手に恩恵があるだろうと記しているが，この主張を支持する研究データはない。

安全性

　DHEA補給は，心疾患，糖尿病および癌のような慢性疾患を予防すると信じている医学研究者がいて，臨床的に研究されている。大部分の研究では大きな副作用は報告されていないが，女性で髭の増加とHDL（善玉）コレステロールの減少などの異常が起こっており，おそらく，それはテストステロンの作用によるものだろう。加えて，将来的には研究によりDHEA補給の健康に対する恩恵も支持されるかもしれないが，ほとんどの科学者は注意を喚起しており，内科医の指導のもとに摂取するように勧めている。The New England Journal of Medicine（「ニューイングランド医学雑誌」）の「DHEA補給と加齢」に関する最近の総説によれば，恩恵は証明されておらず，ある種の重大なリスクの可能性が指摘されている。長期にわたるDHEA補給の作用はわからないが，男性では肝毒と前立腺癌の可能性がある。

法的および倫理的観点

DHEA 使用は，IOC により同化剤として禁止されている。DHEA はテストステロン合成を刺激するコルチコステロイドであり，それゆえ同化作用を持つ。DHEA 使用は，非合法かつ非倫理的である。

推奨

DHEA 補給が，スポーツ・エルゴジェニックとして有効であるとするにはデータが不十分であるので，特に若く健康な選手には，現状では勧められない。医学の権威者は，いくつかの重大な健康上のリスクを主張しているので，安全面からも勧められない。その上，IOC が禁止しているので，非合法かつ非倫理的である。

Diuretics　利尿剤

分類と用法

薬理学的エルゴジェニック。利尿剤は，高血圧の治療などある疾病条件下で，尿の排泄量を増加し，過剰な体水分を排泄するために用いられる薬品の総称である。巻末の付表に挙げたように無数の利尿剤が利用できる。投与量は用いるタイプによる。

SPF

機械的エッジ。利尿剤は，単位体重あたりのエネルギー生産効率（特に ATP-CP 系と乳酸系）を間接的に高めるために，機械的エッジをもたらす試みで研究されてきた。

理論

ボクシング，レスリング，ウエイトリフティングのような体重階級性スポーツの選手は，試合で特定のクラスに出場する目的で急速に減量するため，利尿剤を用いるようだ。体操，走高跳，そして他の過剰な体重が不利になる競技の選手も利尿剤を用いるようだ。利尿剤は比較的短期に3％以上の減量を引き起

図8.13 利尿剤は，選手が筋力を失わずに体水分を失うのを助け，より少ない体重をより高いところまで持ち上げる可能性を増大する。　©Terry Wild Studio

こす。72kgの選手なら約2.2kgである。この水分の損失により，パフォーマンスが損なわれないのであれば，より軽いクラスに出場したレスリング選手，つり輪でより軽い身体を支持する体操選手，バーを越える体重がより軽い高跳びの選手は，体重に対するパワーの生成比率が高いので，競争上優位に立っている（図8.13）。ニュートンの運動の第二法則によれば，加速度は力の生成に比例し，重さに反比例するので，重さを減らして力を一定に保てば，加速度は大きくなる。

　選手は非合法な薬理学的エルゴジェニックが検出されないように，利尿剤を用いることもある。利尿剤は，尿の生産と排泄を増加する能力を持つので，特定の禁止薬物とその代謝産物の排泄速度を速めるものもある。利尿剤と他の薬物の両方を決定できる洗練された検査は，洗い流す目的での利尿剤の使用を思いとどまらせているが，薬物使用を決定づける尿検査の前に，利尿剤が禁止薬物を排泄する助けになるようにと願う選手もいる。

有効性

　物理学の法則に基づくと，レスリング，体操，走高跳の選手が，エネルギー生産を減らさずにより軽い体重になれば，競争上優位に立つのは理にかなっている。利尿剤使用後にパフォーマンスが直接改善されたという証拠はほとんどないが，最近のデータは有利な効果があることを示唆している。

　一般には，研究により，利尿剤によって3％以上の体水分が損失するが，筋力，パワーと局所筋の無酸素性持久力が落ちることはないことが明らかになった。それゆえ，短時間高強度のスポーツでは，利尿剤使用はパフォーマンスを損なわないようであり，恩恵をもたらすだろう。例えば，研究により利尿剤使用による減量は，垂直飛びの能力を改善することが示されている。

　逆に，有酸素性持久力は損なわれる。利尿剤により，血漿量は8～10％減少するので，運動時の一回拍出量の低下など心臓循環機能が低下する。ランナーでは，利尿剤使用により，1.5km走で8秒，5km走で78秒，10km走で157秒もタイムが悪くなる。

　利尿剤は特定のスポーツには有効だが，他にはパフォーマンスを損なわせるものである。

安全性

　めまいが一般的な副作用であり，あらゆる選手で運動制御を損なう。利尿剤が誘発する脱水は，暑熱環境で運動する選手には，熱疲労や熱中症になりやすくなるという深刻なリスクをもたらす。カリウムのような電解質を排泄する利尿剤がある。それゆえ，慢性的な使用は体内カリウムレベルを低下させ，神経機能を阻害して，筋肉の痙攣から心臓の機能障害までの兆候を伴う。

法的および倫理的観点

　利尿剤は，IOCにより禁止されているので，非合法かつ非倫理的。

推奨

　利尿剤は特定のスポーツには有効なエルゴジェニックだが，非合法かつ非倫理的なので勧められない。選手は満足できる体重に到達し，適切な食事とトレーニング・プログラムにより至適エネルギー生産を維持するべきである。試合

前の減量にも薬物非依存の方法がある（もっともサウナによる脱水は，いくつかの専門的なスポーツ医学団体により非難されているが）。

Engineered Dietary Supplements
工学的食事サプリメント

分類と用法

　工学的サプリメントは，工学的フードとも呼ばれ，栄養学的エルゴジェニック。これらは，特定の栄養素，代謝産物，あるいはエルゴジェニック機能を持つと主張される他の物質を単離可能にした栄養学的生物工学の進歩の産物である。HMB（β-ヒドロキシ-β-メチルブチレート）のように単一の物質を含むもの，Hot Stuff のようにホウ素からトランスフェルラ酸まで30種以上の成分を含むもの，MET-Rx のようにメタミオシンのような他には含まれない成分を含むものがある。

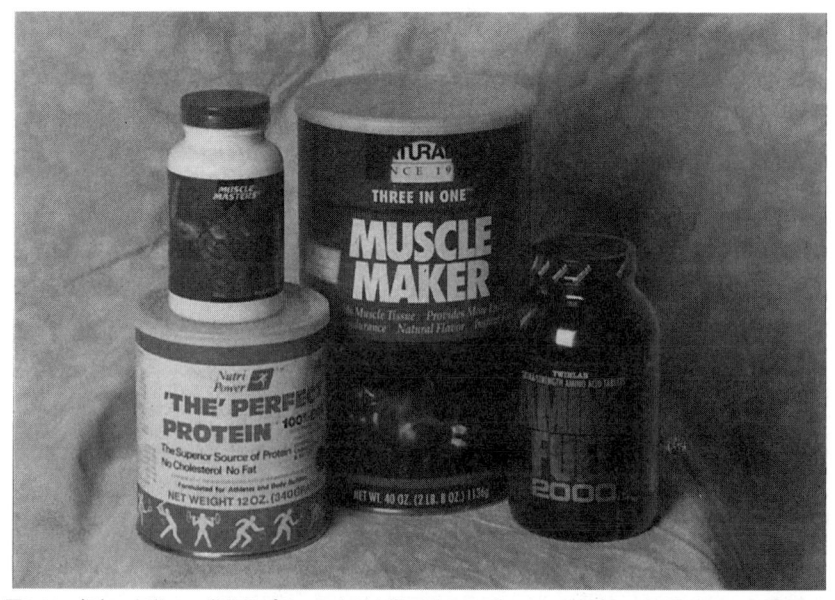

図8.14　毎年，無数の工学的サプリメントが市場に現れるが，それらの多くが活動的な人と選手を標的にしている

> 健康とボディビルの雑誌誌上での栄養サプリメントの宣伝に関する最近の調査では，89のブランド，311の製品，235の独特な成分が示された。最も頻繁に宣伝される効果は，筋肉の発達である。

市販されている無数の工学的サプリメントは，選手，あるいは体脂肪を減らして筋量を増やしたい活動的な人を標的としている。推奨されている摂取量はブランドによりさまざまである。

SPF
機械的エッジと身体的パワー。工学的サプリメントは，主として，筋力と体力を向上させるため，あるいはボディビルのような競技でより美しい外見を得るため，筋量を増やし体脂肪を減らす同化剤として宣伝されてきた。他の製品は有酸素性持久力を目的として開発されている。

理論
同化作用に関しては，製品の成分の数だけ理論もある。例えば，(a) HMBはロイシンの代謝産物であり，高強度レジスタンス運動時の筋タンパクの分解を阻止すると主張し，(b) ホウ素とトランスフェルラ酸は同化ホルモンのテストステロン分泌を高めると理論づけられており，(c) メタミオシンは50のタンパク単離物の複合体であり，MET-Rxの脂肪燃焼と筋合成を助けると理論づけられている。

有効性
ほとんどの場合，工学的サプリメントが強力な同化剤であると示唆する広告は，科学的証拠ではなく，理論や金銭的援助を受けている選手の逸話風の証拠に基づいている。

一般に，工学的フードや食事性サプリメントを市販する会社は，製品の有効性を評価する独立した研究には資金を出さない。例えば，MET-Rxの有効性を特異的に評価する科学的データはないようだ。ある研究から，MET-Rxは有効でないとする間接的証拠がもたらされた。この研究で研究者たちは，他のエル

ゴジェニック（HMB）の有効性を評価しており，タンパク質の考えられる相互作用に興味を持った。研究は被験者を6つのグループに分けて，3週間のレジスタンス・トレーニングを行わせたが，2つのグループはHMBを摂取せず，うち1つはMET-Rxを摂取した。この2つのグループ間に，身体組成や筋力の変化が認められなかったので，MET-Rxは予め十分なタンパク質を含む（この研究では所要量の2倍）食事に加えた時は有効ではないことが示唆された。

クレアチンのように，よく制御された研究で体重と筋力を増加することが示された物質を含む製品は，有効なエルゴジェニックかもしれない。HMBのような物質は，将来，同化に有効であることが示されるかもしれない。動物実験では，HMBは筋量を増やし体脂肪を減らすことが示されており，ヒトでのいくつかの予備的実験でもそれは支持されている。

安全性

多くの工学的サプリメントは，適切な安全性のデータがない。主として栄養素を含む製品は，過剰摂取しない限り，毒にはなりそうもない。例えば，MET-Rxは主としてミルクベースのタンパク質，炭水化物，脂肪，ビタミン，ミネラル，そして私たちが食べる食品中の自然の栄養素を含んでいる。しかし，健康上の問題を引き起こす製品もあり，特にハーブ成分は人によってはアナフィラキシー反応を引き起こす。

法的および倫理的観点

禁止されている成分を含まなければ，合法的かつ倫理的。

推奨

一般に，工学的サプリメントは，広告内容を実証するために十分に研究されたものがほとんどないので，スポーツ・エルゴジェニックとしては勧められない。

これらの製品の販売につきものの印刷物には，評価の高い科学雑誌に掲載された研究が参考文献として入っているべきである。この研究の有効性は，Gatorade Sport Science Institute（ゲータレードスポーツ科学研究所），800-616-4774あるいはFood Nutrition Information Center at the National Agriculture Library（国立農業図書館の食品・栄養情報センター），301-504-5719に問い合せればチェックできる。

Ephedrine(Sympathomimetics)
エフェドリン(交感神経様薬)

分類と用法

　エフェドリンは，交感神経様薬であり，薬理学的エルゴジェニック。他の交感神経様薬としては，プソイドエフェドリンとフェニレフリンがある。交感神経様薬は，天然に存在し，内因性のホルモンであるノルエピネフリン（ノルアドレナリン）とエピネフリン（アドレナリン）の効果を模してデザインされていて，交感神経由来の生理的応答を引き出す。交感神経様薬には，選択性（特定の生理的効果を引き出すもの）と非選択性（一般的交感神経応答を引き出すもの）がある。エフェドリンは非選択性の交感神経様薬であり，喘息や風邪の兆候等さまざまな疾病の治療に用いられ，体重減少を促進するためにも用いられる。

　エフェドリンや他の交感神経様薬は，抗喘息薬や風邪，咳の治療薬として，ピル，錠剤，吸入型があり，Primatene, Bronkotabs, Co-Tylenol, Vicks Inhelar, Alka-Seltzer Plus がある（図8.15）。エフェドリンはまた，麻黄を含むハーブ茶やサプリメントと，減量用やエネルギー増加用サプリメントにも含まれている。充血除去薬によるすべての冷却療法では，禁止されている交感神経様薬が使用されているようだ。詳しいリストは巻末の付表を参照されたい。

　投与量は製品によってさまざまである。吸入法は通常応答が早い。研究に用いられる投与量は，エフェドリンで約20〜25mg（治療に用いる量），プソイドエフェドリンで120mgである。OTC薬（処方箋なしで買える市販薬）はエフェドリン含量を確認すること。

SPF

　精神力と身体的パワー。エフェドリンと他の交感神経様薬は，補足的な刺激効果に対して恩恵を受けるさまざまなSPF，特にエネルギー供給系からの身体的パワーを高めるために用いられるが，体重減少と機械的エッジを目的として，食欲を抑えるために用いる選手もいる。

理論

　交感神経を興奮させることにより，エフェドリンは筋収縮を高め，心拍出量を増大し，気管支を拡張し，血糖を上昇させる。理論的には，この交感神経応答が，あらゆるタイプの身体的パワーを高め，特に有酸素性持久力を高める。

有効性

　参考になる研究は限られてはいるが，それらは交感神経様薬のエルゴジェニック効果を支持するものではない。ある研究では，治療に用いる量のエフェドリンの経口投与により，代謝応答も心理応答も，筋力，パワー，筋持久力，反応時間，スピード，無酸素作業能のテストにおけるパフォーマンス応答も改善されなかった。他の研究では，プソイドエフェドリンが，自転車選手の筋力や40kmタイムトライアルに効果のないことが示された。

安全性

　エフェドリンと他の交感神経様薬の使用は，神経過敏，頭痛，胃腸の不快感，

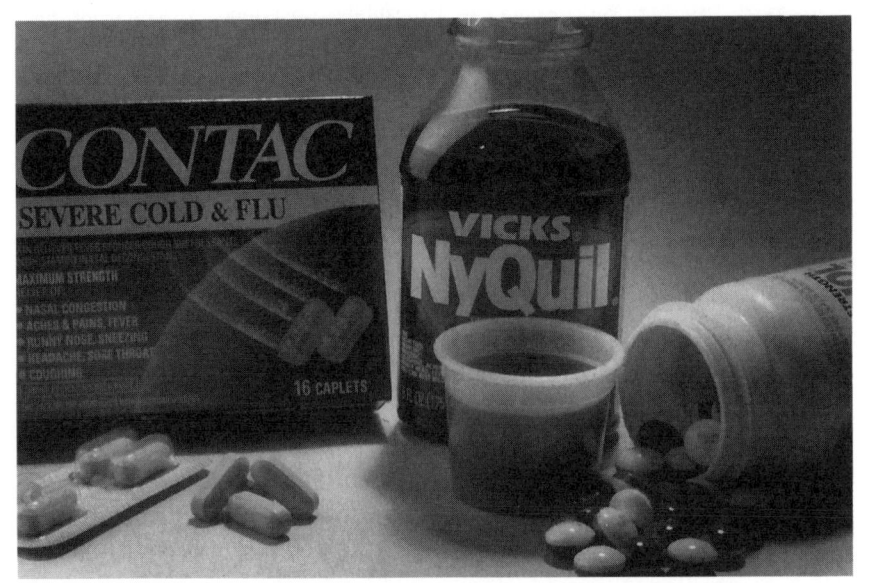

図8.15　多くのOTC薬には，選手が使用を禁止されているエフェドリンが含まれている
©Terry Wild Studio

不整脈のような副作用を引き起こす恐れがある。発作を起こし精神病になる人もいる。合衆国では，FDA（食品医薬品局）が数多くの副作用に関する報告書をまとめており，その中にはエフェドリン含有製品の使用に伴い少なくとも17人が死亡していることも記載されいる。そこで現在FDAでは，エフェドリンをサプリメントとして使うことを制限し，表示に死の危険性があることを警告するように計画している。

法的および倫理的観点

エフェドリンと他の交感神経様薬の使用は，IOCにより禁止されているが，禁止せず検査もしない競技団体もある。選手は自分の競技団体に合法性を確かめる必要がある。もし禁止されているなら，その使用は非倫理的でもある。喘息や風邪の治療に用いられる交感神経様薬には，エルゴジェニック効果は認められないとして，ロビー活動によりIOCの禁止を無効にしようとする研究者もいる。詳しいリストは付表Aを参照されたい。

> 1972年のミュンヘン五輪で，Rick DeMontは競泳で金メダルを取ったが，エフェドリン陽性で失格となった。彼は，喘息治療のため，エフェドリンを用いた治療を受けていた。

推奨

エフェドリン使用は，科学的データによりエルゴジェニック効果が支持されず，深刻な健康上のリスクを伴うので，スポーツ・エルゴジェニックとして勧められない。いくつかのスポーツでは非合法かつ非倫理的である。エフェドリンを用いた治療を受けている選手は，それぞれの競技団体に合法的かどうかを相談するべきだ。合法的な抗喘息治療を巻末の付表に記す。

> 1996年のアトランタ五輪で，少なくとも6名の選手が薬物使用で陽性となったが，それはほとんどがOTC薬に由来する興奮剤だった。

Erythropoietin(EPO, rEPO)　エリスロポエチン

分類と用法

　エリスロポエチン（EPO）は，生理学的エルゴジェニック。EPOは腎臓から分泌される天然のホルモンであり，骨髄での赤血球細胞（RBC）の合成を刺激する。遺伝子工学により，合成型（rEPO）が遺伝子組換えできるようになった。rEPOは薬物であり，薬理学的エルゴジェニックであろう。いくつかの逸話風の情報によれば，rEPOは有酸素性持久的競技選手に用いられている。健常男性を対象とした研究では，体重1kgあたり20〜40 IU（国際単位）のrEPOを，週3回で6週間投与している。rEPOは静脈内あるいは皮下に注射される。

SPF

　身体的パワー。合成ホルモンであるrEPOは，主として酸素系からエネルギーを得る競技の有酸素性パワーと持久力を高めるために研究されてきた。

理論

　rEPOは，骨髄でのRBCs合成を刺激するように設計されていて，血中のRBCとヘモグロビンのレベルを増加させる血液ドーピングと比較される（図8.16）。RBC中のヘモグロビンは，肺で酸素と結合して筋肉に運ばれるので，血液の酸素運搬能が高まれば，5分以上の運動時の酸素エネルギー系にエルゴジェニック効果をもたらすはずである。

有効性

　rEPO注射により，RBC合成と血中ヘモグロビン濃度が6週間で6-11％高まることが明らかになった。血液ドーピングに比べて研究例が少ないが，EPO注射は$\dot{V}O_2max$を高め，トレッドミルによる疲労困憊に至る時間を延長させることが示されている。最近の総説では，アメリカスポーツ医学会は健常人へのEPO投与が，血液ドーピングと同等のエルゴジェニック効果をもたらすらしいことを示した。それゆえ，血液ドーピングと同様，rEPOは非常に効果のあるスポーツ・エルゴジェニックである。

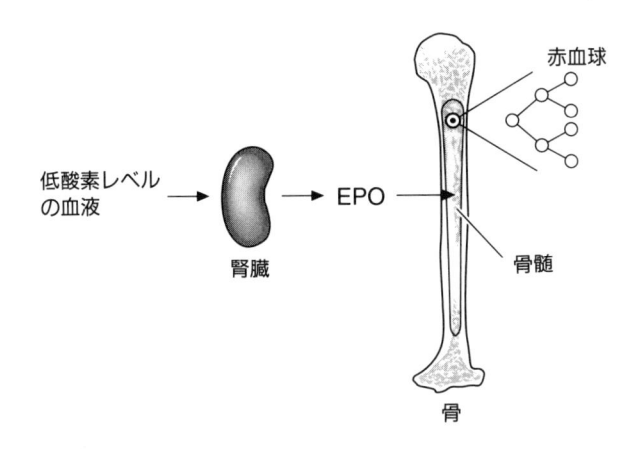

図8.16 血液の酸素レベルが低いと肝臓からのエリスロポエチン放出が刺激される。EPOは骨髄に行き，赤血球細胞の合成を刺激する。

安全性

　rEPO注射は，医学的管理の下に行われても健康上のリスクをはらむので，選手が医学的管理下になければもっとリスクが増える。EPO投与に伴うリスクには，汚染された注射針からの感染（B型肝炎，HIV），安静時と運動時の血圧上昇，ヘマトクリットの増加，血液の粘性の増加，血栓症，そして心筋梗塞さえ引き起こす。医学的管理下にないEPOの使用については，数名にとどまらない若い自転車選手の死との関連が示唆されてきた。rEPOのことを「1番でなければ死んだほうがましだ」をモットーに生きる選手によって用いられる薬物とみなす専門家もいる。

法的および倫理的観点

　エルゴジェニックとしてのrEPO使用は，非合法かつ非倫理的である。IOCは禁止薬物として挙げている。現在の尿検査技術では，2-3日前までのrEPO使用は検出できるが，rEPOの生理的効果は数週間続くので，薬物検査には議論の余地がある。それゆえ，国際自転車協会は血液検査をはじめ，ヘマトクリット値が50以上の選手を競技会から締め出してきた。アメリカスポーツ医学会は，競技パフォーマンス向上のためにrEPOを使用することは非倫理的である

と宣言した。

推奨

rEPOは非常に有効なエルゴジェニックであり，適切な医学的注意を払って使えば安全であるが，その使用は禁止されているので勧められない。

> 1996年のアトランタ五輪において，ある男子選手はrEPOの使用を認めた後，選手村から追放された。

しかし，別の実行可能で合法的かつ倫理的な方法がある。RBC濃度を高めるため，標高約2,000mの高所に居住し，トレーニングする選手がいる。低酸素分圧は腎臓からのEPO放出を刺激し，RBC濃度を高める。一方で，低酸素分圧は，RBC濃度の増加からの恩恵とつりあわせるように，トレーニング強度を低下させるようである。それゆえ，通常，パフォーマンスは平地に戻るまで改善されたように見えない。

最近何人かの研究者は，高所に住み平地でトレーニングすることが最も良い結果をもたらすと報告した。高所に住むことでRBCの増加が刺激され，平地でトレーニングすることで，適切な高強度のトレーニングが可能となる。この方法は，地理的な移動に無理があるので，全ての選手にとって実際的とはいえないだろうが，多くの国々で可能であろう。さらに，平地に標高2,000m以上の低酸素を維持できる高所環境施設が建てられてきている。低酸素環境で暮らして眠り，そこから出て平地でトレーニングできるのである。予備的研究により，高所居住・平地トレーニングにより，有酸素性競技だけでなく無酸素性競技のパフォーマンスも高まることが示唆されている。

Fat Supplementation　脂肪補給

分類と用法

脂肪のサプリメントは，栄養学的エルゴジェニック。食事性の脂肪は，我々

が食べる多くの食品に含まれ，肉やミルクなどの動物性食品に多く，植物性食品にも広く分布しているが，果物，野菜に少なく，ナッツや種実類に多い。我々が食べる脂肪はトリグリセリドとして知られており，それは遊離脂肪酸（FFA）とグリセロールが結合したものである。食事には脂肪が必要であり，それによって必須脂肪酸と脂溶性ビタミンが供給される。総脂肪摂取について所要量は決められていないが，米国科学協会（National Research Council）は3-6gの必須脂肪酸が必要であるとしており，これは脂肪のエネルギー比が5-10%である菜食主義者の食事でも獲得できる量である。

人体における脂肪の主な役割は，すでに議論したようにエネルギーの供給である。選手向けにはさまざまな脂肪サプリメントが市販されており，これは主に中鎖トリグリセリド（MCT）である。MCTは液体型と，スポーツドリンクやスポーツバーに添加されて販売されている。乳化トリグリセリドの血管への注入が，競技力を向上する試みで研究されている。

SPF

身体的パワー。脂肪補給は，酸素系からエネルギーを得る競技の有酸素性持久力を高める試みで用いられる。

理論

高強度の有酸素運動では炭水化物が消費されるが，グリコーゲンとして肝臓や筋肉に貯蔵できる量には限りがあり，例えば20マイル（約32km）以上走る長時間の競技では枯渇してしまう。脂肪も有酸素運動のエネルギー源であり，選手によっては，脂肪の利用を最適化し，競技の後半のために肝臓と筋肉のグリコーゲンを十分量節約することは都合が良いことだろう。

筋肉中のFFAの酸化は，部分的に血中FFA濃度に依存するので，血中FFAの増加を目的にさまざまな脂肪の補給法が用いられている。(a) 低炭水化物-高脂肪の食事により，脂肪の摂取量が高まり，消化・吸収・肝臓での処理後の血中FFAは高まる (b) 乳化トリグリセリドの注入により，肝臓での処理後の血中FFAは高まる (c) MCTを摂取すると，水溶性のため素早く吸収され，肝臓で処理されてFFAを合成し，次にケトン体に変換されて血液中に放出され，運動中の筋肉のエネルギー源となる。

有効性

　低炭水化物-高脂肪食は、運動中のエネルギー源として脂肪の利用を高めるが、高炭水化物食や混合食と比較して、高強度の有酸素性持久力を高めるという再現性のある科学データはない。逆にこの食事は、運動中の主要なエネルギー源である炭水化物が不足するので、実際はパフォーマンスを損なうかもしれない。選手は脂肪のエネルギー比30～40%で効率的にトレーニングができ、特に高カロリー食ではこの傾向が顕著である。1日3600kcalを摂取する選手は、炭水化物エネルギー比50%であれば、450gの炭水化物を確保できるので十分である。

　乳化トリグリセリドを注入すると、血中FFAが上昇し、筋グリコーゲンの利用が節約できることを示唆する研究があるが、パフォーマンスの向上については報告されていない。

　いくつかの研究では、摂取したMCTsが運動中に酸化されるが筋グリコーゲンは節約しないことを示しており、身体パフォーマンスは向上しなかった。いくつかの研究が、MCT-炭水化物サプリメントの有効性を評価しており、それらは決定的ではないが、ある研究ではエルゴジェニック効果が示された。自転車選手は、3試行として炭水化物溶液、MCT溶液、MCT-炭水化物溶液を摂取し、60%$\dot{V}O_2$maxで2時間運動した後、40kmのタイムトライアルを行った。その結果、MCT試行のタイムが最も悪く、MCT-炭水化物試行が最も速かったので、研究者はこの原因は2時間走行中の筋グリコーゲン節約にあるとした。これは興味深い知見だが、はっきりさせるにはさらに研究が必要である。

安全性

　脂肪補給法は適度な摂取であれば安全だが、それぞれリスクは抱えている。低炭水化物-高脂肪食が長期間続くと、人によっては心臓病や結腸ガンにかかりやすくなるだろう。摂取した乳化トリグリセリドは注意深く調節しないと、血中のFFA濃度が過剰に高まる。30g以上のMCT摂取は胃腸の不快感と下痢を伴う。

法的および倫理的観点

　低炭水化物-高脂肪食やMCTの補給は、合法的かつ倫理的。しかし、乳化ト

リグリセリドの補給は，IOCアンチドーピング規定の「競技力向上のために人工的かつ不正に通常以外の経路で物質を摂取すること」の内容と矛盾することから，非倫理的かもしれない。

推奨

　利用できる科学的証拠に基づけば，脂肪補給はほとんどのスポーツ選手にとって有効ではないので，勧められない。高脂肪食は有効でなくパフォーマンスを損ね，長期では健康にもリスクとなる。乳化トリグリセリドはまた，パフォーマンスを高めず，顕著な健康上のリスクをもたらす。

　炭水化物摂取と比較すると，MCTs摂取はパフォーマンスを損ねるようだ。しかし，1つの研究では，MCT-炭水化物溶液摂取が，炭水化物溶液摂取よりもパフォーマンスを向上させることを示唆している。この結果を確認し，最適の濃度を決めるにはもっと研究が必要だが，この研究では，炭水化物10%，MCT4%のスポーツドリンクを用いているが，それは健康食品売場でMCTを購入し，炭水化物10%のスポーツドリンク1Lに40g混ぜるだけで可能である。これを運動前に約400mL，運動中は10分おきに約100mL摂取する。

　運動中にFFAをエネルギー源として優先的に動員し，筋グリコーゲンを節約するために，さまざまな薬剤が用いられており，この点ではカフェインが有効であろう（カフェイン参照）。

Fluid Supplementation(Sport Drinks)
水分補給・液体補給(スポーツドリンク)

分類と用法

　栄養学的エルゴジェニック。最も大事な栄養素「水」が主要な液体サプリメントである。フルーツジュースやソーダ，スポーツドリンクも大部分は水だが，それらは炭水化物，電解質，ビタミン，ミネラル，コリン，グリセロールのような栄養素や食品成分を含んでいる。水は蛇口やビンから直接とることができるし，スポーツドリンクのような多くの飲料は市販されている。

> スポーツドリンクはかつて水，砂糖といくつかの電解質だけを含むものだった。ところが今では，コリンやグリセロールのようなエルゴジェニックと主張される珍しい物質を含んでいる。

SPF

身体的パワー。液体補給は，有酸素性パワーと持久的パフォーマンスを，特に暑熱環境下で高める試みで用いられる。

理論

ヒトの身体は約60%が水であり，他の栄養素はこの水の環境の中で働いている。脱水や体水分の損失により，心臓循環機能，細胞の代謝，体温調節は妨げられる。一般に，体重を2%失う脱水により，有酸素性持久力は低下する。水分を失えば失うほど，パフォーマンスは低下する。体重67.5kgのランナーなら，1.35kg水分を失えば2%の脱水である。暑熱環境下では，この程度の水分の損失には30分もかからない。脱水によりサッカーやテニスのような長時間の間欠的高強度無酸素性スポーツのパフォーマンスは損なわれるだろう。

液体補給は，心臓循環系の機能低下を防ぐことや体温調節により，暑熱環境下での長時間運動時の脱水に伴う疲労を防ぐと理論づけられる。

有効性

体温調節と身体パフォーマンスに及ぼす脱水と液体補給法の影響を調べるため，何千もの研究が行われてきた。暑熱環境での有酸素性持久的運動に対する脱水のマイナスの影響を防ぐために，2つの方法が明らかになっている。給水とは運動中に液体サプリメントを摂取することであり，過給水とは運動前に液体を摂取しておくことである。この2つのうち，給水は運動中の脱水によるマイナス作用を防ぐ最も効果的な方法である。全く液体補給しない場合と比べて，どちらの方法も（a）脱水の開始を遅くし，（b）心臓循環機能を維持するのを助け，（c）体温の大きな上昇を抑え，（d）暑熱環境下での長時間の有酸素運動のパフォーマンスを改善する（図8.17）。

研究により，1時間以内のスポーツでは，水のみの補給で十分であることが

図8.17 スポーツドリンクは，長時間の有酸素運動時に液体と炭水化物の両方を補給するのに有効な手段である ©Human Kinetics/Tom Roberts

示唆されている。1時間以上の競技では，炭水化物を含む液体の方が有効であろう。添加された炭水化物は，水分の吸収と利用を妨げずに，血糖値を維持し，筋肉のエネルギー源を供給する。

安全性

液体補給は安全であり，暑熱環境下で運動した時の深刻な暑熱疾患を，実際に防いでくれる。炭水化物や他の栄養素を含んだ液体も安全であるが，高濃度の炭水化物溶液では胃腸の不快感を起こす人もいる。

法的および倫理的観点

合法的かつ倫理的。

推奨

　暑熱環境下で運動したり競技しようと考えているなら，給水と過給水が強く勧められる。アメリカスポーツ医学会（ACSM）や他の研究者が提示した飲料の推奨は，有益なガイドラインであろう。

1. 過給水のためには，運動前の24時間に十分な液体を摂取する。そして2時間前に冷たい液体を500mL飲む。さらに運動開始まで間欠的に飲む。
2. 運動中の給水では，早めに液体を飲んで汗からの体液の損失を回復するようにする。汗をかくには個人差があるので，以下のカコミに従って自分の汗による損失量を決めておく。例えば，運動中に体液を0.9kg失うなら，その分量あるいは我慢できる量の液体を運動中に摂取する。この場合は，240mLの液体を15分毎に飲めば良い。

体水分の損失量を決めるのに良い方法は，運動前後に裸で体重を測定する。また，運動中に摂取した液体量を計量する。1時間運動したとして，470mLの液体を飲み，体重が480mL減っているなら，運動中の発汗量は0.95Lとなる。

---

3. 運動が1時間以上で液体サプリメントに炭水化物を入れたければ，一般的には1時間に30〜60gの炭水化物摂取が勧められる。炭水化物濃度6%のスポーツドリンクを1L飲めば，60gの炭水化物が摂取できる（表8.9参照）。
4. 運動後に給水をはかる。運動後の24時間は，失った水分を補うのに，のどの渇きが良い指標となる。また，塩分の入った食品により，汗で失ったナトリウムと塩素が回復する。

Folic Acid　葉酸

分類と用法

　葉酸はB群の必須ビタミンであり，栄養学的エルゴジェニック。葉酸は水溶性ビタミンで，肝臓，全粒穀物，乾燥豆類，緑黄色葉野菜，果物のような天

然の食品に見られる。所要量は成人で1日200μgである。妊婦の場合は，葉酸が出産時の障害を防ぐという理由で，より多い400μgの摂取を勧める栄養学者もいる。

サプリメントは，単独型とマルチビタミン／マルチミネラルとして入手でき，スポーツドリンクにも配合されたものがある。エルゴジェニック効果に関する研究で用いられる量は，1日5mgまでを数カ月である。

SPF

身体的パワー。葉酸補給は，有酸素性エネルギー生産系からエネルギーを得る種目の有酸素性パワーと持久力を高める試みで研究されてきた。

理論

葉酸は，核内の遺伝物質DNAの合成に関与する補酵素として働く。DNAは骨髄での赤血球細胞の再生に必要なので，葉酸補給はトレーニング中の赤血球細胞の補給を容易にすると理論づけられた。

有効性

葉酸不足では，スポーツのパフォーマンスは損なわれるが，栄養状態の良い選手に対して有効なエルゴジェニックであるというデータはない。例えば，葉酸補給は，女性と葉酸欠乏マラソン選手の血清葉酸レベルを改善するが，(a) $\dot{V}O_2max$，(b) 最大トレッドミル走の走時間，(c) 最大乳酸値，(d) AT（LT）における走スピード，の4項目を改善しなかった。

安全性

葉酸は，RDAの何百倍の投与でも安全であるが，そんなに摂取する理由はない。過剰分は，ビタミンB_{12}欠乏の検知を妨害するだろう。

法的および倫理的観点

摂取は合法的かつ倫理的。

推奨

これまでの科学的データに基づけば，葉酸補給は有効でないので使用は勧められない。理想を言えば，ほとんどの選手が丸ごと天然の食品を摂取して，十分量の葉酸をとるべきである。しかし，(a) ウエイトコントロールが必要で超低カロリー食を食べている選手，(b) 出産時障害を防ぎたい妊娠中の女性選手には，葉酸を400μgまで配合されたビタミンタブレットが有効となるだろう。

Ginseng　ニンジン

分類と用法

ニンジンは食事性サプリメントであり，栄養学的エルゴジェニック。ニンジンとウコギ（Araliaceae）科の植物から抽出された天然物の総称である。ニンジン抽出物は，人体に生理的な影響を与える化学物質を含んでいるが，最も重

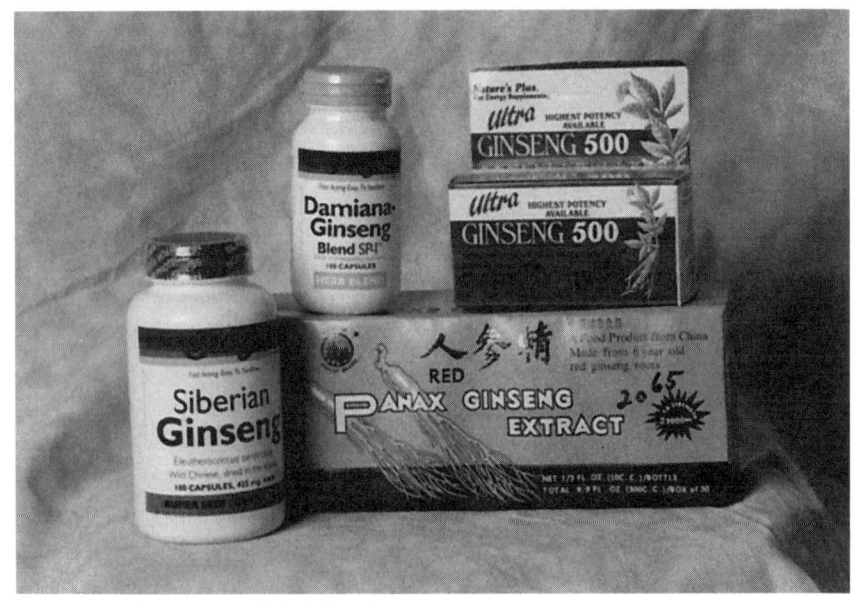

図8.18　さまざまなニンジン製品が利用できる

要なものはグルコシドあるいはジンセノシドである。ニンジン抽出物とその生理的作用は，植物種，用いる部位，栽培場所によってさまざまである。

最も普及しているニンジンは，中国，朝鮮(Panax ginseng)，アメリカ(Panax quinquefolium)，日本（Panax japonicum），ロシア／シベリア（Eleutherococcus senticosus) ニンジンである。ロシア／シベリアニンジンは，ニンジンの正統のものと認められており，そのジンセノシドはエレウテロシドとも呼ばれる。

市販のニンジン薬はカプセルタイプや液体タイプであり，さまざまなものが健康食品店，ドラッグストア，そしてスーパーでも見られる（図8.18）。投与量も種類とタイプにより異なる。研究で用いられる投与量もさまざまだが，通常はニンジン・メーカーの勧めに従っている。市販品は品質管理が悪いために傷ついているかもしれない。50種の市販品を定量した最近の研究では，44種に1.9〜9.0%のジンセノシドがあったが，残り6種では検出できなかったとしている。また，1種にはIOC禁止薬物であるエフェドリンが大量に含まれていた。

SPF

身体的パワー。ニンジン補給は，ATP-CP系，乳酸系，酸素系の3つのエネルギー供給システムからの身体的パワーを増大する試みで研究されてきた。

理論

最も広まっている理論によれば，ニンジンは視床下部-脳下垂体-副腎皮質という軸を活性化させると言われており，ひと言で言えば，視床下部を刺激すると信じられている。視床下部は脳下垂体を制御する。脳下垂体は主要な分泌腺であり，ホルモンを分泌して副腎腺など他の分泌腺を制御する。副腎皮質はストレスに応答するコルチゾールを分泌する。ロシアの研究者は，ニンジンの生理作用を表す時に，アダプトゲンという言葉を用いる。アダプトゲンの主要な作用の一つは，ストレスの異化作用に対する抵抗力を高めることであり，高強度の運動による身体ストレスも含まれており，おそらくアダプトゲンはコルチゾールの分泌に作用するのだろう。

関連した理論では，ニンジン補給は運動後の筋グリコーゲン合成を高め，高強度運動時のクレアチンリン酸（CP）を維持し，運動中の乳酸レベルを抑え，窒素あるいはタンパク質の出納を正にする。まとめていえば，ニンジン補給は，

これらの抗ストレス作用により，選手がより激しくトレーニングをできるようにし，疲れさせず，試合中のスタミナを増やす。このような効果はほとんどの選手にとって好都合である。

他の理論は，有酸素性持久力に対するエルゴジェニック効果を説明するものであり，部分的に視床下部に対する効果による。視床下部は交感神経にも作用し，交感神経は中枢神経系の一部であり，心臓や血管など無数の自律機能を制御している。理論的には，視床下部の刺激は，心臓機能を改善し，運動中の血流を増大する。関連する理論では，ニンジン補給はヘモグロビンレベルを高め，筋肉による酸素利用を高め，ミトコンドリア代謝を高める。まとめていえば，これらの理論は酸素系の2つの要因である酸素の運搬と筋肉での利用を高めることを示唆している。

ニンジン補給のエルゴジェニック効果については無数の理論が説明されているが，メカニズムは解明できていない。

有効性

ニンジン補給に伴い，エネルギーとパフォーマンスが向上するという宣伝文句の多くは，1960～70年代に行われた研究に基づいている。研究は無数にあるが，しっかり制御されたものはほとんどない。研究計画には，対照群やプラセボ群がなかったり，ランダム処理でなく，統計処理していなかったりする。

ロシアの研究者は，特にロシア／シベリアニンジン（ES）に興味を持ち，身体パフォーマンスのさまざまな測定に対するES補給の効果を報告しているが，実際の投与量や方法論が細かく書かれていないので，評価は難しい。私信によれば，ソ連の選手と共に働いていて移民したロシアの内科医は，ES研究では有効であるというデータを出すように圧力をかけられていたと言う。多くの研究は盲検ではないので，ESは有効であると信じていた選手は，プラセボ効果の恩恵にあずかったのだろう。最近の総説でも，ロシアの研究は全て，方法論に問題があるとしている。

ロシア以外の1960～70年代の研究は，他の種類の市販品を調べている。これらの多くも，研究計画が適切ではなく，メーカーや問屋から資金援助されている。良い研究が一つあるが，市販品はエルゴジェニック効果のある他の成分も含んでいる。これらの方法論上の問題に注目した最近の総説で，Michael Bahrke

とWilliam Morganは，ニンジンがパフォーマンスを改善したり延長させると主張するよく制御された研究はないと結論づけている。

この総説に続き，よく制御された4つの研究がエルゴジェニック効果を調べているが，最大下の走運動および最大走運動に対する代謝応答と生理的応答，主観的運動強度（RPE），運動持続時間には有効でなかった。

現状では，よく制御された研究は，ニンジン摂取をエルゴジェニックとは認めていない。

安全性

市販のニンジンは，使用法に従えば毒性は低いようである。しかし，ニンジン濫用症候群が報告されており，高血圧，神経過敏，不眠などの兆候を伴う。これはニンジンの興奮作用あるいは興奮剤エフェドリンなどの他の成分によるものであろう（エフェドリンの項参照）。

法的および倫理的観点

市販のニンジンがエフェドリンのような禁止薬物を含んでいなければ，合法的かつ倫理的。

推奨

パフォーマンスを高める効果を支持する再現性ある科学データがないので，スポーツ・エルゴジェニックとしてのニンジン補給は勧められない。

しかし，ニンジンは何千年も強壮剤として使われてきたので，何らかの恩恵があるのだろう。ほとんどの研究では，6～8週間かそれより短い期間の摂取であるが，いくつかの研究は，長期投与により，ストレスが免疫系に与えるマイナス作用を防げることを示唆している。選手で徹底的に調べられてはいないが，免疫系がより健全であれば，病気やオーバートレーニング症候群を防ぐことができるかもしれない。高血圧など健康上問題がある場合は，ニンジン摂取が悪化させる可能性があるので，長期に摂取したい時は内科医に相談すること。長期使用はニンジン濫用症候群を招くかもしれない。

Glycerol グリセロール

分類と用法

　生理学的エルゴジェニック。グリセロールは，甘く，無色な液体アルコールであり，我々が摂取する脂肪に含まれている。脂肪の加水分解により生産され，食品，咳止め薬，スキンケア製品に用いられる。薬局では，スキンケアコーナーにグリセリンの表示で置いてあり，グリセリン塩としても入手できる。最近ではグリセロール配合のスポーツドリンクも宣伝されている。

　研究で用いる投与量は，体重あるいは体水分量に基づき，体重1kgでは約1gであり，1gを水または同様の液体20～25mLに希釈する。

SPF

　身体的パワー。特に暑熱環境下での有酸素性パワーと持久力を高める試みで研究されてきた。

理論

　グリセロールは，暑熱環境下，長時間運動時の脱水に伴う疲労を防ぐと理論づけられるが，血液量増加など他のメカニズムによってパフォーマンスを向上させるのかもしれない。

　脱水は，長時間の持久的競技のパフォーマンスを損なう。脱水を防ぐため，選手は運動前に多めに水分を補給（過給水）し，運動中も水分補給（給水）を行う。グリセロール摂取は，この過給水効果を高め，身体が水のみによる補給より多くの水を蓄えることができる。グリセロールはまた，運動中の水分補給用のドリンクにも使われる。

有効性

　水分にグリセロールを加えて補給した方が，水だけで過給水をする場合に比べ，血漿量を含む総体水分量を増加させるという理論を支持する研究がある。研究上の知見は大規模なものではなく，また一致したものではない。いくつかの研究により，グリセロール誘発性の過給水は，暑熱ストレス条件下での運動

時の心拍数と深部体温を低く保ち，自転車選手が疲労困憊運動をする場合の有酸素性持久的能力を向上させるようである。逆に，他の研究では，体温調節，運動中の生理的応答あるいは約3時間の自転車運動の仕事量において効果を示さなかった。

安全性

グリセリン製品の表示には，飲まないようにと書いてあるが，前に述べたように希釈すれば安全のようだ。しかし，グリセロールは頭痛や吐き気を引き起こすので，妊娠中や高血圧，糖尿病，腎臓病の患者は，試す前に内科医に相談するべきである。

逸話：1991年の東京での世界陸上選手権は高温多湿の条件下で行われた。4人の米国マラソン選手のうち，グリセロールを使用した2人はゴールし，とらなかった2人は途中で棄権した。
——Andy Burfoot（『ランナーズワールド』主任編集者）

表8.12
グリセロール過給水の1方法

1. 体重を測定する

2. 体重1kg あたり1g のグリセロールを摂取する（70kg なら70g）。

3. グリセロールはグリセリンまたはグリセレートであっても，そのままではなく，飲む前に液体に希釈しなければならない。

4. グリセレートや類似物は表示に従う。グリセリンは5%水溶液にする。50gのグリセリンを1L の水に溶かす。100mL には5g 含まれるので，70kg の選手は1.4L を飲む。

5. 運動の2.5～1.5時間前に飲む。

法的および倫理的観点

　IOCは，グリセロールの血管内注射を禁止しているが，経口摂取は合法である。脂肪は，グリセロールをグリセリドの形で含んでいるが，純粋なグリセロールは通常の食品成分ではない。それゆえ，グリセロール摂取は，IOCのアンチドーピング規定の「人工的かつ不正にスポーツ・パフォーマンスを向上させる目的で，ある物質を異常な量摂取する」に抵触する。選手の見解によって，倫理的にも非倫理的にもなる。

推奨

　限られた研究ではあるが，理論と有効性，先に述べた投与量の範囲での安全性を支持する研究はある。過剰摂取は危険である。グリセロール補給は長距離自転車選手のパフォーマンスを高めたという研究があるが，他の研究ではそのような結果は得られなかった。グリセロール誘発性の過給水については，よく制御された研究がもっと必要である。水分重量が増えることは走効率を低下させるはずなので，走パフォーマンスに対する効果についても研究が必要である。IOCのアンチドーピング規定の意味からすれば，グリセロール摂取は非倫理的である。グリセロールを含む過給水を試してみたい人には，表8.12に1つの方法を示す。

HMB（Beta-hydroxy-beta-methylbuterete）
ベータ-ヒドロキシ-ベータ-メチルブチレート

分類と用法

　栄養学的エルゴジェニック。
　HMBはヒト体内におけるロイシン代謝の副産物である。ロイシンは，食事性タンパク質で天然のアミノ酸成分であり，ヒトでは摂取量に応じて1日に0.2～0.4gのHMBをつくる。HMBはサプリメントとして市販されており，カルシウム-HMB-モノハイドレートとして入手できる。研究に用いられる投与量は，1日に1.5～3.0gを数回に分けるというものであり，3～4等分するのが良いとする科学者もいる。HMBはMTI社が特許権をもっているので，ニセ物（例え

ばヒスチジン，メチオニン，ビタミンB群）をつかまないように，特許番号を確認すること。

SPF
　機械的エッジと身体的パワー。HMBは当初，筋力と体力を向上させるため，あるいはボディビルのような競技でより美しい外見を得るため，筋量を増やし体脂肪を減らす意図で研究されてきた。

理論
　HMB補給が筋量を増やし体脂肪を減らすメカニズムはわかっていないが，研究者は，さまざまな仮説を提唱している。HMBは，何らかの未知のメカニズムを通して，恐らくは細胞成分に取り込まれたり，細胞の酵素活性に影響して，激しい運動中の筋肉組織の分解を阻害すると考えられている。この有力な仮説は，尿と血液のテストによって支持されており，HMB補給後に，運動による筋ダメージの代謝産物が減少する。

有効性
　鳥，牛，豚を含むさまざまな動物実験により，HMB補給は筋量を増やし体脂肪を減らすようである。ヒトの科学的データは少ないが，アイオワ州立大学の3つの予備的研究により，ある程度支持される知見が得られている。
　第1の研究は最もしっかり制御されたものであるが，HMB補給は，3週間のレジスタンストレーニングを始めた一般人の筋量と筋力を有意に増大させた。被験者のHMB摂取量は1日に0，1.5，あるいは3.0gであり，全員が筋量と筋力を増大させたが，HMB群は非投与群より有意に高く，また投与量依存であった。つまり，3.0g投与群の方が1.5g投与群より効果が大きかった。
　第2の研究はしっかり制御されたものではないが，HMB補給（1日3.0g）は，1日に数時間のレジスタンストレーニングを50日間以上にわたって行っている被験者に対して，体重を増やさず，体脂肪を減らさず，3項目の筋力テストのうち2項目については効果がなかった。体組成は研究期間中7回測定されてプラセボ群と比較された。HMB補給は中間期に筋量を増加させたが，研究終了時には効果がなかった。加えて，HMB群はベンチプレスの1RMを有意に増加さ

せたが，スクワットとハングクリーンはプラセボ群と有意な差が認められなかった。

　第3の研究は細かい点はわからないが，HMB補給（1日3.0g）では，4週間のレジスタンストレーニングにより，一般人とトレーニング群両方の，筋量が増え，体脂肪量が減少し，ベンチプレスの筋力が向上した。HMB群は，ベンチプレスの筋力が，プラセボ群よりも55%増大した。他の測定種目においては，HMB群に増加傾向があるものの，有意差はなかった。

　これらの予備的知見は，興味をそそるが，警告も含んでいる。まず，これらの研究は，HMBを開発したのと同じ研究グループによるものである。この研究室は立派なものであるが，データを裏づける他の研究グループによる証拠が必要である。次に，筋力を測定するテストが研究によりばらついており，第1の研究で用いられたものは，一般的なものではない。また，プラセボが真のプラセボと言えないものであったり，多様な筋力テストを行っているのに効果が全てに現れていなかったりする。

　これらの警告によって，研究の重要度が減ることはないが，現在使える情報はまだ予備的なものであり，利用できるエルゴジェニックと見なすには，より科学的なデータが必要である。

安全性

　HMB補給は安全であろう。動物実験では，長期投与によるリスクは認められない。ヒトの研究では，1日に4.0gまでを数週間補給しても，急性の副作用は報告されていない。HMB補給は血清HMBレベルを増加させるが，他の血清成分は変化させない。

法的および倫理的観点

　合法的であり倫理的問題もないようである。

推奨

　HMB補給の有効性は証明し切れていないものの，予備的研究により多少は支持され，安全で合法的で倫理的のようである。レジスタンストレーニングを行う選手は，HMBを補給している間は，その期間の体重，身体組成，筋力を

注意深く測定した方がよいだろう。持久的競技の選手については，激しくトレーニングしている場合は，HMB が筋肉組織の分解を防ぐなら役に立つかもしれないが，有酸素性持久力に対する効果についてはほとんど情報がない。HMB はやや高価なので，費用も考慮すべきかもしれない。

Human Growth Hormone(hGH)　ヒト成長ホルモン

分類と用法

生理学的エルゴジェニック。ヒト成長ホルモン（hGH）は天然のホルモンであり，脳下垂体前葉から分泌される。hGH は骨の成長を刺激するが，炭水化物，脂肪，タンパク質の代謝にも作用する。hGH はタンパク同化ホルモンと考えられている。

以前は，hGH の唯一の供給源はヒトの死体であったが，遺伝子組み替えにより合成型（rhGH）が開発された。rhGH は薬物であるので薬理学的エルゴジェニックであろう。いくつかの調査によると合成型の rhGH が1985年に出現してから，選手の rhGH の使用は増加しており，そのなかには14～15歳の選手もいる。若い男性を対象とした研究では，体重1kg あたり約40μg の rhGH を毎日6週間投与している。投与法は注射である。

SPF

機械的エッジと身体的パワー。rhGH は，主として，筋力と体力を向上させるため，あるいはボディビルのような競技でより美しい外見を得るため，筋量を増やし体脂肪を減らす意図で研究されてきた。思春期と青年期の選手は，身長を伸ばすために rhGH を使うかもしれない。

理論

サプリメントとしての rhGH は，体内の総 hGH 供給を増加させるようにデザインされていて，別のホルモンであるインスリン様成長因子-1の合成を刺激し，これが筋組織の成長に拍車をかける。増加した hGH はまた，脂肪の酸化を加速する。

有効性

hGH欠乏の被験者に投与すれば，rhGH補給はLBMを増加し，体脂肪を減少させる。内因性のhGHが正常レベルの被験者に投与されれば，rhGH補給はLBMを増加させるだろうが，必ずしも筋量，筋力あるいは競技パフォーマンスを増加させるわけではない。いくつかの研究では，hGHが正常レベルの若い男性が強度の高いレジスタンストレーニングを行う時に，rhGH補給の身体組成と筋力に与える影響が調べられている。

磁気共鳴画像法（MRI）によれば，増加したLBMは筋組織ではなく，他の組織（脾臓のような）のサイズが大きくなったか，水の保持によるものであろう。その上，rhGH補給による筋力の改善はみられなかった。いくつかのよく制御された研究でも，レジスタンストレーニングを積んだ選手にrhGH補給をした時に同様な知見が報告されている。

安全性

選手については健康上のリスクに関するデータがないが，成人では脳下垂体前葉からhGHが過剰に分泌されると，末端肥大症や顔，手，足の柔組織の巨大化を伴う。過剰hGHは，肝臓，腎臓，心臓のような器官の肥大化も起こし，これは選手を糖尿病や心筋障害などの慢性疾患にかかりやすくする。rhGHは注射されるので，汚染された注射針から肝炎やAIDSのようなさまざまな感染のリスクも増える。それゆえ，rhGHの使用はいくつかの顕著なリスクをはらんでいるし，これからも選手が増えてrhGHの使用が続けば，近い将来，このようなリスクについて明らかになるだろう。

法的および倫理的観点

rhGH補給はほとんどの競技団体により禁止されており，非倫理的行為とみなされる。rhGH使用は，現在の薬物検査技術では検出できないが，IOCはGH2000という名の研究プロジェクトを立ち上げた。これは，表向きは2000年のシドニー五輪に向けた有効なrhGHテストを開発し実行するというものである。

> 2000年あるいは2004年にはヒト成長ホルモンのテストが可能になっているだろうが，そのときに血液検査は必要とされるだろう。
> ——Gary Wadler, MD.（薬物テストの権威）

推奨

rhGH は hGH 正常者の LBM を増加させるが，筋タンパク質，筋力あるいは競技パフォーマンスが増加するという証拠はない。加えて，rhGH 補給は重大なリスクをはらんでいて，非合法かつ非倫理的である。何人かの選手にとっては，rhGH 補給は，過剰な水分保持やインシュリン抵抗性によりパフォーマンスを損なうかもしれない。よって，rhGH 補給は勧められない。

Inosine　イノシン

分類と用法

イノシンは食事性サプリメントであり，栄養学的エルゴジェニック。イノシンは単体あるいは他のエルゴジェニックと組み合わせた形で販売されている。投与量は，1日5～6g である。

SPF

身体的パワー。イノシンはもともと酸素エネルギー生産系の競技の有酸素パワーと持久力を高める試みで研究されてきたが，宣伝では ATP-CP 系による爆発的パワーを高めるとされてきた。

理論

イノシンは，ヌクレオシドというエネルギー代謝に役割をもつ体内に不可欠な化合物であり，その代謝のいくつかはエルゴジェニックである可能性がある。動物実験と血液貯蔵技術に基づき，スポーツ栄養の企業家は，イノシン補給は筋中の ATP 産生を高め，呼吸を改善し，筋肉への酸素運搬能力を高め，血糖を代謝し，乳酸を緩衝し，有酸素性能力を改善する手段であると宣伝してきた。

これらの効果の多くは，イノシン補給が2, 3-DPG（赤血球に存在し，酸素を細胞に放出するのを容易にする）の生成を増加させるという能力に帰せられる。理論的には，短期のATP産生が高まることは瞬発系の選手には恩恵となり，一方で他の効果は有酸素性持久力のパフォーマンスが高まることになる。

有効性

いくつかの研究は，イノシン補給のもともとの焦点である有酸素性持久能に対する効果を評価してきたが，無酸素性パフォーマンスについても関わりがある。それらの研究はしっかり計画されていて，トレーニングを積んだ選手を用い，二重盲検・プラセボ使用・クロスオーバー法であり，1日5～6gのイノシンが2-5日間投与された。結果を要約すると，イノシン群はプラセボ群と比較して，(a) 2, 3-DPG，(b) 最大下あるいは最大運動での肺換気，心拍，酸素代謝，(c) 血糖と乳酸のレベル，(d) 最大酸素摂取量，(e) 自転車エルゴメータでの最大パワーと総仕事量，(f) 3マイル（約4.8km）走のタイムのいずれにも効果を示さなかった。興味深いことに，2つの研究ではイノシン補給によりパフォーマンスが顕著に損なわれ，漸増法によるトレッドミル走と一定の負荷で超最大強度の自転車スプリントの両方において，疲労に至る時間が短くなった。ある研究グループは，イノシン補給は，有酸素運動においても最終段階を飾る乳酸系の至適エネルギー産生を実際は妨げるのではないかと推測している。

安全性

イノシンは宣伝されている投与量までなら，安全なサプリメントであるが，尿酸を高めるという研究が1つ報告されている。尿酸はイノシン異化の最終産物であり，膝や足首の関節の痛みという痛風性関節炎の徴候を引き出す。

法的および倫理的観点

合法的かつ倫理的。

推奨

エルゴジェニックとしては勧められない。有効性を支持する科学的データがなく，種目によってはパフォーマンスを損ない，痛風性関節炎のリスクを高め

るかもしれないからだ。

Iron 鉄

分類と用法

鉄は必須のミネラルであり，栄養学的エルゴジェニック。食事性の鉄には2種類があり，肉，魚，鳥のような動物性食品はヘム鉄を含み，全粒穀物製品，緑黄色葉野菜，乾燥果物のような植物性食品には非ヘム鉄が含まれる。所要量は成人男性で10mg，十代の男性で12mg，女性は成人，十代ともに15mgである（日本人の場合は，それぞれ10mg，12mg，12mg，12mg，）。

サプリメントは，フマル酸第一鉄や硫酸第一鉄のような鉄塩として入手できる。研究に用いられる投与量は，被験者の鉄の栄養状態によってさまざまである。

SPF

身体的パワー。鉄サプリメントは，主として酸素エネルギー系からエネルギーを得る種目の有酸素性パワーと持久力を高める試みで用いられてきた。

理論

鉄は，赤血球細胞中のヘモグロビン，筋肉細胞中のミオグロビン，そしてミトコンドリア内のいくつかの酸化酵素の成分である（図8.19参照）。ヘモグロビンとミオグロビンは酸素の運搬体であり，鉄を含む酸化酵素は酸素エネルギー系でATPを産生するのに不可欠である。理論的には，鉄摂取は，酸素エネルギー系の機能を最大限に高め，有酸素性持久的運動のパフォーマンスを向上させるようにデザインされている。

> ツール・ド・イタリーにおいて，偉大なアメリカの自転車選手 Greg LeMond は振るわなかった。トレーナーは彼に鉄欠乏であると示唆した。数日間の鉄注射により，鉄欠乏は改善されはじめ，最後のトライアルで優勝した。彼の鉄欠乏はその後も改善を続け，約1カ月後のツール・ド・フランスでも優勝した。

有効性

　選手の鉄の栄養状態に関連した疫学的研究は，3種類の状況を示している。ほとんどの男女の選手はヘモグロビンレベルと貯蔵鉄ともに正常であった。男子持久的競技選手数名，女子競技選手数名，および多くの女子持久的競技選手はヘモグロビンレベルは正常であったが，貯蔵鉄が低下しており，貧血ではないが鉄欠乏の状態であった。女子選手の数人，とりわけ長距離ランナーはヘモグロビン，貯蔵鉄ともに低値を示し，鉄欠乏性貧血の状態であった。

　鉄サプリメントが3条件のパフォーマンス改善のために用いられた。予想されたように，鉄欠乏性貧血群はヘモグロビンが正常になると運動パフォーマンスも正常に戻った。一方，正常群に対する鉄補給の効果は認められなかった。

　貧血でない鉄欠乏群の結果は矛盾したものであった。ほとんどの研究において，鉄補給は鉄の栄養状態は改善するが，VO2max と運動パフォーマンスは向上させないことが明らかになっている。しかし，いくつかの研究では，貧血で

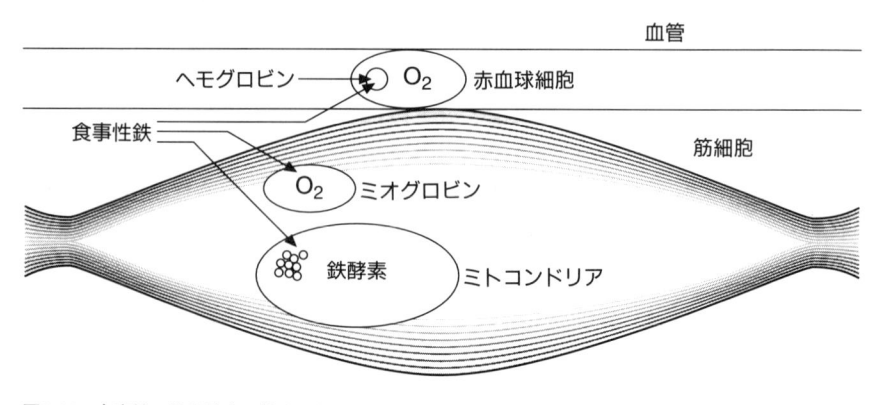

図8.19　食事性の鉄は酸素の輸送と利用に必要である

表8.13
食品交換表中の一般食品とファストフードの鉄含有量

牛乳
　低脂肪牛乳（脂肪1％）1カップ＝1mg
　無脂肪ヨーグルト1カップ＝0.2mg

肉／魚／鳥／チーズ
　スイスチーズ1オンス（約28g）＝0.05mg
　赤身ステーキ1オンス（約28g）＝1mg
　小エビ1オンス（約28g）＝0.3mg

パン／シリアル／豆類／デンプン質の野菜
　全粒小麦パン1枚＝0.85mg
　焼いた豆1カップ＝0.7mg
　コーン1カップ＝1.4mg

野菜
　調理したブロッコリー1カップ＝1.3mg
　調理したほうれん草1カップ＝6.4mg

果物
　バナナ1本＝0.3mg
　レーズン1/4カップ＝0.8mg

ファストフード
　バーガーキング・BKブロイラー1個＝3.2mg
　ウェンディーズ・クォーターパウンドハンバーガー1個＝4.7mg

ない女子選手が鉄補給で正常な鉄栄養状態に戻ると，運動中の筋肉の酸化的代謝に関する指標が改善され，走パフォーマンスが向上するという。にもかかわらず，最近の総説では，鉄欠乏だが貧血ではない選手に鉄補給をさせても身体パフォーマンスは向上しないと結論づけている。

　まとめると，鉄補給は，鉄欠乏性貧血が治るというだけで，運動パフォーマンスを向上させることはないようだ。しかし，鉄欠乏で貧血ではない選手個人レベルでは，筋肉中の酸化機能が改善されることで恩恵を受けるということは

安全性

所要量の範囲内であれば，安全だろう。黒い便は一般的であり，便秘，下痢が起きるかもしれない。1000人中2,3人は，血色素症になるが，これは体内，特に肝臓に過剰に蓄積した場合であり，肝硬変になり，死亡する可能性がある。

法的および倫理的観点

合法的かつ倫理的。

推奨

一般に，鉄補給は，ヘモグロビンと貯蔵鉄が正常レベルにある選手にとっては，パフォーマンスを改善しないので，勧められない。

ヘモグロビンや鉄栄養状態が心配な選手は，スポーツ外来で血液検査を受けるべきである。鉄欠乏が明白なら，適切な鉄治療が処方されるだろう。加えて，高所トレーニングに行こうという選手は，鉄処方が必要だろう。高所トレーニングは新しい赤血球の形成を刺激し，それにはヘモグロビンをつくるための鉄がより多く必要だからである。

理想的には，ほとんどの選手が表8.13に記述したヘム鉄と非ヘム鉄を豊富に含む食品を選び，食事から十分量の鉄を得るようにすべきである。肉に含まれるヘム鉄は，非ヘム鉄より吸収が良いが，非ヘム鉄はビタミンCにより吸収が良くなる。朝食ではトーストといっしょにオレンジジュースを飲むことである。

食品の選択がうまくできない場合は，1日1錠のミネラル錠剤が（a）肉製品を控えている選手，（b）ウエイトコントロールが必要なスポーツの選手，（c）女子持久系競技選手などでは，有効となるだろう。このような場合は，通常の食事に加えて10〜15mgのサプリメントを用いる方法が勧められる。錠剤の代りに，朝食シリアルにも，1食あたり10〜15mgの鉄を強化したものがある。無造作に所要量以上の量を摂取してはいけない。

Magnesium　マグネシウム

分類と用法

　マグネシウムは必須のミネラルであり，栄養学的エルゴジェニック。マグネシウムはさまざまな食品の天然の成分であり，特にナッツ，シーフード，全粒穀物製品，緑黄色野菜，果物，野菜に豊富である。アメリカの所要量は，男性で350mg，女性で280mgである（日本人の場合，それぞれ約300ml，約250mg）。マグネシウムサプリメントには，クエン酸マグネシウム，炭酸マグネシウムなどさまざまなタイプがある。通常の摂取量の2倍にするため，200〜300mgのサプリメント補給を行った研究もある。

SPF

　機械的エッジと身体的パワー。マグネシウムサプリメントは，筋肉量を増加させることによってATP-CP系のパワーを向上させる試みで研究されてきた。さらに，マグネシウムサプリメントは酸素エネルギー系が関係するスポーツの有酸素性パワーや持久力を向上させようとして研究されている。

理論

　マグネシウムは300以上の酵素反応で働いており，この反応の多くが糖質，脂肪，タンパク質の代謝に関与している。マグネシウム補給は，理論的にはタンパク質の合成を高め，特に筋量を増加して筋力とパワーを向上させる。マグネシウム補給はまた，糖質と脂肪の代謝も高めると理論づけられるので，持久的能力にも貢献する可能性がある。

有効性

　一般に，トレーニングを積んだ選手でマグネシウムの栄養状態が適切であれば，マグネシウム補給がスポーツパフォーマンスを向上させることを支持する研究はない。トレーニングしていない人を対象にした1つの研究では，7週間のマグネシウム補給とレジスタンス・トレーニングにより，筋力の向上が報告されているが，トレーニングを積んだマラソンランナーでは10週間のマグネシウ

表8.14
食品交換表の普通食品とファストフードの マグネシウム含有量

牛乳
　低脂肪牛乳(1%脂肪) 1カップ＝34mg
　ノンファットヨーグルト 1カップ＝43mg

肉／魚／鳥／チーズ
　スイスチーズ 1オンス(約28g)＝10mg
　赤身ステーキ 1オンス(約28g)＝9mg
　エビ 1オンス(約28g)＝10mg

パン／シリアル／豆／デンプンの多い野菜
　全粒小麦パン 1枚＝23mg
　焼いた豆 1カップ＝81mg
　コーン 1カップ＝30mg

野菜
　調理したブロッコリ　1カップ＝37mg
　調理したホウレンソウ　1カップ＝157mg

果物
　バナナ 1本＝33mg
　レーズン 1/4カップ＝12mg

ファストフード
　バーガーキングのBKブロイラー　1個＝29mg
　ウエンディーズのクォーターパウンダー　1個＝49mg

ム補給でも筋力の向上は認められていない。
　もう一つの研究では，マグネシウム補給がランニングとボートのエネルギー効率を向上させたことが報告されているが，これらの研究では酸素消費と乳酸産生が低下したものの，パフォーマンスの向上は認められていない。他の研究では，マラソンなど有酸素運動に対する効果は示されていない。
　ある専門家によれば，これらの研究の中には，マグネシウムの栄養状態が不明のものがあるので，マグネシウム不足で筋肉が弱っていたとすれば，補給に

より筋肉パフォーマンスが向上した可能性もあると言う。

安全性

所要量レベルまでの補給は安全だが，過剰に摂取すると，吐き気，むかつき，下痢を起こしたり，カルシウムや他の必須ミネラルの吸収を阻害するだろう。

法的および倫理的観点

合法的かつ倫理的。

推奨

一般的にいって，マグネシウム補給はパフォーマンスを向上させないので，エルゴジェニックとして勧められない。

理想的には，選手は，表8.14のマグネシウムが豊富な食品を選んで，食事から十分なマグネシウムを摂取するのが望ましいが，それができない場合やウエイト・コントロールが必要なスポーツの選手では所要量レベルの280〜350mgのマグネシウムを含むサプリメントを用いると良い。

Marijuana マリファナ

分類と用法

薬理学的エルゴジェニック。マリファナは cannabis sativa という植物（図8.20）の断片，乾燥葉，花，茎からつくられ，これはデルタ-9-テトラヒドロカンナビノール（THC）という精神に影響する物質を含んでいる。マリファナはタバコに混ぜて吸うのが一般的で，経口的に摂取されるであろう。代表的な1.5gのマリファナタバコは THC が1.5%なので，約21mg の THC を含み，薬理作用には十分である。身体的パフォーマンスは，マリファナを吸ってから10分-24時間後に測定される。

SPF

精神力。マリファナは，補足的な刺激作用あるいは鎮静作用に影響を受ける

図8.20 マリファナ葉は精神作用物質デルタ-9-テトラヒドロカンナビノールの供給源である。
ⓒTerry Wild Studio

さまざまな SPF を高めるために研究されてきた。

理論

　マリファナは，脳内のいくつかの神経伝達物質の機能に影響すると信じられている。これらの神経伝達物質の相互作用による合成効果が精神的覚醒あるいは精神的弛緩（リラクゼーション）の特性を示す。

　精神的覚醒は交感神経様薬作用の反映であり，これはいくつかの生理学的で

おそらくエルゴジェニックな応答を伴うが，それには気管支拡張作用と筋肉への血流の増加が含まれる。

精神的弛緩は正確さが要求されるスポーツ・パフォーマンスを高めるが，これは神経-筋の制御に対する不安という逆効果が軽減されたからである。

有効性

マリファナの使用が，何らかのSPFを高めるという研究はない。実際，研究ではマリファナのヘビースモーカーは，喫煙直後と24時間後いずれでも，複雑な知覚パフォーマンスを損なうことが示されている。マリファナ喫煙はまた，運動に対する心拍応答を損なわせ，これは自転車のパフォーマンスが6.2％損なわれることにつながっている。

安全性

中心的な研究者がマリファナのことを比較的安全な社交的薬物であると言っても，知られていることは限られているので健康上のリスクの可能性を除外することはできない。報告されたものとしては，喫煙に伴う呼吸の問題，細胞性免疫応答の損失，生殖機能の低下，男子選手にとっては女性の胸が大きく見えるなどがある。加えて，マリファナ使用は自動車の運転能力を損なう。

法的および倫理的観点

マリファナは，IOCやUSOCでは禁止されていない（注・1998年長野五輪以降禁止）薬物だが，多くのスポーツ競技団体が禁止しており，要求に応じて検査される。そして，検査で陽性になると制裁が加えられる。その他NCAAのような競技団体では，おそらくマリファナの非合法性から使用を禁じている。スポーツ・パフォーマンスと関連させての使用は，それが禁止されていなければ，非倫理的とは見なされないが，その所有と使用が多くの国では犯罪とみなされるので，マリファナ使用はやはり非倫理的であろう。

推奨

研究によれば，マリファナ使用はパフォーマンスを損なわせるが，高めることはなかった。加えて，マリファナの社交目的での使用は，無気力症候群を伴

い，スポーツの身体トレーニングとメンタルトレーニングの効果を損なわせる。さらにマリファナの使用は，健康上のリスクを高め，犯罪である。これらの理由から，選手がエルゴジェニック目的あるいは社交目的でマリファナを使用することは勧められない。

Multivitamin/Mineral Supplements
マルチビタミン・ミネラルサプリメント

分類と用法

栄養学的エルゴジェニック。典型的な1日1錠のサプリメントは，ほとんどすべてのビタミンとミネラルを所要量の100%含んでいる。他には特定のビタミン・ミネラルを含むものがあり，8種のビタミンB群，3種の抗酸化ビタミンあるいは特定のエルゴジェニック目的で組み合わされたビタミン・ミネラルなどである。メガドース型カプセルが一般的であり，しばしば所要量の何倍ものビタミンやミネラルを含む。他にはクレアチンやコリンなどの成分を含む製品もある。スポーツドリンクやバーにもマルチビタミン・ミネラルを含むものがある。

SPF

身体的パワーと精神力。マルチビタミン・ミネラルのサプリメントは，ヒトの3種のエネルギー系であるATP-CP系，乳酸系，酸素系に由来するあらゆるタイプの身体的パワーを高める試みで用いられる。加えて，チアミンと他のB群は，鎮静作用により精神力を高めるために用いられる。

理論

ビタミンとミネラルは，人体のほとんど全ての代謝過程に関与し，表8.15にまとめたように多くがパフォーマンスにとって重要である。補酵素として働いたり，運動パフォーマンスに重要な他の代謝的役割にあって，ビタミンとミネラルは，(a) ヒトの3種のエネルギー系を適切に機能させるのに不可欠であり，(b) 酸素運搬のための赤血球合成に必要であり，(c) 筋タンパクの合成に関与

表8.15
スポーツパフォーマンスにおけるビタミン／ミネラルの役割

ビタミン／ミネラルの種類	アメリカにおける成人の所要量あるいはESADDI（　）内は日本人のもの	スポーツパフォーマンスにおける代謝的役割
ベータカロチン（ビタミンA）	5,000(1,800-2,000)IU	抗酸化物、筋肉組織のダメージを防ぐ
ビタミンE（d-トコフェロール）	12-15(8-10)IU	抗酸化物、赤血球のダメージを防ぐ。有酸素性エネルギー生産の促進
チアミン（ビタミンB_1）	1.1-1.5(0.8-1.1)mg	炭水化物からのエネルギー生成、ヘモグロビンの生成、神経系機能の適正化
リボフラビン（ビタミンB_2）	1.3-1.7(1.0-1.2)mg	炭水化物および脂質からのエネルギー生成
ナイアシン	15-19(13-17)mg	無酸素的および有酸素的な炭水化物からのエネルギー生成、脂肪組織からの遊離脂肪酸の放出を抑制
ピリドキシン（ビタミンB_6）	2.0-2.2(1.2-1.6)mg	炭水化物からのエネルギー生成、タンパク質の生成、ヘモグロビンおよび酸化酵素の生成、神経系機能の適正化
ビタミンB_{12}	2(2.4)mcg	DNA代謝に関与、赤血球の生成
葉酸	200mcg	DNA代謝に関与、赤血球の生成
パントテン酸	4-7(5)mg	炭水化物および脂質からのエネルギー生成
アスコルビン酸（ビタミンC）	60(100)mg	抗酸化物、鉄の吸収増加、エピネフリン（アドレナリン）の生成、有酸素性エネルギー生産の促進、結合組織の形成、免疫系機能の強化
カルシウム	800-1,200(600-700)mg	筋肉の収縮、グリコーゲンの分解
リン（リン酸塩）	800-1,200(700)mg	ATPおよびCPの生成、赤血球からの酸素の放出、細胞間緩衝作用
マグネシウム	280-350(250-320)mg	筋骨組織の材料、筋肉組織における糖質代謝の活性、タンパク質代謝の活性化に働く
鉄	10-15(10-12)mg	赤血球による酸素の運搬、筋肉細胞による酸素の利用
クロム	50-200(20-35)mcg	インスリン機能の活性化
セレン	65-80(40-60)mcg	細胞の抗酸化作用の活性化
バナジウム	Not established	インスリン機能の活性化

IU=国際単位　mg=ミリグラム　mcg=マイクログラム

し，(d) さまざまな神経伝達物質の形成に必要とされ，(e) 抗酸化作用の力がある。理論的には，これらの代謝的機能をマルチビタミン・ミネラル摂取が高めるなら，あらゆるパフォーマンスが改善されるはずだ。

有効性

最近のしっかり制御された4つの研究から，マルチビタミン・ミネラル補給はパフォーマンスを向上させないことが示された。最も包括的な研究では，オーストラリア・スポーツ研究所（AIS）でトレーニングする国内で高いレベルの選手を，性別とパフォーマンスで揃え，プラセボ群と投与群に割り当てられた。マルチビタミン・ミネラルのサプリメントを1日に所要量の100〜5,000%の範囲で8カ月摂取させたが，筋力，無酸素性パワー，有酸素性持久力，そのスポーツに特異的なパフォーマンステストなどの統一テストでエルゴジェニック効果はみられなかった。スポーツ栄養に関するローザンヌでの合意会議では，国際的なスポーツ栄養学者が，質・量とも十分な食事をしている選手にはマルチビタミン・ミネラルのサプリメントは必要でないと結論づけた。

いくつかの研究により，かなりの量の特定のビタミンB補給が，ある環境ではエルゴジェニックとなる可能性が示唆されている。同じ研究者による2つの研究により，ビタミンB_1，B_6，B_{12}摂取がピストル射撃の正確さを向上させることを認めている。大量に（各120〜600mg）用いると，セロトニンのような神経伝達物質の合成を高めると理論づけられ，リラックスと不安解消作用を引き起こす。手の震えのような不安が減少すれば，射撃の正確さが改善される。

他の研究者は，B_1，B_2，B_6，B_{12}，ナイアシン，パントテン酸を含むサプリメントが，暑熱環境下で少年がトレーニングする時の反復スプリント・パフォーマンスを改善したことを報告している。ビタミンB群は水溶性なので，かなりの量が汗によって排泄されたため，プラセボ群のパフォーマンスを損なわせたのであろう。

安全性

所要量レベルのサプリメントは安全だが，特定のビタミン（A,D，ナイアシン，B_6）と多くのミネラルを所要量以上含むサプリメントを長期的に使用する場合は，重大な健康上のリスクが主張されている。

法的および倫理的観点

合法的かつ倫理的。

推奨

科学的データに基づけば，マルチビタミン・ミネラルのサプリメントは，ほとんどの選手には有効なエルゴジェニックではないので勧められない。十分な量と質を含む天然の食品を選べば，ほとんどの選手に十分量のビタミンとミネラルが保証される。しかし，食物の選択がうまくできない時には，(a) ウエイトコントロールがあるスポーツの選手，(b) 限られた食品しか取らない厳格な菜食主義の選手，(c) 主に加工食品からかなりのカロリーを摂取する選手は，所要量の範囲内でほとんどのビタミンとミネラルを含むマルチビタミン・ミネラルのサプリメントを摂取した方が良い。

Narcotic Analgesics　麻薬性鎮痛剤

分類と用法

薬理学的エルゴジェニック。麻薬性鎮痛剤は，痛みを抑えるようにデザインされた処方薬である。モルヒネとその類似物は抑制剤に分類されるが，特定の投与量では多幸感や興奮作用も引き出す。少量の麻薬性鎮痛剤が咳止めとして感冒薬に含まれている。

SPF

精神力。麻薬性鎮痛剤は，さまざまな方法で中枢神経系に作用するが，主として補足的な鎮静，弛緩，抑制効果に影響するような SPF を高めるために用いられてきた。

理論

麻薬性鎮痛剤は，選手の痛みの感覚を抑えることにより，通常の痛みの閾値を越えて運動することを可能とし，さまざまな試合のパフォーマンスを高めるのに恩恵を与える。加えて，麻薬性鎮痛剤は不安を軽減するので，過剰な不安

が正確な運動制御にマイナスの影響を与える，ピストル射撃やアーチェリーのようなスポーツのパフォーマンスを高めるだろう．

> 薬物の目的は Butkus（プロ代表のフットボール選手）のひざの痛みをなくし，プレーができるようにすることだった．
> ——Joseph Nocera（『スポーツ・イラストレイテド』誌・記者）

有効性

　強い痛みに耐えることがパフォーマンスに関係するスポーツでは，おそらく麻薬性鎮痛剤の使用でパフォーマンスが高まるだろうが，ヒトでのデータはほとんどない．研究によれば，モルヒネは厳しい寒冷ストレスにさらされた非鍛練マウスの，疲労困憊に至る遊泳時間を増加させたことが示されているが，よく鍛練するとこの効果は見られなくなった．

　いくつかの研究により，モルヒネとその類似体の1つで，ヒトの有酸素運動に対する心臓循環応答，呼吸応答，代謝応答に与える影響が調べられた．一般的にいって，これらの研究の結果から，麻薬性鎮痛剤はパフォーマンスを損なうことが示唆された．トレーニングを積んだ選手を使った標準化されたトレッドミル走による研究では，モルヒネ類似物は酸素消費量を増大させたが，これはランニング効率が低下したことを意味しており，研究者はランニングの協応機能に障害が生じたと結論づけた．麻薬性鎮痛剤の副作用の一つは脚が重く感じることであり，これが選手の協応性を低下させるのだろう．

安全性

　選手が麻薬性鎮痛剤を使用するのは，いくつかの理由で危険である．第1に，痛みの閾値が上がれば，選手はけがを認識できず，運動し続ければより深刻になる．第2に，麻薬性鎮痛剤は心理的にも身体的にも常用性の薬物で，社会的にも健康上も深刻な結末が待っている．第3に，過剰使用は呼吸系を抑制し，致命的となる．

> NFLの花形クォーターバック Brett Favre は麻薬性鎮痛剤ペイン・キラー依存となった。これによって，発作を起こして結果的に命を落とすかもしれない
> ——Peter King（『スポーツ・イラストレイテド』誌・記者）

法的および倫理的観点

　麻薬性鎮痛剤の使用は，ほとんどの競技団体で禁止されており，非倫理的行為と見なされる。選手の尿から，麻薬性鎮痛剤の代謝産物を検出する薬物検査は有効である。禁止されている麻薬性鎮痛剤と OTC 薬（興奮剤も含むので，興奮剤に分類）のリストは巻末の付表に示されている。麻薬性鎮痛剤の非合法の所持と使用は，犯罪となる。

推奨

　麻薬性鎮痛剤の使用は，非合法かつ非倫理的であり，健康上のリスクを著しく高めるので，スポーツ・エルゴジェニックとして勧められない。また，科学的証拠に基づいても，麻薬性鎮痛剤の使用はパフォーマンスを高めない。

　合法的で安全な薬物が痛みの処置に利用できる。選手は内科医に適当な代替薬について相談すべきである。OTC 薬で ibuprofen のような非ステロイドの抗炎症剤は小さな痛みを和らげるのには役立つだろうが，長期にわたって使用すると，胃腸の出血のような健康上のリスクを伴う。

Niacin　ナイアシン

分類と用法

　ニコチン酸としても知られる必須ビタミンB群の一種で，栄養学的エルゴジェニック。ナイアシンは水溶性ビタミンで，自然の食品の中でも高タンパクの肉，魚，鳥，豆類，全粒穀物，栄養強化パン，シリアルに含まれている。ナイアシンの所要量は摂取カロリーによるが，およそ男性で19mg，女性で15mgである。ナイアシンのサプリメントは単独としてもマルチビタミン／マルチミ

ネラルの成分としても入手できるし，スポーツドリンクにはナイアシンを強化したものがある。ナイアシンのエルゴジェニック効果の研究では，1日50～3,000 mgが数週間投与されている。

SPF

　身体的パワー。乳酸系と酸素系由来のエネルギーを使うスポーツ種目のパワー持久力と有酸素性パワーを向上させる目的で研究されてきた。

理論

　ナイアシンは細胞内のいくつかのエネルギー産生過程で補酵素として機能するが，それは，無酸素性解糖系を通じてのエネルギー産生やミトコンドリアでの酸化的酵素反応である。ナイアシン摂取が筋細胞のエネルギー産生過程を高めるなら，高強度の無酸素性種目も長時間の有酸素性持久的種目も理論的に改善されることになる。加えて，ナイアシン補給は皮膚への血流を増加させ，運動中の発汗率を低下させるかもしれない。体液の保持は，暑熱環境条件での長時間の有酸素性持久的運動を高める。

有効性

　ナイアシン不足はスポーツパフォーマンスを損なうが，最近のいくつかの総説では，ナイアシン補給は十分な栄養を取っている選手には有効なエルゴジェニックとはならないと結論づけている。例えば，ナイアシン補給は，10マイル（約16km）走や自転車で2時間運動した後の3.5マイル（約5.6km）走のタイムトライアルのパフォーマンスを向上させなかった。むしろナイアシン補給はパフォーマンスを低下させるかもしれない。ナイアシンは，運動中の脂肪組織からの遊離脂肪酸（FFA）の放出を妨げる。FFAは筋グリコーゲンの使用を節約する有益なエネルギー源である。研究により，筋グリコーゲンレベルが低い時は，ナイアシン補給は早期の疲労を招くことが明らかにされている。

安全性

　所要量の範囲内でのナイアシン補給は安全であるが，多量に使用すると，頭痛，吐き気，赤面，皮膚のかゆみを伴うかもしれない。慢性的使用は肝臓にダ

メージを与えるだろう。

法的および倫理的観点

合法的かつ倫理的。

推奨

入手できる科学的証拠に基づくなら，ナイアシン補給は有効なエルゴジェニックではなく，パフォーマンスを損ない，副作用をもたらすので，使用は勧められない。ナイアシン必要量は，エネルギー消費量の増加に応じて増え，これはほとんどの選手にあてはまることである。赤身の肉，全粒穀類，強化パンやシリアルなど健康に良い自然の食品を選べば，たいていの選手のナイアシン摂取は十分保証される。ウエイトコントロールが必要な競技で，超低カロリー食を取っている選手は，ナイアシンの所要量を100％にする代表的な1日1錠のビタミンサプリメントの摂取を考慮すると良い。

Nicotine　ニコチン

分類と用法

薬理学的エルゴジェニック。ニコチンは興奮剤に分類される社交的薬物である。タバコ葉に由来し，人体にはたばこ，無煙たばこ，ニコチンガム，ニコチンパッチにより入ってくる。1gのタバコは，10～20mgのニコチンを含み，薬理的効果を引き出すには十分である。ニコチンガムとパッチからはより少ない量が入ってくる。たばこを吸うと，ニコチンは10秒以内に脳に到達するが，他の方法でも30分までには到達する（図8.21）。

SPF

精神力と身体的パワー。ニコチンは，補足的な刺激効果によって影響を受けるさまざまなSPFを高めるために研究されてきた。興奮剤としては，ニコチンは身体的パワーの全てに影響するだろう。

図8.21　ニコチンの興奮作用を求めて無煙タバコを噛む選手もいる　©UPI/Corbis-Bettmann

理論

　興奮剤としてのニコチンは，いくつかの方法によって脳に影響を及ぼす。ニコチンは，反応時間，視覚の鋭敏さ，覚醒など，野球のような知覚神経活動のパフォーマンスを高める全ての要因を含む神経機能を高めると理論づけられる。加えて，ニコチンは交感神経様薬の作用を心臓血管系，呼吸系，筋系など全身に引き起こし，その応答は無酸素的および有酸素的な持久力を高めるだろう。

有効性

　身体パフォーマンスに対するニコチンの効果は，喫煙と無煙タバコの急性使用を通して研究されてきた。研究上の知見ははっきりしていないが，一般に反応時間，運動時間，筋力，無酸素的および有酸素的な持久力を高めるというエ

ルゴジェニック効果を支持しなかった。しかし，視覚と聴覚の反応性のような中枢神経系の覚醒テストにおいて，ニコチンはパフォーマンスを高めることを示唆する研究もある。もし真実なら，野球やテニスのような刺激の急速な変化が要求されるスポーツに有効であろう。逆に，ニコチンがこれら2つのスポーツでは逆効果になるような手指の安定性を損なうとする研究もある。

安全性

ニコチンは頻繁に用いるのでなければ安全だろうが，人によっては不整脈を起こす。ニコチン使用は習慣性があり，頻繁に用いると深刻な健康上のリスクが高まる。慢性の喫煙は，心臓病，肺閉塞症，肺癌を含む大きな病気を引き起こす。無煙たばこの慢性使用は，たばこの当たっている場所に白斑症を起こし，これは口内癌に発展する可能性がある。ニコチンガムとパッチは，たばこや無煙たばこを止めるには効果的な方法である。

法的および倫理的観点

IOCは興奮剤の使用を禁止しているが，ニコチンは禁止薬物リストには含まれていない。これはニコチンが世界中で社交的薬物として使われており，一般的にはエルゴジェニックの性質を持たないからであろう。それでも，スポーツ・パフォーマンスを高めるためにニコチンを用いるのは，IOCのアンチドーピング規定の「人工的かつ不正にスポーツ・パフォーマンスを向上させる目的で，ある物質を摂取する」には抵触するので，非倫理的のようである。

推奨

ニコチンは合法的で，時々用いるなら安全であるが，ほとんどのSPFに対して有効性を示さない。しかし，多くの野球選手は日課のように無煙たばこを用いており，これは中枢神経系を覚醒させるためであろう。ところが無煙たばこの慢性使用は，健康上のリスクを伴い，エルゴジェニック効果を上回るものである。将来の研究により，ニコチンが有効であるということになれば，そのときはニコチンガムとパッチが最も安全だろう。先に述べたように，ニコチンをスポーツ・エルゴジェニックとして用いるのは，倫理的違反と見なされよう。

Omega-3 Fatty Acids　オメガ-3脂肪酸

分類と用法

　栄養学的エルゴジェニック。オメガ-3脂肪酸は，多価不飽和脂肪酸の特別なものであり，天然の植物にも動物にも含まれているが，特に魚油に多い。主なものは，エイコサペンタエン酸（EPA）である。

　市販サプリメントとしては，カプセル型か液体型で入手できるが，さまざまなバーやドリンクにも含まれている。研究で用いられる投与量は，1日約4gを数週間である。

SPF

　機械的エッジと身体的パワー。オメガ-3脂肪酸は，筋力とパワーを増加させる目的，あるいは有酸素性パワーと持久力を向上させる目的で用いられてきた。

理論

　オメガ-3脂肪酸やその代謝副産物であるさまざまなエイコサノイドは，局所ホルモンとして働き，いくつかのエルゴジェニック効果があるものと理論化されるだろう。①エイコサノイドの中にはヒト成長ホルモンの分泌を高めるものがある。②オメガ-3脂肪酸は赤血球膜に取り込まれ，粘性を抑えて血管内の移動を容易にする。それというのも，エイコサノイドの中には血管拡張作用を惹起するものがあり，筋肉当たりの血管のサイズを太くするからであろう。これらの効果は，運動中の筋肉への酸素の運搬を増加させ，有酸素運動のパフォーマンスを高めるだろう。③エイコサノイドは抗炎症作用を生み出し，強度の高いトレーニングからの回復を容易にする。

有効性

　筋サイズと筋力，有酸素性の能力やパフォーマンス，高強度の運動からの回復のいずれにも摂取効果があるという再現性ある科学的データがないので，有効とは言えない。あるしっかり計画された研究ではトレーニングとオメガ-3脂肪酸摂取との相互作用が調べられたが，トレーニングにより $\dot{V}O_2max$ は向上し

たものの，それ以上の補給効果はなかったとしている。

安全性

オメガ-3脂肪酸は，他の健康的な食事を補足するために少量だけ摂取するなら安全である。より多量に摂取すると妊娠期間が長くなり，人によっては害となる。

法的および倫理的観点

合法的かつ倫理的。

推奨

オメガ-3脂肪酸摂取は，有効なエルゴジェニックとは言えないので，使用は勧められない。

EPA摂取を増やしたいと考える選手は，食事でもっと魚（特にサケ，イワシ，サバ，マグロ）を食べるようにする。植物の供給源としては，キャノーラ油や小麦胚芽油がある。

Oxygen Supplementation and Breathing Enhancement
酸素補給と呼吸亢進

分類と用法

生理学的エルゴジェニック。酸素は私たちが呼吸する空気に自然に含まれており，人間が生きるために不可欠である。大気は酸素を20.9%含むが，特別な缶を用いれば，100%までの酸素を吸うことができる。いくつかのスポーツ雑誌は，フェイス・マスク付きの酸素缶を宣伝しており，それは0.45kgの重さで運動強度に応じて十分な酸素を3～20分間供給する。ランニング中も手で運べるし，自転車やボートでは背中に縛りつけておく。さまざまな濃度の酸素補給が，そのパフォーマンスと回復に与える効果を決定するため，運動前・運動中・運動後に選手に供給されている。

いくつかの呼吸法が，運動中の酸素摂取を高めるために用いられており，鼻

バンドもその一つであり，最もよく知られているのは Breathe Right である。Breathe Right 鼻バンドは，プロフットボール選手によって広く使われているが，ランニングや自転車の雑誌に宣伝されている。過換気とブレスプレイとして知られる特異的な呼吸パターンは，あるスポーツで有益かもしれない。

SPF

身体的パワー。酸素補給およびそれと関連する呼吸法は，主として酸素系からエネルギーを得る競技の有酸素性パワーと持久力を高めるために用いられてきたが，他のスポーツ，特に回復時間が短い間欠的高強度運動の関与するスポーツでも用いられる。

理論

酸素は酸素系の鍵となる要素である。私たちが呼吸する空気は，約20%の酸素を含むが，酸素補給は50%かそれ以上の高濃度の酸素を，運動前・運動中・運動後に供給するよう設定されている。運動前の酸素補給は，呼吸が必要となる時間を遅らせるので，水泳選手にとっては息継ぎによる推進力に対する抵抗を減速させるために重要である。運動中の酸素補給は，筋組織に運ぶ酸素量を増加させ，有酸素性持久的競技のパフォーマンスを高める。高強度無酸素性運動後の酸素補給は，引き続いて行う運動のための回復を容易にするだろう。

バネ状鼻バンドは鼻腔を広げる試みで鼻につけられ，空気抵抗を減らして換気と肺への酸素の運搬を容易にする。ブレスプレイとは特異的呼吸パターンのことであり，強く吐いた後に軽く吸って換気を深くし，肺への酸素の運搬を増加させるのである。

有効性

酸素補給の有効性については，鼻の気道拡張あるいはブレスプレイに分けて後述する。

酸素補給

運動前の酸素補給は競技パフォーマンスを高めないようだ。血液が大気の酸素により供給された量を越えてさらに酸素を貯蔵する能力には限界がある。平

均的な成人では全体の血液で70mLまで酸素の貯蔵を増加できるが，これはエネルギー産生には有意な量ではない．また，選手は試合直前には酸素混合気体を呼吸することはできないので，この少量の過剰酸素は，通常の大気を呼吸すれば，20秒以内に消費されてしまうだろう．

　有酸素性持久的運動中に継続して行われた酸素補給は，生理的エネルギー産生と競技パフォーマンスを改善することが明らかになっている．室内の空気と比較して，純粋の酸素を呼吸した時は，3分45秒/kmの速度でのランニングなどの標準的な運動では，酸素補給は心拍数を低下させ，呼吸数を減少させ，乳酸生成を抑える．それゆえ，酸素補給によりランナーは，より効率的にエネ

図8.22　バネ状バンドで鼻腔を開くことは競技パフォーマンスを高めると理論づけられている．
ⒸBreathe Right

ギーを産生し，同じ生理的努力で，より速いペースで走ることが可能になる。最近の国代表レベルのボート選手の研究では，62％酸素濃度でVO_2maxが11％改善され，2,500mのタイムが有意に減少した。他の研究では，酸素補給により有酸素性持久力が直線的に改善されたので，酸素濃度が高ければ，パフォーマンスも向上する。高強度運動後の酸素補給では，引き続く運動のパフォーマンス改善は認められていない。より一般的な使い方の一つは，試合の休憩時に回復を容易にするためのものである。例えば，予選の合間の陸上選手，フットボール，野球，アイスホッケー，サッカーの交替やタイムアウトのように，スポーツの性質上休憩をはさむことができる選手が，酸素の使用が知られている。残念ながら，いくつかのしっかり制御された研究は，これを実践することの価値を支持していない。これらの研究の一般的デザインは3つの段階を踏む。第1に，選手は，短時間の回復を伴う一連のスプリントのようなスポーツで見られるのと同じ運動処方を遂行する。第2に，選手は休憩し，純粋酸素あるいは室内の空気というプラセボの入ったタンクから，気体を吸う。第3に，運動を繰り返す。研究者は，通常，酸素がより速く乳酸を除去するか，あるいは酸素が2番目の運動のパフォーマンスを改善するかによって，回復を容易にするかどうかに興味があった。これらの研究では，酸素補給は，乳酸の除去能力も運動パフォーマンスの向上も高めなかった。

　まとめれば，酸素補給は有酸素性持久的運動中に摂取すれば，有効なスポーツ・エルゴジェニックとなるが，運動前の摂取や運動後に回復を速めようとして摂取しても，パフォーマンスを向上させないようである。

鼻の気道拡張

　Breathe Rightの製造者が行った研究では，これを用いると，鼻の気道の抵抗が減少すると説明している。しかし，エルゴジェニック効果を支持する科学的データはほとんどない。Breathe Rightが主催したシンポジウムでは，予備的研究により，Breathe Rightを用いると，プラセボバンドに比べて心拍数の回復など運動間の回復が高まり，特に鼻バンドによって鼻腔が顕著に開いていた被験者に効果があった。他の自転車選手の予備的研究では，高強度運動からの回復時に酸素消費が増加することが示され，こちらも鼻腔が開いて空気抵抗が減少した選手に効果があった。一般に，このカンファレンスで発表された知

見は，Breathe Right の使用は運動中の換気量や酸素消費には影響せず，スプリント・パフォーマンスを反復する時に効果があることを示している。1996年のアメリカスポーツ医学会で発表された4つのしっかり制御された研究では，Breathe Right は，ウインゲート・テストの有酸素性パワー産生，低強度から中等度の運動時の換気量や酸素摂取量，最大運動からの回復時の換気量や酸素消費量に影響しないことを示した。別のパフォーマンス研究では，選手は短時間の回復をはさむ40m ダッシュを4本2セット行った。条件は4群で，対照群，マウスピース対照群，マウスピース＋プラセボバンド群，マウスピース＋Breathe Right 群である。研究者は，スプリント・パフォーマンス，呼吸頻度，血液の酸素飽和度あるいは心理的努力の測定に対して，Breathe Right の有効性を認めなかった。

　強度の高い運動中は，ほとんどの選手は，口から換気するのであって，鼻からではない。加えて，健康な選手では，肺の換気量は，運動中に酸素を筋組織に運ぶための制限因子とは考えられていない。心臓の拍出量つまり，心臓が血液を送り出す量が制限因子となるようだ。

呼吸法

　上述したように，酸素補給は短距離競泳選手にとって，息を長く保ち，息継ぎするために頭を回転して水の抵抗を受ける必要がないので，有利であると理論づけられている。残念ながら，水泳選手はスタート台に酸素タンクがないので，これは実践的ではない。過換気やスタート直前に5〜10回深呼吸することによって実践的かつ実際に息を長く保てるのであり，それはこのような呼吸が，呼吸を刺激する二酸化炭素の血中レベルを下げるからである。

　予備的研究により，ブレスプレイも運動中の酸素利用効率を改善することが示唆されている。研究は自転車選手を用いて特異的な呼吸パターンで行われ，これは強く吐いた後に軽く吸うというパターンである。この呼吸法を習得した選手はいくつかの生理的機能が高まり，無酸素性作業閾値（AT）が高くなり，運動時の心拍数が低下した。また，心理的にも有利であり，運動強度をより軽く感じていた。選手の持久的パフォーマンスは，ブレスプレイによって改善された。しかし，結果は見込みがあるにもかかわらず，研究者はブレスプレイが有効であると見なすにはもっと研究が必要であるとしている。確かに，ボート

選手の研究によっても，ボート漕ぎのパワー期と回復期に呼吸パターンをさまざまに変えたが，自発的呼吸と比べても，有意な差は認められなかった。

安全性

運動中の短時間の酸素補給は安全であろう。研究では，30-100%の酸素濃度を用いても副作用はない。酸素補給の長期的使用は酸素毒につながる恐れがあるが，Breathe Right とさまざまなブレスプレイは安全である。

法的および倫理的観点

USOC では，運動前・運動中・運動後に酸素補給を行うことは合法的である。酸素補給は，人工的にパフォーマンスを高める試みとして非合法かつ非倫理的に見えるが，IOC によっても禁止されていない。しかし，さまざまな競技団体が制限を設けているので，所属する競技団体に相談すべきである。Breathe Right とさまざまなブレスプレイの使用は合法的かつ倫理的。

推奨

酸素補給は有効であり，有酸素的運動時に用いるのは安全だが，そのための余分な重量はどんなエルゴジェニック効果も打ち消してしまう。にもかかわらず，自転車とボートのようなスポーツの選手にとっては，使用により利点があるだろう。選手は使用にあたって，競技団体に相談するべきである。

利用できる科学的データに基づけば，試合前と回復期に用いても，有効ではないので勧められない。しかし，心理的理由で用いる選手がいて，例えば，標高のあるデンバーでは酸素分圧が低いので，NFL の選手は酸素補給で覚醒する。このような場合は，酸素補給は毒性がなく，合法的であり，通常用いる濃度と量では医学的リスクはない。パフォーマンス向上には心理的プラセボ効果があるので，プラセボ効果が利用できない時はパフォーマンスを損なう可能性があることにも注意すべきだ。例えば，試合最後の1分間で得点が競っていて，鍵を握るランニング・バックが酸素補給を有効と思って酸素タンクから大きな呼吸をしたところ，それが空っぽであることに気づいたら，心理的にマイナスの影響を受け，パフォーマンスは損なわれるだろう。

Breathe Right 鼻バンドやその類似物は有効とは言えないので勧められない

が，運動中に鼻呼吸が困難になる人には，症状の軽減をもたらすかもしれない。

ブレスプレイについては，例えば，ランナーは脚を着地する時に強く吐き，次の3歩は軽く吸えば良いし，自転車選手も踏み込む時にこのやり方ができる。他の持久的競技の選手は，競技の動きに合わせる。エルゴジェニック効果があるとすれば，それは，生理学的ではなく心理学的なものだろう。

Pantothenic Acid　パントテン酸

分類と用法

パントテン酸は必須のB群のビタミンであり，栄養学的エルゴジェニック。パントテン酸は水溶性ビタミンでほとんどの動物性食品と植物性食品に幅広く分布している。安全かつ十分な摂取量は，成人で1日4～7mgである。

サプリメントは，単独型とマルチビタミン／マルチミネラルとして入手できるし，スポーツドリンクにも配合されているものがある。パントテン酸摂取のエルゴジェニック効果に関する研究では，投与量は1日2gまでで数週間である。

SPF

身体的パワー。パントテン酸補給は，主として酸素エネルギー系からエネルギーを得る種目の有酸素性パワーと持久力を高める試みで研究されてきた。

理論

パントテン酸は，いくつかの酵素反応の補酵素として働くが，主たる役割の一つがコエンザイムAの成分となることである。アセチルコエンザイムA（アセチルCoA）は，ミトコンドリア内の酸素エネルギー系を通して炭水化物と脂肪からATPを産生する過程の鍵となる代謝中間体である。理論上は，パントテン酸補給が酸化的代謝経路に進むためのアセチルCoAの産生を容易にすることで，長時間の有酸素性持久的種目のパフォーマンスが向上する。

有効性

ある短い報告では，パントテン酸補給により標準的な運動負荷時の乳酸蓄積

が低下したとしているが，そこにはパフォーマンスの向上については記されていない。よくトレーニングされた長距離ランナーを用いた別の研究では，生理的応答やトレッドミルでの最大運動テストの疲労困憊時間の延長には効果がなかったと報告されている。

安全性

パントテン酸は，安全なビタミンサプリメントと考えられるが，10g以上の大量摂取では下痢を起こすだろう。

法的および倫理的観点

合法的かつ倫理的。

推奨

科学的証拠に基づけば，有効ではないので勧められない。パントテン酸欠乏はほとんどみられない。

Phosphorus (Phosphate Salts) リン(リン酸塩)

分類と用法

リンは必須のミネラルであり，栄養学的エルゴジェニック。リンは食品に広く分布し，特に，肉，シーフード，卵，ミルク，チーズ，全粒穀物製品，ナッツ，豆類に多い。RDAは，成人で800mg（日本人の場合は700mg），11〜25歳では1,200mgである。サプリメントは，リン酸ナトリウム，リン酸カリウム，リン酸カルシウムなどリン酸塩として入手できる。

研究で用いられる投与量は1日約4gを3-6日であり，通常は1gを4回にわたって与えられる。リン酸ナトリウムが最も多く用いられている。

SPF

身体的パワー。ヒトの3つのエネルギー系からエネルギーを得る種目の身体的パワーを高めることを目指して研究されてきたが，特に有酸素性パワーと持

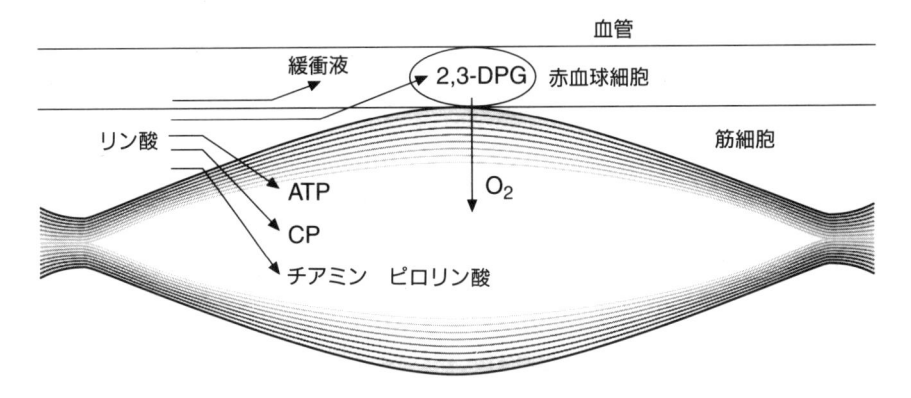

図8.23 リン酸はエネルギー過程でいくつかの可能な役割を担っているが，研究されているのは，酸素を運搬して有酸素性持久力を改善する方法としての2,3-DPGに対する効果がほとんどである。

久力が主体である。

理論

　リン酸塩は，無機型，有機型ともに代謝に重要な役割を持ち，特にスポーツパフォーマンスに関しては3つのエネルギー系に影響する。リン酸は，ATP-CP系ではATPおよびCPの構成要素であり，乳酸系では細胞内緩衝剤として働き，酸素系ではビタミンの活性化とグルコースの利用に不可欠である。

　最も注目されている理論は，リン酸塩が赤血球にある2,3-ジフォスフォグリセレート（2,3-DPG）を造るのに用いられ，これが酸素を組織に運搬するのを容易にするというものである。理論的には，2,3-DPGレベルが増加すれば，運動中の筋肉への酸素の運搬が増加し，有酸素性持久力のパフォーマンスが高まることになる（図8.23）。

有効性

　ATP-CP系および乳酸系については，リン酸塩摂取のエルゴジェニック効果を支持する科学的データはない。ブリガムヤング大学の研究者は，2〜3分で疲労困憊に至るトレッドミル走のパワー発揮と，パワーテストと無酸素性持久力テストからの回復に対しては，サプリメント摂取の効果がなかったことを報告

している。

　結論的ではないが，4つのしっかり制御された研究により，リン酸塩摂取が酸素系の機能を高めることが支持されている。4つの研究の全てで$\dot{V}O_2max$ の向上が，3つで持久性運動のパフォーマンスの改善が報告されており，トレッドミル走テストではより長く走ることができ，自転車エルゴメータでは疲労困憊に至る時間が遅延し，40km自転車テストのタイムが短縮した。

　リン酸塩がエルゴジェニックであるとしても，そのメカニズムは依然として明らかになっていない。2つの研究では2,3-DPGレベルの上昇が報告されているが，他の2つでは認められていない。1つの研究では，心臓の機能改善が見出され，1拍でより多くの血液が送り出された。

　最近の2つの総説では，その有効性についてはいくつかの報告があるものの，厳密な方法論に基づく研究がもっと必要であるとしている。

安全性

　所要量レベルまで，そして4gまでなら安全のようだ。過剰摂取は，吐き気，痙攣，下痢を引き起こす。リン酸塩の慢性的な摂取は，体内のカルシウムバランスを損なうことにつながるだろう。

法的および倫理的観点

　現在は，合法的かつ倫理的。しかし，1日4gを摂取することは，IOCのアンチドーピング規定のうち，「人工的あるいは不正にパフォーマンスを向上させようとして異常な量を摂取すること」に反する。倫理的かどうかは，選手の見解によって変わる。

推奨

　理論を支持する研究もあり，安全性も前述の量を守れば，リン酸塩はスポーツ・エルゴジェニックである。しかし，非倫理的とみなす人もいる。

　リン酸塩を使用したい選手は，研究に用いられている量が適当なので，試合3～4日前に1gずつ4回に分けて，1日4gを摂取する。最後は，試合の2～3時間前に飲む。他のエルゴジェニックと同様，練習時に試しておくと良い。

Protein Supplements　プロテイン・サプリメント

分類と用法

　栄養学的エルゴジェニック。プロテイン（タンパク質）は多くの食品に含まれる必須栄養素である。所要量は欧米では成人体重1kgあたり0.8g, 青年が0.9〜1.0gである（日本では，成人で1.01g/kg）。70kgの成人男性では，1日にタンパク質を56g摂取すれば良いので，代表的な食事で十分である。食事中のタンパク質は，消化により20種類のアミノ酸に分解され，血流にのって肝臓に運ばれて代謝され，血液によって全ての細胞に運ばれてそれぞれの細胞の機能に特異的なタンパク質に合成される。私たちは，20種類のアミノ酸が適切な量と濃度で供給されるためには，食事性のタンパク質を必要としている。

　無数のプロテイン・サプリメントがタブレットやパウダー状で選手用に市販されている。通常は，高品質のミルク，卵，大豆のタンパク質を含んでいる。Nutramentのような液状のサプリメントも，高品質のタンパク質を含んでおり，GatorProやNitroFuelは選手用である。個々のアミノ酸の遊離型も市販されている。

SPF

　機械的エッジおよび身体的パワー。プロテイン・サプリメントは，筋力とパワーを高めるため，あるいはボディビルのようなスポーツでより肉体美を実現するため，主として筋量を増加し体脂肪を低下させる試みで研究されてきた。プロテイン・サプリメントは，トレーニング中にエネルギーとして用いられる筋タンパク質を置き換えて補うために，持久系の選手にも有益であろう。

理論

　タンパク質は，運動パフォーマンスに重要な栄養素の3つの機能を全てもっている。第1に，タンパク質は発育・発達と体組織の修復に関与する主要な栄養素である。第2に，タンパク質は代謝の調節に不可欠である。第3に，タンパク質は補助的なエネルギー源である。

　食事性タンパク質は，アミノ酸を供給することで，レジスタンス・トレーニング時の筋肉の構成単位となる。タンパク質はまた，特に体内の炭水化物の貯

蔵量（肝臓と筋肉のグリコーゲン）が低下した時に，補助的なエネルギー源となる。理論的には，プロテイン補給は，筋肉合成期や強度の高い有酸素運動トレーニングに十分なタンパク質の貯蔵を保証するものである。

有効性

最近のしっかり制御されたタンパクバランスに関する研究では，食事タンパク質の必要量は，筋肥大のための筋力トレーニングと有酸素性持久力を高めるための高強度有酸素性トレーニングなど強度の高いトレーニング期に高まることを示している。Peter Lemonは運動時のタンパク代謝の専門家だが，最近，筋力トレーニングする選手には1日に1.4～1.8g/kgのタンパク質が必要で，持久系選手には1日に1.2～1.4g/kgのタンパク質が必要であることを示した。

最近の研究では，レジスタンス・トレーニングの直後と2時間後にタンパク質／炭水化物混合物を摂取すると，筋肥大を高めるインスリンと成長ホルモン

**表8.16
タンパク質推奨量に見合う1日あたりの
タンパク質摂取**

	持久系選手	筋力系選手
体重(kg)	60	90
タンパク質推奨量(g/kg)	1.4	1.8
総タンパク質推奨量(g/日)	84	162
カロリー摂取量(kcal/kg/日)	44	44
総カロリー摂取量(kcal/日)	2,640	3,960
推奨タンパク質カロリー比(%)	12 to 20	12 to 20
タンパク質由来カロリー比(kcal)	316 to 528	475 to 792
タンパク質1gあたりのカロリー(kcal)	4	4
1日あたりのタンパク質摂取(g)	79 to 132	119 to 198

表8.17
食品交換表の1食あたりのタンパク質含有量とカロリー

スキム／超低脂肪牛乳──タンパク質8g・90kcal
　スキムミルク1カップ　　　　　　低脂肪プレーンヨーグルト1カップ

超低脂肪の肉──タンパク質7g・35kcal
　ツナ（水煮）あるいはヒラメの仲間1オンス（約28g）
　七面鳥あるいは鶏ムネ肉（皮なし）1オンス（約28g）

低脂肪の肉──タンパク質7g・55kcal
　赤身の牛モモ肉（脂肪除去）1オンス（約28g）
　赤身の豚テンダーロイン肉（脂肪除去）1オンス（約28g）

穀類，豆類，パン，シリアル──タンパク質3g・80kcal
　調理ずみあるいは乾燥シリアル1/2カップ　　パン1枚
　調理したパスタ1/2カップ　　　　　　　　焼きジャガイモ(小)1個
　調理した米1/3カップ　　　　　　　　　　焼き豆1/4カップ

野菜──タンパク質2g・25kcal
　調理した野菜1/2カップ　　　　　　生野菜1カップ

果物──タンパク質1g・60kcal
　リンゴ(小)1個　　　　　　　　　　バナナ1/2本

参考：Adapted from Exchange Lists for Meal Planning by the American Diabetes Association and American Dietetic Association, 1995, Alexandria, VA: American Diabetes Association and Chicago: American Dietetic Association Table

の分泌量が増加することが示唆されている。
　しかし，プロテイン・サプリメントが等量の食事性タンパク質よりも筋量や有酸素性持久的パフォーマンスを高めるという研究はない。

安全性
　プロテイン・サプリメントは高品質の動物タンパク質（ミルクと卵）や植物タンパク質（大豆）に由来する。プロテイン・サプリメントは，多くの高タンパク食品に含まれている脂肪やコレステロールを含まないので，健康上の利点

があるかもしれないし，逆に，自然の食品に見られる必須栄養素を失っているかもしれない。

米国科学協会（The National Research Council）は所要量の2倍以上のタンパク質摂取は勧めておらず，これは欧米では1.6g/kgに相当する。これ以上の摂取は個人に委ねられるが，タンパク質を異化してその老廃物を排泄する肝臓や腎臓の疾患を有する人々に対しては健康上のリスクが高まるだろう。

法的および倫理的観点

合法的かつ倫理的。

推奨

典型的な食事をし，体重を維持するに足るカロリーをとっている選手は，プロテインバランスを保つのに十分なタンパク質を摂取することができるだろう。一般に，高強度の筋力トレーニングや高強度の有酸素性持久的トレーニングを行っている選手は，食事性のタンパク質をより多く摂取する必要がある。持久系選手は1日に1.4g/kgを推奨量の上限とし，筋力トレーニングする選手は1日に1.8g/kgを推奨量の上限としている。

タンパク摂取に関する計算を見てみよう。表8.16は推奨に応じたタンパク必要量に関するデータである。体重60kgの持久系選手は，上限が1.4g/kgだから84g，体重90kgの筋力系選手は162gとなる。この量を摂取することに問題はない。もし，両方とも体重1kgあたり44kcalのエネルギーで見合うならば，持久系2,640kcal，筋力系3,960kcalが必要量である。タンパク質の必要量は，エネルギー比で12〜20%であるので，持久系316〜528kcal，筋力系475〜792kcalとなる。タンパク質は1gで4kcalのエネルギーなので，持久系79〜132g，筋力系119〜198gとなる。まとめると，持久系選手は84gのタンパク質をカロリー比13%の食事から得ており，筋力系選手は162gのタンパク質をカロリー比16%強の食事から得ていることになるので，どちらも12-20%の範囲である。

持久系の選手も筋力系の選手も，トレーニングの直後と2時間後にタンパク質／炭水化物混合物を摂取すると，有利である。その比は1：3が勧められ，体重1kgあたり0.4gのタンパク質と1.2gの炭水化物の混合物となる。体重70kgの選手なら，28gのタンパク質と84gの炭水化物の混合物を運動直後と2時間後

の2回摂取する。

　一般的な推奨としては，選手が毎日の食事から必要量のタンパク質を得ることである。プロテイン・サプリメントは確かに高品質だが，値段が高い。高タンパクで低脂肪の食品は，タンパク栄養を保証し，同時に必須ビタミンとミネラルも供給する。表8.17には基本的な食品のタンパク質含有量をカロリーとともに挙げておくが，カロリー量が合わないのは，炭水化物と脂肪から由来するものが含まれるからである。

　高品質なタンパク食品として，ミルクと肉があるが，残念ながらこれらはしばしばかなりの量の脂肪を含むので，できるだけ脂肪の少ないものを選ぶように注意する必要がある。良い選択としては，非常に脂肪の少ないものとして魚や鶏と七面鳥の白い肉，脂肪の少ないものとして赤身の牛肉・豚肉，卵白，スキムミルク製品，豆類がある。

　丸ごとの自然の食品はタンパク源として最高であるが，市販のプロテインを勧めて良い選手もいる。食習慣の貧しい選手や超低カロリー食をとっている選手（レスリングや体操）は，カロリーを低く保ちつつ，十分なタンパク質を摂取しなければならないので，プロテイン・サプリメントは都合が良い。しかし，プロテイン・サプリメントは，食事とは別の方法で栄養バランスを取る補助として用いるべきであり，食事の代用物ではないという点を強調しておくことが大切である。

Riboflavin(Vitamin B_2)　リボフラビン（ビタミン B_2）

分類と用法

　リボフラビンはビタミン B2としても知られる必須ビタミンであり，栄養学的エルゴジェニック。リボフラビンは，水溶性ビタミンで，天然の食品，特に牛乳，全粒穀物，栄養強化型のパンとシリアル，卵，緑黄色野菜に含まれている。所要量は摂取カロリーに基づくが，およそ男性1.7mg，女性1.3mgである（日本では成人で男性1.2mg，女性1.0mg）。

　サプリメントは，単独型とマルチビタミン／マルチミネラル混合型があり，スポーツドリンクにもリボフラビン配合のものがある。研究に用いられる投与

量は，1日約60mgを数週間である。

SPF
　身体的パワー。主として酸素エネルギー系からエネルギーを得る種目の有酸素性パワーを増加させる試みで研究されてきた。

理論
　リボフラビンは，ミトコンドリア内のいくつかの酸化酵素反応の補酵素として働く。リボフラビン摂取が筋細胞内の酸化過程を高めるなら，有酸素性持久的種目のパフォーマンスは，理論的には向上するはずである。

有効性
　リボフラビン不足ではパフォーマンスが損なわれるが，最近の3つの総説は全て，リボフラビン摂取は十分な栄養をとっている選手の$\dot{V}O_2max$やAT（LT）を向上させないので，有効なエルゴジェニックではないと結論づけている。エリート競泳選手によるハイパワー種目である50m競泳のパフォーマンスをも向上させなかった。

安全性
　比較的大量に投与しても安全かつ無毒である。過剰摂取分は尿に排泄される。

法的および倫理的観点
　合法的かつ倫理的。

推奨
　科学的データに基づけば，リボフラビン摂取は有効なエルゴジェニックでなく勧められない。
　リボフラビン必要量は，ほとんどの選手に共通していることであるが，エネルギー消費量とともに増加する。全粒穀物や栄養強化型のパンやシリアルなどの天然の食品を選べば，ほとんどの選手で十分量が摂取できる。ウエイトコントロールが必要で超低カロリー食をとっている選手は，所要量の100%を満たすタイプのビタミンサプリメントを取ることを考えるべきかもしれない。

Selenium　セレン

分類と用法

　セレンは必須のミネラルであり，栄養エルゴジェニック。天然の食品，特に肉，肝臓，腎臓，シーフード，全粒穀物製品，種実類に見られる。所要量は男性70μg，女性55μgである。サプリメントはさまざまな塩の形で入手でき，人間を対象とした研究で用いられる量は1日におよそ100〜180μgである。セレンはまた，他の抗酸化物と組み合わせて抗酸化カクテルをつくっている。

SPF

　身体的パワー。セレン摂取は，主として酸素エネルギー系からエネルギーを得る種目の有酸素性パワーと持久力を高める試みで用いられてきた。

理論

　セレンは，組織内の抗酸化酵素グルタチオンペルオキシダーゼ（GPx）の補助因子である。セレンはまた，別の抗酸化物であるビタミンEに似た働きをする。理論上，セレン摂取は体内の抗酸化能力を高め，望ましくない酸素フリーラジカルによる，赤血球膜脂質の過酸化や酸素エネルギー系に関与する他の筋細胞構造の脂質過酸化を防御するのに役立つ。

有効性

　抗酸化物サプリメントは，細胞膜や他の細胞構造の脂質過酸化を例外なく防御するわけではないが，セレン摂取によりGPxの状態が改善し，長時間の有酸素運動中の脂質過酸化が減少するという研究がある。これらの研究は興味深いが，セレン摂取は，$\dot{V}O_2max$や有酸素／無酸素性の走運動パフォーマンスなどで評価された実際の身体的パフォーマンスは高めなかった。

安全性

　100μg以下という所要量の範囲内であれば安全だろうが，大量ではむかつき，吐き気，腹痛，異常な疲労感などの副作用を起こすかもしれない。

法的および倫理的観点

合法的かつ倫理的。

推奨

入手できる科学的証拠に基づけば，セレン摂取は有効なエルゴジェニックではないので勧められない。しかし，食物の選択がうまくできない時は，所要量の範囲内でセレンを含有するミネラルの錠剤を摂取した方がよい選手もいる。それは，(a) 肉製品を控えている選手，(b) ウエイトコントロールをしているスポーツの選手，(c) 強度の高い有酸素運動を行っている選手，(d) 土壌にセレンの含有量が少ない地域に住んでいて，かつ地場の製品しか摂取していない選手，である。

Sodium Bicarbonate (Alkaline Salts)
炭酸水素ナトリウム（アルカリ塩）

分類と用法

炭酸水素ナトリウムは生理学的エルゴジェニック。アルカリ塩であり，体内に保持される天然アルカリの一部であって，代謝によって生成した酸の中和を助ける。家庭で使う重曹がこの炭酸水素ナトリウムであり，選手用にはクエン酸塩やリン酸塩など他の緩衝剤とともにゼラチンカプセルに入れられて市販されている。

炭酸水素ナトリウムは運動パフォーマンスとの関係について最も研究されたアルカリ塩であり，研究での投与量は平均して体重1kgあたり約300mgである。70kgの男性では21gとなり，茶さじ5〜6杯を1Lの水または他の液体とともに運動の1〜2時間前に飲む。炭酸水素ナトリウムの使用は，ソーダ・ローディングとかバッファー・ブースティングと呼ばれる。

SPF

身体的パワー。炭酸水素ナトリウムは，主として乳酸系からエネルギーを得る種目のパワー持久力を高める試みで研究されてきた。

理論

高強度運動においては，筋細胞への乳酸の蓄積が疲労を起こすと考えられている。筋細胞での乳酸からの水素イオンの放出が，エネルギー産生に必要なさまざまな酵素の活性を阻害すると考えられている。ある理論では，炭酸水素ナトリウム摂取はアルカリの貯蔵量を増やすことにより，筋細胞からの水素イオンの除去を容易にし，筋細胞の酸性度を低下させ，疲労の始まりを遅延させる（図8.24）。

有効性

炭酸水素ナトリウムの乳酸エネルギー系の疲労防止機能は，過去60年間にわたり実験室とフィールドの両方で多く研究されている。実験室では（a）100% $\dot{V}O_2max$ 以上の超最大運動での疲労困憊にいたる時間，（b）短時間の休憩をはさんだ超最大運動の繰り返し運動時の最終トライアルの疲労困憊にいたる時間，（c）30～120秒間の範囲で超最大運動をした時の出力パワー，（d）乳酸系に全面的に依存あるいは部分的に依存する競技の運動を行った時のパフォーマンスなど，さまざまな方法が用いられた。フィールド研究には走運動の400，800，1500m，水泳の100～200m，自転車の3～5km，ボートの500～2,000m，そして競走馬の1マイル走が含まれる。

最近の6つの詳細な総説では，炭酸水素ナトリウムは，かなりのパワーを乳酸系から得る種目には非常に効果的なエルゴジェニックであると結論づけられ

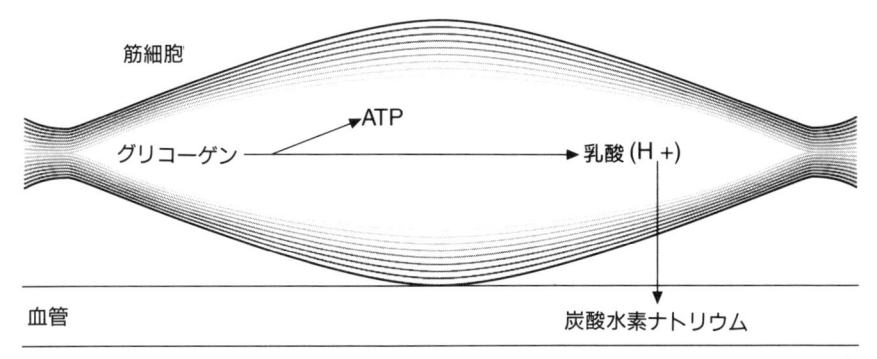

図8.24 炭酸水素ナトリウムのようなアルカリ塩は，水素イオンと乳酸の流出を容易にすることにより，筋細胞内の酸性度を低下させると理論づけられている。

ている。最も印象深い総説の一つはMatson & Tranによるものであり，メタ分析によって，超最大運動での疲労困憊にいたる時間に関与した実験室テストの成績を，炭酸水素ナトリウム摂取が27%改善することを報告している。

一般に，実験室とフィールドでのテストの大多数が，炭酸水素ナトリウムは45秒〜6分間続く連続的あるいは間欠的な高強度運動のパフォーマンスを改善するとしている。

安全性

一般に，炭酸水素ナトリウムは推奨されている投与量までは安全である。しかし，むかつき，膨満感，腹痛，下痢などの胃腸の不快感に見舞われる被験者もいる。過剰摂取は，アルカローシスを起こし，筋肉の痙攣や不整脈につながるかもしれない。

法的および倫理的観点

現状では選手が使用するのは合法的である。しかし，これはIOCのアンチドーピング法の思想，例えば，「人工的に不正にパフォーマンスを高める意志をもって異常な量の物質を摂取すること」には抵触する。選手の視点からみると，炭酸水素ナトリウム補給は倫理的にも非倫理的にもなる。炭酸水素ナトリウム使用の検出は，現状の薬物テストでは困難である。尿はアルカリであるし，菜食主義も尿をアルカリにする。

いくつかの国では，特にオーストラリアでは，炭酸水素ナトリウムを競走馬に摂取させることは禁止されているというのも興味深い。

推奨

炭酸水素ナトリウム補給は有効なエルゴジェニックであり，量を守れば安全で，現状では合法的であるが，倫理性については論争の余地がある。炭酸水素ナトリウムを「ソーダ・ローディング」に使うのを，グルコース・ポリマーを「炭水化物ローディング」に使うのと比較する人がいる一方で，炭酸水素ナトリウムを薬物あるいは「ソーダ・ドーピング」と見なして，「血液ドーピング」と比較する人もいる。合法的だが倫理的には疑問が残るので，炭酸水素ナトリウムの使用を決めるのは選手個人に委ねられる。

Testosterone and Human Chorionic Gonadotoropin(hCG)
テストステロンとヒトコリン作動性性腺刺激ホルモン

分類と用法
　生理学的エルゴジェニック。テストステロンはステロイドであり，精巣で生合成される自然の男性ホルモンである。ヒトのコリン作動性性腺刺激ホルモン（hCG）は糖タンパク質であり，妊娠中に胎盤により大量に合成される。hCGは男性に投与すると，テストステロン合成を刺激する。

　テストステロンは男性女性を問わず，タンパク同化と男性化の両方の作用を及ぼす。同化作用には，骨密度と筋量の増加および体脂肪の減少が含まれ，男性化作用には男性の二次性徴の発達が含まれるが，これは髭や体毛の発育，声変わり，生殖器の発達などである。

　テストステロンの化学構造は，同化作用を最大にし，男性化作用を最小にするように修飾されているだろう。結果として生成する化合物あるいは薬物については，アナボリック／アンドロジェニック・ステロイド（AAS）と呼ばれ，薬理学的エルゴジェニックとして別項に示した。

　テストステロンは性腺機能不全の男性の治療や避妊治療に用いられ，投与量はそれぞれ75〜100mgと200〜250mgである。テストステロンは1936年のベルリン五輪から用いられ，1日1,000mg以上を6週間服用した選手の報告もある。テストステロンには経口型と注射型がある。

　男性に対するエルゴジェニック効果を調べる研究では，週に260〜600mgを10〜12週間投与している。

SPF
　機械的エッジと身体的パワー。テストステロンとhCGは，主として，筋力と体力を向上させるため，あるいはボディビルのような競技でより美しい外見を得るため，筋量を増やし体脂肪を減らす意図で研究されてきた。

理論
　テストステロン補給は，同化作用を刺激するようにデザインされていて，筋細胞の核を刺激してタンパク合成を高めることで，主として筋量を増加させる。

加えて、テストステロンの男性化作用は、覚醒と攻撃性を増し、これはトレーニングとパフォーマンスをより激しく行えることが示唆される心理的効果である。

有効性

前述したように、AAS は適切なレジスタンス・トレーニングと食事を組み合わせれば、筋量と筋力を増加させるだろう。AAS はテストステロンの同化作用を最大化したものであるが、テストステロン補給のエルゴジェニック効果は AAS に匹敵することを示した研究がある。

2つのとてもしっかり制御された研究では、10～12週間にわたるテストステロン注射により、筋力トレーニングをしない若い一般健常男性の LBM が増加し、体脂肪が減少し、ベンチプレスとスクワットの筋力を高めることが示された。若い人でテストステロン注射と筋力トレーニングを組み合わせると、このエルゴジェニック効果は増加し、より筋肉が増えて脂肪が減り、多くの重量を挙上できるようになる。そのうちの1つの研究では、テストステロン注射を止めると体脂肪は元に戻った。

hCG のエルゴジェニック機能については研究が行われていない。もし hCG 使用がテストステロンの生合成を増加するなら、テストステロン注射で見られるのと同等の効果が観察されるはずである。

安全性

AAS は、テストステロンよりもタンパク同化作用が強く、男性化作用は弱いが、より毒性が強く、特に経口型の毒性が高い。そのため選手は、おそらくより安全な代替物であるという理由でテストステロンを用いるのだろう。テストステロンは AAS に比べて肝臓に対する毒性が低いようだが、過剰摂取は同様の副作用を誘発するだろう。それは、顔や身体のにきび、若年性の禿げ、男性の女性化乳房、女性の男性化と声変わり、青年期の骨端線の未成熟閉鎖、攻撃性と狂暴な行為の増加、睾丸の萎縮と精子産生の減少、汚染された注射針からの B 型肝炎や AIDS 感染がある。長期のテストステロン使用は、心臓循環系疾患と前立腺癌のリスクを高める。

hCG はテストステロンと AAS の使用による副作用、特に精巣の閉鎖と萎縮

という副作用を防ぐ目的で使われるかもしれない。

法的および倫理的観点

テストステロンの使用は，IOC によりタンパク同化剤として禁止されており，hCG 使用は糖タンパク質として禁止されている。それゆえ，どちらを使うことも非合法かつ非倫理的である。

テストステロンや hCG 使用の検査は，AAS の検査とより関係が深い。AAS は肝臓による異化作用により，さまざまな代謝産物をつくり，尿中に容易に検出される。テストステロンは異化されないので，天然の形で尿中に現れるため，経口摂取や注射からのテストステロンと区別できない。しかし，天然のテストステロンには天然のエピテストステロンが伴うので，両者の通常の比率（T：E）1：1 を基準とし，外因性のテストステロンはエピテストステロンに影響しないので，T：E 比 6：1 以上を使用の基準としている。T：E 比は多くの要因に影響を受けるので，これが正確に反映するかどうかについてさらに研究が必要である。

> 米国で最も偉大な女子中距離選手 Mary Slaney は，1996年の全米選手権でテストステロン陽性になり，国際陸連により出場停止処分になった。Slaney はこの処分に対して訴訟を起こし，テストステロンは決して使っていないことを主張し，女性の T：E 比はホルモンの状態によって大きく変化することに言及した。

選手が hCG を使う理由は，hCG はテストステロンとエピテストステロンの両方の合成を刺激し，T：E 比を正常に保つからである。加えて，T：E 比を維持するため，テストステロンと並行してエピテストステロンを使用する選手もいる。これらの方法は，現在の検査法を欺くために用いられるが，他の有効な検査法が提案されている。

推奨

テストステロンも hCG も有効なスポーツ・エルゴジェニックだろうが，その使用は，非合法かつ非倫理的であるため勧められない。加えて，上昇したテ

ストステロンレベルにより,いくつかの健康上のリスクも高まる。

Thiamin(Vitamin B_1) チアミン(ビタミン B_1)

分類と用法

チアミンはビタミン B_1 として知られる必須のビタミンであり,栄養学的エルゴジェニック。チアミンは水溶性ビタミンで天然の食品,特に豚肉,全粒穀物製品,豆類,ナッツ,果物と野菜に含まれている。所要量はカロリー摂取に基づくが,およそ男性1.5mg,女性1.1mg である。

サプリメントは,単独型とマルチビタミン/マルチミネラルとして入手できるし,スポーツドリンクにもチアミン配合のものがある。チアミンの補給量は,エルゴジェニック効果に関する研究では1日5〜120mg である。

SPF

身体的パワーと精神力。チアミン補給は,主として酸素エネルギー系からエネルギーを得る種目の有酸素性パワーと持久力を高める試みで研究されてきた。また,鎮静作用を促して精神力を向上させるためにも用いられた。

理論

チアミンは,炭水化物からのエネルギー産生や赤血球細胞のためのヘモグロビン合成など,いくつかの酵素反応の補酵素として働く。チアミン摂取が炭水化物代謝とヘモグロビン産生を高めるならば,有酸素性持久的種目のパフォーマンスは理論的には向上する。

加えてチアミンは,リラクゼーションと不安感の減退を促す神経伝達物質セロトニンの合成に関与するので,アーチェリーやピストル射撃のような競技のパフォーマンスを高める要因となる。

有効性

多くの研究が,チアミン不足では有酸素性パフォーマンスが損なわれることを示してきたが,正常なビタミン状態の個人に対してチアミンを摂取させても

身体的パフォーマンスは向上しない。チアミン補給がスポーツ・エルゴジェニックとして有効であるとするしっかり制御された研究はない。ビタミン B_6, B_{12} と組み合わせると，チアミンはピストル射撃においてパフォーマンスを向上させるが，これは脳内のセロトニンレベルを上昇させるためだろう。

安全性

チアミンは，比較的多く摂取しても安全かつ無毒であり，過剰分は尿中に排泄される。

法的および倫理的観点

チアミン補給は合法的かつ倫理的。

推奨

科学的データに基づけば，チアミン補給は有効ではないので勧められない。

チアミンの必要量は，持久系の選手にとって一般的である，有酸素運動と高炭水化物食によって高まる。全粒穀物，果物，野菜など，丸のままの天然の炭水化物食品を選べば，トレーニング期の持久系の選手のチアミン摂取は十分量が保証される。ウエイトコントロールが必要で超低カロリー食をとっている選手なら，100%所要量を満たすタイプのビタミンサプリメントを考えるべきだろう。

Tryptophan(L-Tryptophan) トリプトファン

分類と用法

トリプトファンは必須アミノ酸であり，栄養学的エルゴジェニック。タンパク質の天然の構成成分であるが，食品中で遊離アミノ酸としては存在しない。所要量は，1日に250mg以下であり，日常の食事から容易に摂取できる。

サプリメントは，L-トリプトファンとしてさまざまな国でタブレットやパウダーの形で販売されている。しかし，アメリカ合衆国とカナダではL-トリプトファンの販売は禁止されている。研究で用いられる摂取量は24時間にわた

って約1,200mg である。

SPF

精神力および身体的パワー。トリプトファン補給は，主として高強度のパワー持久力や持久的パワー運動（特に乳酸系と酸素系からのエネルギー産生）に伴って起こる，心理的不快感や苦痛を軽減する目的で研究されてきた。

理論

トリプトファンは，セロトニンという痛みの知覚を軽減すると仮定される脳内神経伝達物質の合成に不可欠である。痛みに最も耐え，抵抗できる選手が，高強度運動中の疲労の始まりを遅くすることができるとの仮説を立てている研究者がいる。理論的には，トリプトファン摂取によりセロトニン合成が増加し，痛みに耐えられるようになり，パフォーマンスが向上する。

有効性

いくつかの研究が，パワー持久力と有酸素パワーの混合型の運動におけるL-トリプトファンのパフォーマンス向上効果を調べている。その中ではしっかり計画された二重盲検，プラセボ使用，クロスオーバーの実験においては，L-トリプトファン補給はトレッドミル走の成績をほぼ50％顕著に向上させた。被験者は，80％$\dot{V}O_2max$（5度の上り坂を時速8.3マイル）で疲労困憊まで走るように要求されたが，走パフォーマンスはさまざまであり，平均5.6〜8.3分で疲労困憊になったことからすると，高度にトレーニングを積んだ選手ではないようだ。しっかり計画された研究だけに，被験者のトレーニングレベルが結果を左右する。この結果に疑問をもった他の研究者が，トレーニングを積んだ被験者で100％$\dot{V}O_2max$（時速9.6マイル）の強度で再現したところ，被験者は7分強で疲労困憊したが，補給効果は認められなかったという。

L-トリプトファン補給は，長時間の有酸素運動には効果がないようである。オランダの研究者が，炭水化物のドリンクにL-トリプトファンを加え，最大パワーの70-75％の自転車運動で疲労困憊まで追い込んだ研究では，炭水化物のみの場合と差がなく，両試行とも運動時間は約2時間であった。

研究上の知見は限られているが，高度にトレーニングを積んだ選手には有効

ではないようだ。

安全性

これらの研究の被験者の中には，胃腸の不快感と皮膚の紅潮やヒリヒリ感を体験したものがおり，後者はおそらくL-トリプトファンがナイアシンに変換されたためであろう。1989～1990年にL-トリプトファン摂取により，数千人に深刻な神経-筋障害である，好酸球増加性筋痛症候群（EMS）が起こり，20人が死に至った。EMSの流行は，特定の会社のL-トリプトファンの汚染（コンタミ）によるものであったが，医学界の権威者の中にはL-トリプトファン自体がEMSの原因として完全にシロとは言えないとする者もいる。

法的および倫理的観点

L-トリプトファンを販売している国では，合法的であり，倫理的であるが，個人では健康上のリスクに気をつけるべきだ。

推奨

L-トリプトファン補給は有効とは言えないし，それに伴う健康上のリスクがあるので，選手には勧められない。

Vanadium(Vanadyl Sulfate)　バナジウム

分類と用法

バナジウムは非必須ミネラルであり，栄養学的エルゴジェニック。バナジウムは人体の代謝には必要とされないので，所要量も設定されなかった。バナジウムのサプリメントは，バナジール塩，ほとんどはバナジール硫酸塩として入手できる。投与量は，人間を対象とした研究では1日およそ60～100mgを12週間まで用いている。

SPF

機械的エッジと身体的パワー。バナジール塩サプリメントの広告では，主と

して筋力とパワーを増加させたり，ボディビルのようなスポーツでのより審美的な肉体を実現するために，筋量増加と体脂肪減少が示唆されてきた。

理論

動物実験により，バナジール塩はいくつかの酵素反応に関与することが示唆された。バナジウムの支持者は，バナジール塩摂取はグルコースとタンパク質の代謝において，インスリン様の作用を産み出し，運動中のタンパク分解を阻害することにより筋肉に同化作用を促すと理論づけた。

有効性

バナジール塩摂取の同化作用は，動物実験から人間の場合を推定したものであり，全くの空論である。バナジール塩摂取が，非インスリン依存性糖尿病患者のグルコースの状態を改善したという研究はあるが，身体組成についてのスポーツ・エルゴジェニック効果を支持する科学的データはない。ニュージーランドの研究者による，しっかり制御された研究では，筋力トレーニングをしている被験者に，1日に40mgのバナジール硫酸塩を12週間摂取させたが，体脂肪と筋量には影響しなかった。この研究者はベンチプレスとレッグエクステンション（脚伸展）のそれぞれ1-RMと10-RMという4つのテストで筋力も調べたが，バナジール硫酸塩は3つのテストにおいても効果が認められなかった。バナジール硫酸塩摂取群は脚伸展の1-RMで，最初の4週間には筋力が向上したが，研究者は，これを予備テストの値が低かったためだとしており，バナジール硫酸塩摂取は身体組成を変化させるのには無効であると結論づけている。

エルゴジェニック効果を認めるには限られた研究データしかないので，もっと研究されなければならない。

安全性

副作用は，胃腸の不快感，主として下痢である。ある研究では，眠気が増すのが観察されている。また，肝臓と腎臓にダメージを与えるかもしれない。

法的および倫理的観点

合法的かつ倫理的。

推奨

　バナジール硫酸塩補給は，身体組成の変化とパフォーマンスの向上に有効であるという科学的データがないので，エルゴジェニックとして勧められない。その上，過剰摂取は有毒である。

Vitamin B₆(Pyridoxine)　ビタミン B₆(ピリドキシン)

分類と用法

　ビタミン B_6 はピリドキシンとして知られる必須の B 群のビタミンであり，栄養学的エルゴジェニック。ビタミン B_6 は水溶性ビタミンで，高タンパク質食品である肉，魚，鳥，豆類，ブラウンライス，全粒穀物で栄養強化したパンやシリアルのような天然の食品に含まれる。所要量はタンパク質摂取に依存するが，成人でおよそ1日2mg である。

　サプリメントは，単独型とマルチビタミン／マルチミネラルとして入手でき，スポーツドリンクにも配合されたものがある。ビタミン B_6 はタンパク質やアルギニン，オルニチンなどのアミノ酸と組み合わされ，選手用のタンパク同化剤として市販されている。エルゴジェニック効果に関する研究で用いられるビタミン B_6 の補給量は，1日50mg までを数週間である。

SPF

　身体的パワー，精神力，機械的エッジ。ビタミン B_6 補給は，筋量と筋力を増加させる試みと，乳酸系と酸素エネルギー系からエネルギーを得る種目のパワー持久力と有酸素性パワーを高める試みで用いられてきた。また，鎮静作用を促して精神力を向上させるためにも用いられた。

理論

　ビタミン B_6 は，60以上の酵素反応の補酵素として働く。特にタンパク質の代謝には深く関わるので，ビタミン B_6 摂取はヒト成長ホルモンの放出を刺激することを理由に，同化剤として市販されているのだろう。

　ビタミン B_6 はまた，エネルギー産生では筋グリコーゲンの利用に，赤血球

細胞にとってはヘモグロビン合成に，そして筋細胞にとってはミオグロビンと酸化酵素の産生に関与している。ビタミン B_6 摂取によってこれらの機能が高められるなら，無酸素および有酸素性持久的種目のパフォーマンスは理論的に高まるはずである。

加えてビタミン B_6 は，神経伝達物質セロトニンの産生に関与するので，セロトニンがリラクゼーションと不安感減退を促すため，アーチェリーやピストル射撃のような競技のパフォーマンスを高めるかもしれない。

有効性

ビタミン B_6 不足では，スポーツのパフォーマンスは損なわれるが，最近のいくつかの総説では，ビタミン B_6 補給は，栄養状態の良い選手に対しては有効なエルゴジェニックではないと結論づけている。例えば，ビタミン B_6 摂取は $\dot{V}O_2max$，運動中の最大乳酸値，あるいは水泳の持久的パフォーマンスを向上させなかった。しかし，チアミンとビタミン B_{12} を組み合わせると，ビタミン B_6 摂取はピストル射撃においてパフォーマンスを向上させるが，これは脳内のセロトニンレベルを上昇させるためだろう。

安全性

ビタミン B_6 サプリメントは，所要量の範囲内なら安全であるが，より多くの量（1日100mg以上）を長期的に使用すると，正常な感覚の喪失や歩行困難など神経障害を伴うかもしれない。

法的および倫理的観点

ビタミン B_6 補給は合法的かつ倫理的。

推奨

科学的データに基づけば，ビタミン B_6 補給は有効ではないので使用は勧められない。

赤身の肉，全粒穀物や栄養強化したパンやシリアルなどの天然の食品を丸ごと選べば，ほとんどの選手で十分量のビタミン B_6 摂取が保証される。ウエイトコントロールが必要で超低カロリー食をとっている選手は，ビタミン B_6 の

所要量を満たすタイプのサプリメント摂取を考えるべきだろう。

Vitamin B$_{12}$ (Cyanocobalamin)
ビタミン B$_{12}$ (シアノコバラミン)

分類と用法

　ビタミン B$_{12}$ はシアノコバラミンとして知られる必須の B 群のビタミンであり，栄養学的エルゴジェニック。ビタミン B$_{12}$ は水溶性ビタミンで，肉，魚，鳥，チーズ，ミルク，卵のような動物性食品にのみ含まれ，植物性食品には含まれない。所要量は成人で1日2μg である。

　サプリメントは，単独型とマルチビタミン／マルチミネラルとして入手でき，注射液もあり，スポーツドリンクにも配合されたものがある。また，ビタミン B$_{12}$ のジベンコザイド（dibencozide）補酵素型の商品名であるジベンコバル（Dibencobal）としても市販されている。ビタミン B$_{12}$ の補給量は，エルゴジェニック効果に関する研究では1日50μg までを数週間であるが，Athletic World 誌の報告では，所要量の50万倍である1,000mg の注射を受けた選手もいるという。

SPF

　機械的エッジ，身体的パワー，精神力。ビタミン B$_{12}$ 補給は，筋量を増加させる試みと，酸素エネルギー系からエネルギーを得る種目の有酸素性パワーと持久力を高める試みで研究されてきた。また，鎮静作用を促して精神力を向上させるためにも用いられた。

理論

　ビタミン B$_{12}$ は，核内の遺伝物質 DNA の合成に関与する補酵素として働く。DNA は体内のタンパク質合成を指令するので，ビタミン B$_{12}$ 補給は筋タンパクの発達を刺激して，爆発的な筋力とハイパワーを高めると理論づけられる。

　また，骨髄での赤血球細胞（RBC）の再生をするために最適な DNA 活性を保存するためにも必要である。理論的には，RBC 合成が高まれば，血液の酸素運搬能が高まり，有酸素性パワーと持久力も高まる。

加えてビタミン B_{12} は，神経伝達物質セロトニンの産生に関与するので，セロトニンがリラクゼーションと不安感減退を促すため，アーチェリーやピストル射撃のような競技のパフォーマンスを高めるかもしれない。

有効性

ビタミン B_{12} 不足では，スポーツのパフォーマンスは損なわれるが，最近のいくつかの総説では，ビタミン B_{12} 補給も Dibencobol 補給も，栄養状態の良い選手に対しては有効なエルゴジェニックではないと結論づけている。例えば，ビタミン B_{12} 補給は，(a) 運動中の心拍応答や $\dot{V}O_2max$ などの生理的機能，(b) 筋力とパワーの基準テストでのパフォーマンス，(c) 800m 走や自転車エルゴメータでの最大運動テストにおける無酸素性および有酸素性パフォーマンス，の3つを向上させなかった。しかし，チアミンとビタミン B_6 とを組み合わせると，ビタミン B_{12} 補給はピストル射撃においてパフォーマンスを向上させるが，これは脳内のセロトニンレベルを上昇させるためだろう。

安全性

ビタミン B_{12} 補給は，所要量の何千倍の投与でも安全であるが，そんなに摂取する理由はない。

法的および倫理的観点

ビタミン B_{12} 補給は合法的かつ倫理的。

推奨

科学的データに基づけば，ビタミン B_{12} 補給は有効ではないので使用は勧められない。

理想を言えば，ほとんどの選手が低脂肪の肉と牛乳などさまざまな動物性食品を摂取して，十分量のビタミン B_{12} を得るべきである。しかし，完璧な菜食主義者と，ウエイトコントロールが必要で超低カロリー食をとっている選手には，ビタミン B_{12} が配合されたビタミンサプリメントが有効となるだろう。

Vitamin B₁₅(Dimethylglycine, DMG)　ビタミン B₁₅ (ジメチルグリシン　DMG)

分類と用法

　ビタミン B_{15} は，ビタミンではなく食事性サプリメントであり，栄養学的エルゴジェニック。市販のビタミン B_{15} サプリメントはブランドによってかなり違うが，特許を取得したものは，グルコン酸カルシウムと N,N-ジメチルグリシン（DMG）というアミノ酸の混合物を含む。DMG がエルゴジェニック活性のある成分と信じられている。

　サプリメントはピル型であり，研究者が用いる量は1日約200mg を数週間である。

SPF

　身体的パワー。ビタミン B_{15} 補給は，主として酸素エネルギー系からエネルギーを得る種目の有酸素パワーと持久力を高める試みで用いられてきた。

理論

　ビタミン B_{15} については，作用機序がわかっていないものの，筋細胞内の酸化過程を強化すると理論づけられている。ある評論家は DMG のことを，有酸素運動中の筋細胞の代謝に不可欠なクレアチンと他の物質を合成するための，メチル基の供与体として働くことを示唆している。

有効性

　逸話的報告，信頼性のないロシアの研究，いくつかの公表されていないアメリカの研究によれば，ビタミン B_{15} 補給は，（主として乳酸の蓄積を低下させることにより）運動中のエネルギー代謝を向上させ，有酸素性持久的能力を高めるという。逆に，いくつかの公表されていないアメリカの研究と詳細にレビューされた公表された研究では，ビタミン B_{15} 補給は，運動に対する心臓血管系の応答や代謝応答，$\dot{V}O_2max$ や有酸素持久能には良い影響は見られなかったとされている。これらのデータは明らかに明確でない。

　ビタミン B_{15} をエルゴジェニックと見なした最も新しい総説は，1982年に発

表されたものであり，その後は研究がない。入手できるデータに基づけば，しっかり制御された研究は有効性を支持するものではないが，安全性が満たされるなら，もっと研究することが望ましいだろう。

安全性

ビタミン B_{15} サプリメントには，未知の化学物質が含まれている。安全とされてはいるが，ある研究者によると，DMG ハイドロクロライドを含むいくつかの成分は変異原（ガンの原因となる）かもしれない。

法的および倫理的観点

ビタミン B_{15} 補給は合法的かつ倫理的。

推奨

ビタミン B_{15} 補給は勧められない。スポーツ・エルゴジェニックとしての有効性は解明されていないが，可能性のある長期的な健康上のリスクが解決しないことには勧められない。

Vitamin C(Ascorbic Acid) ビタミンC(アスコルビン酸)

分類と用法

ビタミンCは必須のビタミンであり，栄養学的エルゴジェニック。ビタミンCは，水溶性ビタミンで，天然の食品，特にオレンジ，グレープフルーツ，ブロッコリ，ジャガイモのような果実と野菜に含まれている。ビタミンCの所要量は60mg（日本では100mg）である。サプリメントとしては，様々な形態と投与量があり，スポーツドリンクやバー食品にも配合されている。人間を対象とした研究に用いられる投与量は，1日1,000mgまでを数週間である。

SPF

身体的パワー。ビタミンCはいくつかのSPFに影響を及ぼすが，主として酸素エネルギー系からエネルギーを得る種目の有酸素性パワーと持久力を増加

させる試みで用いられている。また，オーバートレーニングの徴候を予防するためにも使われる。

理論

ビタミンCは人体の多くの代謝過程に関与し，これには酸素エネルギー系を最適に機能させるのに重要な3つの過程が含まれる。ビタミンCは，グルコースとFFAを有酸素性エネルギー産生に動員するホルモンであるエピネフリンの合成に関与している。ビタミンCは，赤血球におけるヘモグロビン合成に関与する食事性の鉄の吸収を助ける。ビタミンCは強力な抗酸化物であり，強度の高い有酸素運動中に発生する酸素フリーラジカルによる細胞の損傷と免疫系の悪化を防ぐ。

有効性

東欧諸国から広まった初期の研究では，ビタミンC補給は身体パフォーマンスを向上させるとしている。しかし，この時代のこれらの国々では新鮮な果物や野菜が食事の主体ではなかったという理由で，この向上はビタミンC不足が是正されたためであるとする評論家もいる。2人の評論家によれば，しっかり制御された最近の研究では，ビタミンCを1日に1,000mgまで摂取しても，さまざまな有酸素運動によるパフォーマンステストにおけるエルゴジェニック効果は報告されていないとしている。それゆえ，今日の見解ではビタミンCはパフォーマンスを向上させない。

安全性

100～200mgの補給で身体組織を飽和させるのには十分であり，かつほとんどの人にとって安全である。それ以上摂取してもたいていは安全であるが，銅のようなミネラルの生物活性を減少させたり，下痢を起こしたり，影響されやすい人には腎臓結石をつくったり，その他の副作用を起こすかもしれない。

法的および倫理的観点

合法的かつ倫理的。

推奨

　科学的データに基づけば，ビタミンC補給は有効なエルゴジェニックではなく勧められない。理想を言えば，ほとんどの選手にとっては十分量のビタミンCを食事から摂取すべきである。ウルトラマラソンの前に，1日600mgのビタミンCを3週間摂取したところ，レース後の上部呼吸器感染症の徴候が減少したことを見出した研究がある。果物や野菜が豊富な食事なら，組織を飽和させる1日100〜200mgあるいはそれ以上のビタミンCは簡単に摂取でき，ウルトラマラソンの選手の1日600mgの摂取についても，より長く走るためにより多くのカロリーを使うので同様なことである。

　ビタミンCはまた，他の抗酸化物と組み合わされてきた。ビタミンCを豊富に含む食品については，表8.3を参照されたい。

Vitamin E　ビタミンE

分類と用法

　ビタミンEは必須のビタミンであり，栄養学的エルゴジェニック。ビタミンEは，脂溶性ビタミンで，天然の食品に広く分布しており，特に多価不飽和植物油（コーン，ベニバナ）とそこからつくられるマーガリン，全粒穀物製品，小麦胚芽，栄養強化型朝食用シリアルに含まれている。

　ビタミンEはトコフェロールの混合物からなり，RDAは α-トコフェロール当量（α-TE）で表される。1α-TEはα-トコフェロール1mgあるいは1.5IU（国際単位）である。RDAは男性10α-TE，女性8α-TEである。

　ビタミンEサプリメントはカプセルであり，含有量は通常IUで表記される。また，選手向けの抗酸化サプリメントとバータイプの食品にも含まれている。人間を対象とした研究で用いられる投与量は，1日に800〜1,200IUを6カ月までである。

SPF

　身体的パワー。ビタミンE補給は，主として酸素エネルギー系からエネルギーを得る種目の有酸素性パワーと持久力を増加させる試みで用いられている。

理論

　ビタミンEは細胞膜中の抗酸化物として働く。理論的には，ビタミンE補給は身体の抗酸化能を高め，酸素フリーラジカルによる赤血球細胞膜の脂質過酸化と破壊を防御するのを手助けする。赤血球膜を完全な状態に保つのに役立つことで，ビタミンE補給は有酸素運動中の筋細胞への酸素の配分を至適状態に保つことができる。

有効性

　数多くの研究によって平地でのビタミンE補給のエルゴジェニック効果を調べた結果，$\dot{V}O_2max$ や乳酸生成などの生理的応答にも，さまざまな有酸素運動の持久的能力のテストにおいても有意な効果は見出せなかった。例えば，最近のしっかり制御された研究では，ビタミンE補給によって体内のビタミンEレベルを高めても，代表レベルの自転車選手の $\dot{V}O_2max$ と自転車パフォーマンスには効果がなかった。

　しかし，高所環境で行われた研究では，ビタミンE補給により $\dot{V}O_2max$, AT (LT)，自転車エルゴメータの疲労困憊までの運動時間を向上させることが見出されている。高所での運動は，脂質の過酸化を増加させるようなので，ビタミンEが防御効果を示したのだろう。

　これらの興味深い研究は，さらなる研究により確かめられる必要がある。

安全性

　ビタミンE補給は，400～1,200IUであっても安全のようだが，頭痛，疲労感，下痢に見舞われる人もいる。また，血液凝固障害の人の出血のリスクを高めるかもしれない。

法的および倫理的観点

　合法的かつ倫理的。

推奨

　科学的データに基づけば，ビタミンE補給は平地でトレーニングや試合を

行う選手には，有効ではないので勧められない。しかし，高所やスモッグの多い地域でトレーニングや試合を行う選手には勧められる。高所では，新しい赤血球細胞が急速につくられるが，高所で増加したオゾン濃度とスモッグの汚染物質が，ビタミンEと他の抗酸化物の必要量を高めるだろう。スモッグの多い地域での研究はないが，高所では400IUで効果がある。

ビタミンEはまた，他の抗酸化物と組み合わされてきた。ビタミンEを豊富に含む食品については，表8.3を参照されたい。

Yohimbine　ヨヒンビン

分類と用法

ヨヒンビンは食事性サプリメントであり，栄養学的エルゴジェニック。ヨヒンビンは，いくつかの樹木の樹皮に由来し，最も顕著なのはPausinystalia yohimbeとCorynanthe yohimbeである。市販品は，錠剤，カプセル，液体抽出型で入手できるが，ヨヒンビン単独か他の植物抽出物や栄養素との混合物である。投与量は製造元によりさまざまだが，研究者は1日におよそ15〜20mgを4回に等分して用いてきた。

SPF

機械的エッジと身体的パワー。ヨヒンビンは初め，筋力とパワーを増加させたり，ボディビルのようなスポーツでのより審美的な肉体を実現するために，筋量増加と体脂肪減少が宣伝されてきた。

理論

ヨヒンビンは薬物のように機能するようであり，その最も有力な作用は，α-2-アドレナリン受容体に拮抗することであり，総合的な作用として，副交感神経系を活性化させ，交感神経系を不活化させる。しかし，受容体をブロックすることは血中のノルエピネフリンレベルを上昇させることになり，逆説的な刺激作用を導く。

副交感神経系への作用により，ヨヒンビンは実験的には勃起不全や他の性的

障害の治療に用いられた。これら可能性のある応用例に基づいて，企業家は，ヨヒンビンをテストステロン産生を高める手段として売り出した。増加したテストステロンは同化作用を刺激し，筋量を増加する。ヨヒンビンの逆説的刺激作用は代謝を高め，体脂肪を減少させるというのである。

有効性

　予備的研究のいくつかは，ヨヒンビン補給がウエイトコントロールに役立つことを示唆している。ある研究では，急性のヨヒンビン補給により，運動時の脂肪動員の指標である血中FFA濃度とグリセロール濃度が高まるとしているが，脂肪の酸化は測定されていない。

　別の研究では，3週間のヨヒンビン補給により，低カロリー食の若い肥満女性に有意な体重減少が見られ，これは交感神経系の刺激が高まったからと推定しているが，身体組成が評価されていないので，体脂肪と筋量のどちらが減少したのかはっきりしない。

　現状では，ヨヒンビン補給が，健康な選手の血清テストステロンレベルを上昇させ，筋量を増加し，体脂肪を減少させるというしっかりした科学的データはない。

安全性

　長期的な使用は，めまい，神経質，頭痛，軽い震え，むかつき，吐き気など，さまざまな副作用を伴う。ある報告では，急性の摂取により平均血圧を16％上昇させるとしており，さらにα-2-アドレナリン受容体遮断剤を長期投与すると他の健康上のリスクを伴うだろう。

法的および倫理的観点

　合法的かつ倫理的。

推奨

　ヨヒンビン補給は，パフォーマンス向上効果を支持する再現性ある科学的データがないので，エルゴジェニックとして勧められない。

Zinc 亜鉛

分類と用法

亜鉛は必須のミネラルであり，栄養学的エルゴジェニック。肉，鳥，シーフード（特にカキ）のような動物性食品が亜鉛を豊富に含む。全粒穀物製品も良い供給源である。所要量は，男性15mg，女性12mgである。

サプリメントは，亜鉛塩として入手できる。研究で用いられる摂取量は，1日135mgまでである。

SPF

機械的エッジと身体的パワー。亜鉛補給は，主として筋量の増加と，身体的パワー，特に爆発的パワー，ハイパワー，パワー持久力の向上を目指して研究されてきた。

理論

亜鉛は，タンパク合成に関与する酵素を含め，体内の100以上の酵素の機能に関係している。理論上，亜鉛補給は筋タンパクの合成を高め，筋力とパワーを向上させる。亜鉛はまた，乳酸エネルギー系に重要な酵素である乳酸脱水素酵素（LDH）に必要であるので，LDH活性が高まれば，無酸素運動のパフォーマンスが改善されるだろう。

有効性

亜鉛は運動パフォーマンスに重要な役割を担っているようだが，不思議なことにそのエルゴジェニック効果についてはほとんど研究的関心が払われていない。鍛練していない中年女性を対象にした研究では，亜鉛補給はいくつかのテストで筋力と持久力の向上を示した。他の研究では，$\dot{V}O_2max$に対して亜鉛補給とその欠乏いずれも効果が見られなかった。

これらの限られたデータでは，鍛練者に対する亜鉛補給のエルゴジェニック効果は支持されるものではない。

表8.18
食品交換表中の一般食品とファストフードの亜鉛含有量

牛乳
　低脂肪牛乳(1%脂肪)1カップ=0.9mg
　無脂肪ヨーグルト1カップ=2.2mg

肉／魚／鳥／チーズ
　スイスチーズ1オンス（約28g）=1.1mg
　赤身ステーキ1オンス（約28g）=1.8mg
　小エビ1オンス（約28g）=0.4mg

パン／シリアル／豆類／デンプン質の野菜
　全粒小麦パン 1枚=0.4mg
　焼いた豆1カップ=3.5mg
　コーン1カップ=0.6mg

野菜
　調理したブロッコリー1カップ=0.6mg
　調理したほうれん草1カップ=1.4mg

果物
　バナナ1本=0.2mg
　レーズン1/4カップ=0.1mg

ファストフード
　バーガーキング・BK ブロイラー 1個=3.2mg
　ウェンディーズ・クォーターパウンドハンバーガー 1個=6.3m

安全性

　所要量までなら安全である。25-50mg の摂取は，鉄や銅などの微量ミネラルの腸管吸収を阻害し，100mg 以上では血清脂質状態に影響し，有害な LDL コレステロールを増加させ，有益な HDL コレステロールを減少させるかもしれない。大量補給は，むかつきや吐き気を催させ，免疫系の機能にも悪影響を及ぼすだろう。

法的および倫理的観点

合法的かつ倫理的

推奨

一般に亜鉛摂取は，スポーツパフォーマンスを高めることが見出されていないので，勧められない。理想的には，ほとんどの選手が表8.18に記述した亜鉛を豊富に含む食品を選び，食事から十分量を得るようにすべきである。(a) 動物性食品を控えている選手，(b) ウエイトコントロールが必要なスポーツの選手などのように，どうしても選べない場合は，ミネラルのタブレットが有効となるだろう。ウエイトコントロールが必要なスポーツの若い成長期の選手にとって，十分な亜鉛摂取はとりわけ重要であり，亜鉛欠乏は，体操やレスリングの選手の思春期，発育・発達，筋肉パフォーマンスなどの異常に関与していることを示唆している科学者もいる。このような場合は，食事に10～15mgの代表的なサプリメントを用いる方法が勧められる。朝食シリアルにも，1食あたり10～15mgの亜鉛を強化したものがある。

付表：IOCアンチ・ドーピング規程（抜粋）

禁止物質の種類と禁止方法

<1. 禁止物質の種類>

A. 興奮剤

禁止物質の種類（A）は，以下のようなものである。

アミネプチン，アミフェナゾール，アンフェタミン類，ブロマンタン，カフェイン*，カルフェドン，コカイン，エフェドリン類**，フェンカンファミン，メソカルブ，ペンテトラゾール，ピプラドロール，サルブタモール***，サルメテロール***，テルブタリン***，…および関連物質

* カフェインは，尿中濃度が12μg/mlを超える場合を陽性とする。
** カチンは尿中濃度が5μg/mlを超える場合を陽性とする。エフェドリンおよびメチルエフェドリンは，尿中濃度が10μg/mlを超える場合を陽性とする。フェニルプロパノールアミンおよびプソイドエフェドリンは尿中濃度が25μg/mlを超える場合を陽性とする。
*** 喘息および運動誘発性喘息の予防および治療を目的とした吸入による場合に限り認められる。呼吸器科医またはチームドクターにより喘息および運動誘発性喘息である旨を当該医事責任者に書面により申告しなければならない。
注意—すべてのイミタゾール製剤は，局所使用に対して認められる。血管収縮神経剤は，局所麻酔剤とともに投与することができる。アドレナリンとフェニレフリンの局所製剤（例：鼻，眼，直腸）は認められる。

B. 麻薬性鎮痛剤

禁止物質の種類（B）は，以下のようなものである。

ブプレノルフィン，デキストロモラミド，ジアモルヒネ（ヘロイン），メサドン，モルヒネ，ペンタゾシン，ペチジン，…および関連物質

注意：コデイン，デキストロメトルファン，デキストロプロポキシフェン，ジヒドロコデイン，ジフェノキシラート，エチルモルヒネ，フォルコジン，プロポキシフェンおよびトラマドールの使用は認められる。

C. 蛋白同化剤（註：本書では「タンパク同化剤」）

禁止物質の種類（C）は，以下のようなものである。
1. アナボリック・アンドロジェニック・ステロイド
   （a）クロステボール，フルオキシメステロン，メタンジエノン，メテノロン，

ナンドロロン，19-ノルアンドロステンジオール，19-ノルアンドロステンジオン，オキサンドロロン，スタノゾロール，…および関連物質

(b) アンドロステンジオール，アンドロステンジオン，デヒドロエピアンドロステロン（DHEA），ジヒドロテストステロン，テストステロン＊，…および関連物質

ステロイドの代謝プロファイルおよび／又はそれらの同位体比測定から得られた証拠は最後の判定を行うために使用される。

＊ 競技者の尿中テストステロン（T）とエピテストステロン（E）との存在比率が6対1より大きい場合は，この比率が生理的あるいは病的状態，例えば，エピテストステロン排出の低下や，アンドロゲン産出腫瘍，酸素欠損などによるものと証拠がない限り，違反が成立する。

T/Eが6を超えた場合，当該医事責任者は，サンプルを陽性と判断する前に，追加調査を実施しなければならない。調査報告書には，過去の検査結果，および追加実施された検査の結果，あるいは内分泌系の検査結果など，すべてが記載されることになる。以前の検査結果が入手できない場合，当該競技者は3ヵ月間，少なくとも1ヵ月に1回の割合で抜打ち検査を受けなければならず，これらの調査結果も報告書に含まなければならない。もしこの調査への協力を怠れば，サンプルが陽性であったことを宣言する結果になる。

2. β2作用剤（註：本書では「β-2作用薬」）

経口あるいは注射により摂取される場合：バンブテロール，クレンブテロール，フェノテロール，フォルモテロール，レプロテロール，サルブタモール＊，テルブタリン＊，…および関連物質

＊ 第1条（A）に記載の通り，吸入は正式に許可される。
サルブタモールは，蛋白同化剤のカテゴリーにおいては，尿中濃度が500μg/mlを超える場合を陽性とする。

D. 利尿剤

禁止物質の種類（D）は，以下のようなものである。

アセタゾラミド，ブメタニド，クロルタリドン，エタクリン酸，フロセミド，ヒドロクロロチアジド，マンニトール＊，マーサリル，スピロノラクトン，トリアムテレン，…および関連物質

＊ 静脈注射を禁止する。

E. ペプチドホルモン，類似物質およびその同族体

禁止物質の種類（E）は，以下のようなものおよびその同族体，類似物質である。

1. 胎盤性性腺刺激ホルモン（hCG）—男子にのみ使用禁止

2. 下垂体性および合成性腺刺激ホルモン類（LH）－男子にのみ使用禁止
3. コルチコトロピン類（ACTH，テトラコサクチド）
4. 成長ホルモン（hGH）
5. インスリン様増殖因子（IGF-1）
   およびこれらの全ての放出因子，同族体
6. エリスロポエチン（EPO）
7. インスリン；
   インスリン依存性糖尿病の治療にのみ認められる。内分泌医又はチームドクターによりインスリン依存性糖尿病である旨を書面により申告しなければならない。

種類（E）において，内因性ホルモンあるいはその識別マーカーが競技者の尿中に異常な濃度で存在した場合，それが単に生理的あるいは病的状態によるためであるとの決定的な証明がない限り違反が成立する。

<2. 禁止方法>

次の方法は禁止されている：
1. 血液ドーピング
2. 人工酸素運搬物質および血漿増量剤の投与
3. 薬理学的・化学的・物理的操作

<3. ある特定状況下での禁止物質の種類>

A. アルコール
当該責任組織が規程する場合，エタノールの検査が行われる。

B. カンナビノイド類
当該責任組織が規程する場合，カンナビノイド（マリファナ，ハシシュなど）の検査が行われる。オリンピック大会においてはカンナビノイド類の検査が行われる。11-ノルデルタ9-テトラヒドロカンナビロール-9-カルボン酸（カルボ

キシ-THC）の尿中濃度が15μg/mlを超えると，ドーピングが成立する。

C. 局所麻酔剤

局所麻酔剤の注射は，以下の条件の下で認められる。

a. ブピバカイン，リドカイン，メピバカイン，プロカインなどは使用できるが，コカインは使用できない。血管収縮神経剤（アドレナリンなど）は，局所麻酔剤とともに使用できる。
b. 局所および関節内注射のみに使用できる。
c. 特定の競技前に，関連医事当局に書面で提出されることを前提に，必要であると認められた場合，あるいは緊急医療時において医学的に正当と認められる場合にのみ使用できる。

D. コルチコステロイド（副腎皮質ステロイド）

コルチコステロイドの全身的使用は禁止する。

肛門・耳・皮膚・吸入・鼻・眼の使用は認められる（直腸は除く）。コルチコステロイドの関節内または局所注射は認められる。当該責任組織が規程する場合，書面により使用を申告しなければならない場合がある。

E. β-遮断剤（註：本書では「β-ブロッカー」）

β-遮断剤の例として，以下のようなものが挙げられる

アセブトロール，アルプレノロール，アテノロール，ラベタロール，メトプロロール，ナドロール，オクスプレノロール，プロプラノロール，ソタロール，…および関連物質

当該責任組織が規程する場合は，β-遮断剤の検査が行われる。

認定検査機関が特定の物質の検出に関して報告しなければならない尿中濃度の概要

物質	濃度
カフェイン	12μg/ml を超える場合
カルボキシーTHC	15ng/ml を超える場合
カチン	5μg/ml を超える場合
エフェドリン	10μg/ml を超える場合
エピテストステロン	200ng/ml を超える場合
メチルエフェドリン	10μg/ml を超える場合
モルヒネ	1μg/ml を超える場合
19-ノルアンドロステロン	男子—2ng/ml を超える場合
19-ノルアンドロステロン	女子—5ng/ml を超える場合
フェニルプロパノールアミン	25μg/ml を超える場合
プソイドエフェドリン	25μg/ml を超える場合
サルブタモール（競技会外検査）	500ng/ml を超える場合
T/E比率	6を超える場合

4. 競技会外検査

当該責任組織が明確に定めた場合を除き，競技会外検査では，1．C．（蛋白同化剤），D．（利尿剤），E．（ペプチドホルモン，類似物質およびその同族体）の禁止物質および2．（禁止方法）に対して行われる。

＜禁止物質の例示リスト＞

警告

これは，禁止物質をすべて網羅したリストではない。このリストに掲載されていない多くの物質も，「および関連物質」という表現によって禁止とみなされる。全ての競技者は，自身が服用する内服薬，サプリメント，市販薬，又はその他のどのような物質も，禁止されている物質を含んでいないことを確実にしなければならない。

興奮剤

アミネプチン，アンフェプラモン，アミフェナゾール，アンフェタミン，バンブテロール，ブロマンタン，カフェイン，カルフェドン，カチン，コカイン，クロプロパミド，クロテタミド，エフェドリン，エタミバン，エチルアンフェタミン，エチレフリン，フェンカンファミン，フェネチリン，フェンフルラミン，フォルモテロール，ヘプタミノール，メフェノレックス，メフェンテルミン，メソカルブ，メタアンフェタミン，メトキシフェナミン，メチレンジオキシアンフェタミン，メチルエフェドリン，メチルフェニデート，ニケタミド，ノンフェンフルラミン，パラヒドロキシアンフェタミン，ペモリン，ペンテトラゾール，フェンジメトラジン，フェンテルミン，フェニレフリン，フェニルプロパノールアミン，フォレドリン，ピプラドロール，プロリンタン，プロピルヘキセドリン，プソイドエフェドリン，レプロテロール，サルブタモール，サルメテロール，セレギリン，ストリキニーネ，テルブタリン

麻薬性鎮痛剤

ブプレノルフィン，デキストロモラミド，ジアモルヒネ（ヘロイン），ヒドロコドン，メタドン，モルヒネ，ペンタゾシン，ペチジン蛋白同化剤（註：本書では「タンパク同化剤」）アンドロステンジオール，アンドロステンジオン，バンブテロール，ボルデノン，クレンブテロール，クロステボール，ダナゾール，ジヒドロクロルメチルテストステロン，デヒドロエピアンドロステロン（DHEA），ジヒドロテストステロン，ドロスタノロン，フェノテロール，フルオキシメステロン，フォルメボロン，フォルモテロール，ゲストリノン，メステロロン，メタンジエノン，メテノロン，メタンドリオール，メチルテストステロン，ミボレロン，ナンドロロン，19－ノルアンドロステンジオール，19－ノルアンドロステンジオン，ノルエタンドロロン，オキサンドロロン，オキシメステロン，オキシメトロン，レプロテロール，サルブタモール，サルメテロール，スタノゾロール，テルブタリン，テストステロン，トレンボロン

利尿剤

アセタゾラミド，ベンドロフルメチアジド，ブメタニド，カンレノン，クロルタリドン，エタクリン酸，フロセミド，ヒドロクロロチアジド，インダパミド，

マンニトール（静脈注射による），マーサリル，スピロノラクトン，トリアムテレン

隠蔽剤
ブロマンタン，利尿剤（上記参照），エピテストステロン，プロベネシド

ペプチドホルモン，類似物質および同族体
副腎皮質刺激ホルモン（ACTH），エリスロポエチン（EPO），胎盤性性腺刺激ホルモン（hCG）＊，ヒト成長ホルモン（hGH），インスリン，黄体形成ホルモン（LH）＊，クロミフェン＊，シクロフェニル＊，タモキシフェン

＊＊男子にのみ禁止

β-遮断剤（註：本書では「β-ブロッカー」）
アセブトロール，アルプレノロール，アテノロール，ベタキソロール，ビソプロロール，ブノロール，カルテオロール，セリプロオーウ，エスモロール，ラベタロール，レボブノロール，メチプラノロール，メトプロロール，ナドロール，オクスプレノール，ピンドロール，プロプラノール，ソタロール，チモロール

参考文献

第1章

Anderson, O. 1995. Dad, mom, and you: Do your genes determine your performances? *Running Research News*, 11 (8): 1–4.

Burfoot, A. 1992. White men can't run. *Runner's World*, 27: 89–95.

Chatterjee, S., and Laudato, M. 1995. Gender and performance in athletics. *Sociological Biology,* 42: 124–132.

Fagard, R., Bielen, E., and Amery, A. 1991. Heritability of aerobic power and anaerobic energy generation during exercise. *Journal of Applied Physiology*, 70: 357–362.

Kearney, J. 1996. Training the Olympic athlete. *Scientific American*, 274 (6): 44–55.

Matheny, F. 1995. Unlock your genetic potential. *Bicycling,* 36: 51–53.

Smith, R.A. 1992. A historical look at enhancement of performance in sport: Muscular moralists versus muscular scientists. *American Academy of Physical Education Papers*, 25: 2–11.

第2章

Bucci, L. 1993. *Nutrients as ergogenic aids for sports and exercise.* Boca Raton, FL: CRC Press.

Burke, L.M., and Read, R.S. 1993. Dietary supplements in sport. *Sports Medicine*, 15: 43–65.

Clarke, K. (Ed.). 1972. *Drugs and the coach.* Washington, DC: American Alliance for Health, Physical Education, and Recreation.

Clarkson, P.M. 1996. Nutrition for improved sports performance: Current issues on ergogenic aids. *Sports Medicine*, 21: 293–401.

Ghaphery, N.A. 1995. Performance-enhancing drugs. *Sports Medicine*, 26: 433–442.

Thein, L.A., Thein, J.M., and Landry, G.L. 1995. Ergogenic aids. *Physical Therapy*, 75: 426–439.

Voy, R. 1991. *Drugs, sports, and politics.* Champaign, IL: Human Kinetics.

Wadler, G., and Hainline, B. 1989. *Drugs and the athlete*. Philadelphia: Davis.

Wagner, J.C. 1991. Enhancement of athletic performance with drugs: An overview. *Sports Medicine*, 12: 250–265.

Williams, M.H. 1996. Ergogenic aids: A means to citius, altius, fortius, and Olympic gold? *Research Quarterly for Exercise and Sport*, 67 (Supplement): S58–S64.

―――. 1995. *Nutrition for fitness and sport*. Dubuque, IA: Brown & Benchmark.

―――. 1995. Nutritional ergogenics in athletics. *Journal of Sports Sciences*, 13: S63–S74.

―――. 1994. The use of nutritional ergogenic aids in sports: Is it an ethical issue? *International Journal of Sport Nutrition*, 4: 120–131.

―――. 1992. Ergogenic and ergolytic substances. *Medicine and Science in Sports and Exercise*, 24: S344–S348.

―――. 1974. *Drugs and athletic performance*. Springfield, IL: C.C. Thomas.

Wolinsky, I., and Hickson, J. 1994. *Nutrition in exercise and sport*. Boca Raton, FL: CRC Press.

第3章

Cade, R., Packer, D., Zauner, C., Kaufmann, D., Peterson, J., Mars, D., Privette, M., Hommen, N., Fregly, M., and Rogers, J. 1992. Marathon running: Physiological and chemical changes accompanying late-race functional deterioration. *European Journal of Applied Physiology*, 65: 485–491.

Chu, D.A. 1996. *Explosive power and strength*. Champaign, IL: Human Kinetics.

Dintiman, G.B., and Ward, R.D. 1988. *Sport speed*. Champaign, IL: Human Kinetics.

Fitts, R.H., and Metzger, J.M. Mechanisms of muscular fatigue. 1993. In J.R. Poortmans (Ed.), *Principles of Exercise Biochemistry* (248–268). Basel: Karger.

Hawley, J.A., and Hopkins, W.G. 1995. Aerobic glycolytic and aerobic lipolytic power systems. *Sports Medicine*, 19: 240–250.

Henderson, J. 1996. *Better runs: 25 years' worth of lessons for running faster and farther*. Champaign, IL: Human Kinetics.

Knuttgen, H.G. 1995. Force, work, and power in athletic training. *Sports Science Exchange*, 8 (4): 1–6.

Kraemer, W.J., Fleck, S.J., and Evans, W.J. 1996. Strength and power training: Physiological mechanisms of adaptation. *Exercise and Sport Sciences Reviews*, 24: 363–398.

Newsholme, E.A. 1993. Basic aspects of metabolic regulation and their application to provision of energy in exercise. In J.R. Poortmans (Ed.), *Principles of Exercise Biochemistry* (51–88). Basel: Karger.

———. 1993. Application of knowledge of metabolic integration to the problem of metabolic limitations in sprints, middle distance and marathon running. In J.R. Poortmans (Ed.), *Principles of Exercise Biochemistry* (230–247). Basel: Karger.

Pavlou, K. 1993. Energy needs of the elite athlete. *World Review of Nutrition and Dietetics*, 71: 9–20.

Peterson, J.A., Bryant, C.X., and Peterson, S.L. 1995. *Strength training for women*. Champaign, IL: Human Kinetics.

Sargeant, A.J. 1994. Human power output and muscle fatigue. *International Journal of Sports Medicine*, 15: 116–121.

Skinner, J. 1992. Application of exercise physiology to the enhancement of human performance. *American Academy of Physical Education Papers*, 25: 122–130.

Terjung, R.L. 1995. Muscle adaptations to aerobic training. *Sports Science Exchange*, 8 (1): 1–4.

Thayer, R.E., Rice, C.L., Pettigrew, F.P., Noble, E.G., and Taylor, A.W. 1993. The fibre composition of skeletal muscle. In J.R. Poortmans (Ed.), *Principles of Exercise Biochemistry* (25–50). Basel: Karger.

Wilson, D.W. 1995. Energy metabolism in muscle approaching maximal rates of oxygen utilization. *Medicine and Science in Sports and Exercise*, 27: 54–59.

Zatsiorsky, V.M. 1995. *Science and practice of strength training*. Champaign, IL: Human Kinetics.

第4章

Gould, D., and Udry, E. 1994. Psychological skills for enhancing performance: Arousal regulation strategies. *Medicine and Science in Sports and Exercise*, 26: 478–485.

Greenspan, M., Fitzsimmons, P., and Biddle, S. 1991. Aspects of psychology in sports medicine. *British Journal of Sports Medicine,* 25: 178-180.

Kirschenbaum, D., McCann, S., Meyers, A., and Williams, J. 1995. Roundtable: The use of sport psychology to improve sports performance. *Sports Science Exchange,* 20 (6): 1-4.

Lakie, M., Villagra, F., Bowman, I., and Wilby, R. 1995. Shooting performance is related to forearm temperature and hand tremor size. *Journal of Sports Sciences,* 13: 313-320.

Lynch, J. 1994. Think like a champion. *Runner's World,* 29 (August): 50-55.

———. 1996. Mind over miles. *Runner's World,* 31 (May): 88-94.

Meyers, A.W., Whelan, J.P., and Murphy, S.M. 1996. Cognitive behavioral strategies in athletic performance enhancement. *Progress in Behavior Modification,* 30: 137-164.

Morgan, W., and Brown, D. 1983. Hypnosis. In M. Williams, *Ergogenic Aids in Sport* (223-252). Champaign, IL: Human Kinetics.

Murphy, S. 1994. Imagery interventions in sport. *Medicine and Science in Sports and Exercise,* 26: 486-494.

Nideffer, R.M. 1992. *Psyched to win: How to master mental skills to improve your physical performance.* Champaign, IL: Human Kinetics.

Orlick, T. 1990. *In pursuit of excellence: How to win in sport and life through mental training.* Champaign, IL: Human Kinetics.

Schmidt, R.A. 1991. *Motor learning and performance.* Champaign, IL: Human Kinetics.

Sheehan, G. 1989. *Personal best.* Emmaus, PA: Rodale Press.

Suinn, R. 1986. *Seven steps to peak performance.* Toronto: Han Huber.

Weinberg, R.S., and Gould, D. 1995. *Foundations of sport and exercise psychology.* Champaign, IL: Human Kinetics.

第5章

Abbott, A.V., and Wilson, D.G. 1996. *Human-powered vehicles.* Champaign, IL: Human Kinetics.

American College of Sports Medicine. 1996. ACSM Position stand: Weight loss in wrestlers. *Medicine and Science in Sports and Exercise,* 28 (6): ix-xii.

Brownell, K.D., and Rodin, J. 1994. The dieting maelstrom: Is it possible and advisable to lose weight? *American Psychologist,* 49: 781-791.

Burke, E.R. (Ed.). 1996. *High-tech cycling*. Champaign, IL: Human Kinetics.

Burke, E.R. 1995. *Serious cycling*. Champaign, IL: Human Kinetics.

Chatard, J., Senegas, X., Selles, M., Dreanot, P., and Geyssant, A. 1995. Wet suit effect: A comparison between competitive swimmers and triathletes. *Medicine and Science in Sports and Exercise*, 27: 580–586.

Cordain, L., and Kopriva, R. 1991. Wetsuits, body density, and swimming performance. *British Journal of Sports Medicine*, 25: 31–33.

Enoka, R. 1994. *Neuromechanical basis of kinesiology*. Champaign, IL: Human Kinetics.

Fogelholm, M. 1994. Effects of bodyweight reduction on sports performance. *Sports Medicine*, 18: 249–267.

Frederick, E. 1983. Extrinsic biomechanical aids. In M. Williams (Ed.), *Ergogenic Aids in Sport* (323–339). Champaign, IL: Human Kinetics.

Hay, J. 1978. *The biomechanics of sports techniques*. Englewood Cliffs, NJ: Prentice Hall.

Kyle, C.R. 1994. Energy and aerodynamics in bicycling. *Clinics in Sports Medicine*, 13: 39–73.

Kyle, C. 1986. Athletic clothing. *Scientific American*, 254: 104–110.

Morgan, D.W., Miller, T.A., Mitchell, V.A., and Craib, M.W. 1996. Aerobic demand of running shoes designed to exploit energy storage and return. *Research Quarterly for Exercise and Sport*, 67: 102–105.

Nattiv, A., and Lynch, L. 1994. The female athlete triad. *Physician and Sportsmedicine*, 22 (January): 60–68.

Nigg, B., and Anton, M. 1995. Energy aspects for elastic and viscous shoe soles and playing surfaces. *Medicine and Science in Sports and Exercise*, 27: 92–97.

Roche, A.F., Heymsfield, S.B., and Lohman, T.G. 1996. *Human body composition*. Champaign, IL: Human Kinetics.

Schenau, G., de Groot, G., Scheurs, A., Meestger, H., and de Koning, J. 1996. A new skate allowing powerful plantar flexions improves performance. *Medicine and Science in Sports and Exercise*, 28: 531–535.

Shorten, M.R. 1993. The energetics of running and running shoes. *Journal of Biomechanics*, 26 (Supplement 1): 41–45.

Starling, R.D., Costill, D.L., Trappe, T.A., Jozsi, A.C., Trappe, S.W., and Goodpaster, B.H. 1995. Effect of swimming suit design on the energy demands of swimming. *Medicine and Science in Sports and Exercise*, 27: 1086-1089.

Sturmi, J.E., and Rutecki, G.W. 1995. When competitive bodybuilders collapse: A result of hyperkalemia. *Physician and Sportsmedicine*, 23 (November): 49-53.

Sundgot-Borgen, J. 1994. Eating disorders in female athletes. *Sports Medicine*, 17: 176-188.

Viitasalo, J., Kyrolainen, H., Bosco, C., and Alen, M. 1987. Effects of rapid weight reduction on force production and vertical jumping height. *International Journal of Sports Medicine*, 8: 281-285.

Williams, K. 1985. The relationship between mechanical and physiological energy estimates. *Medicine and Science in Sports and Exercise*, 17: 317-325.

第6章

Ainsworth, B.E., Haskell, W.L., Leon, A.S., Jacobs, D.R., Montoye, H.J., Sallis, J.F., and Paffenbarger, R.S. 1993. Compendium of physical activities: Classification of energy costs of human physical activities. *Medicine and Science in Sports and Exercise*, 25: 71-80.

Kluka, D.A. 1994. Visual skills related to sports performance. *Research Consortium Newsletter*, 16 (2): 3.

Maud, P.J., and Foster, C. 1995. Physiological assessment of human fitness. Champaign, IL: Human Kinetics.

Mitchell, J.H., Haskell, W.L., and Raven, P.B. 1994. Classification of sports. *Medicine and Science in Sports and Exercise*, 26: S242-S245.

Young, W., McLean, B., and Ardagna, J. 1995. Relationship between strength qualities and sprinting performance. *Journal of Sports Medicine and Physical Fitness*, 35: 13-19.

第7章

Butterfield, G. 1996. Ergogenic aids: Evaluating sport nutrition products. *International Journal of Sport Nutrition*, 6: 191-197.

Catlin, D.H., and Murray, T.H. 1996. Performance-enhancing drugs, fair competition, and Olympic sport. *Journal of the American Medical Association*, 276: 231-237.

Editors, Nutrition Reviews. 1995. Dietary supplements: Recent chronology and legislation. *Nutrition Reviews*, 53 (2): 31-36.

Kleiner, S.M. 1991. Performance-enhancing aids in sport: Health consequences and nutritional alternatives. *Journal of the American College of Nutrition*, 10: 163–176.

Lightsey, D.M., and Attaway, J.R. 1992. Deceptive tactics used in marketing purported ergogenic aids. *National Strength and Conditioning Association Journal*, 14 (2): 26–31.

Philen, R.M., Ortiz, D.I., Auerbach, S.B., and Falk, H. 1992. Survey of advertising for nutritional supplements in health and bodybuilding magazines. *Journal of the American Medical Association*, 268: 1008–1011.

Pipe, A.L. 1993. Sport, science, and society: ethics in sports medicine. *Medicine and Science in Sports and Exercise*, 25: 888–900.

Scarpino, V., Arrigo, A., Benzi, G., Garattini, S., LaVecchia, C., Bernardi, L., Silvestrini, G., and Tuccimei, G. 1990. Evaluation of prevalence of "doping" among Italian athletes. *Lancet*, 336: 1048–1050.

Sherman, W.M., and Lamb, D. 1995. Introduction to the Gatorade Sports Science Institute conference on nutritional ergogenic aids. *International Journal of Sport Nutrition*, 5:Siii–Siv.

Short, S.H., and Marquart, L.F. 1993. Sports nutrition fraud. *New York State Journal of Medicine*, 93: 112–116.

Smith, D.A., and Perry, P.J. 1992. The efficacy of ergogenic agents in athletic competition. *Annals of Pharmacotherapy*, 26: 653–659.

Wagner, J.C. 1991. Enhancement of athletic performance with drugs: An overview. *Sports Medicine*, 12: 250–265.

Williams, M.H. 1994. The use of nutritional ergogenic aids in sports: Is it an ethical issue? *International Journal of Sport Nutrition*, 4: 120–131.

第 8 章

Alcohol

American College of Sports Medicine. 1982. Position statement on the use of alcohol in sports. *Medicine and Science in Sports and Exercise*, 14 (6): ix–x.

Eichner, E.R. 1989. Ergolytic drugs. *Sports Science Exchange*, 2 (15): 1–4.

Williams, M.H. 1994. Physical activity, fitness, and substance misuse and abuse. In C. Bouchard, R. Shephard, and T. Stephens (Eds.), *Physical Activity, Fitness, and Health*. Champaign, IL: Human Kinetics.

———. 1992. Alcohol and sports performance. *Sports Science Exchange*, 4 (40): 1–4.

———. 1991. Alcohol, marijuana and beta-blockers. In D.R. Lamb and M.H. Williams (Eds.), *Ergogenics: Enhancement of Performance in Exercise and Sport* (331–372). Dubuque, IA: Brown & Benchmark.

Amphetamines

Ivy, J. 1983. Amphetamines. In M.H. Williams (Ed.), *Ergogenic Aids in Sport* (101–127). Champaign, IL: Human Kinetics.

Lombardo, J. 1986. Stimulants and athletic performance (part 1 of 2): Amphetamines and caffeine. *The Physician and Sportsmedicine*, 14 (11): 128–141.

Anabolic/androgenic steroids (AAS)

Elashoff, J.D., Jacknow, A.D., Shain, S.G., and Braunstein, G.D. 1991. Effects of anabolic-androgenic steroids on muscle strength. *Annals of Internal Medicine*, 115: 387–393.

Friedl, K.E. 1993. Effects of anabolic steroids on physical health. In C.E. Yesalis (Ed.), *Anabolic Steroids in Sport and Exercise* (89–106). Champaign, IL: Human Kinetics.

Kicman, A.T., Cowan, D.A., Myhre, L., Nilsson, S., Tomten, S., and Oftebro, H. 1994. Effect on sports drug tests of ingesting meat from steroid (methenolone)-treated livestock. *Clinical Chemistry*, 40: 2084–2087.

Lombardo, J. 1993. The efficacy and mechanisms of action of anabolic steroids. In C.E. Yesalis (Ed.), *Anabolic Steroids in Sport and Exercise* (89–106). Champaign, IL: Human Kinetics.

Melchert, R.B., and Welder, A.A. 1995. Cardiovascular effects of androgenic-anabolic steroids. *Medicine and Science in Sports and Exercise*, 27: 1252–1262.

Middleman, A.M., and DuRant, R.H. 1996. Anabolic steroid use and associated health risk behaviors. *Sports Medicine*, 21: 251–255.

Yesalis, C.E. (Ed.) 1993. *Anabolic Steroids in Sport and Exercise*. Champaign, IL: Human Kinetics.

Anabolic phytosterols

Pearl, J. 1993. Severe reaction to "natural testosterones": How safe are the ergogenic aids? *American Journal of Emergency Medicine*, 11: 188–189.

Wheeler, K. and Garleb, K. 1991. Gamma oryzanol-plant sterol supplementation. *International Journal of Sport Nutrition*, 1: 170–177.

Williams, M.H. 1993. Nutritional supplements for strength trained athletes. *Sports Science Exchange*, 6 (6): 1–6.

Antioxidants

Cooper, K.H. 1994. *Dr. Kenneth H. Cooper's antioxidant revolution.* Nashville, TN: Thomas Nelson Publishers.

Dekkers, J.C., van Doornen, L., and Kemper, H. 1996. The role of antioxidant vitamins and enzymes in the prevention of exercise-induced muscle damage. *Sports Medicine*, 21: 213–238.

Goldfarb, A. 1993. Antioxidants: Role of supplementation to prevent exercise-induced oxidative stress. *Medicine and Science in Sports and Exercise*, 25: 232–236.

Kanter, M.M. 1994. Free radicals, exercise, and antioxidant supplementation. *International Journal of Sport Nutrition*, 4: 205–220.

LeBlanc, K. 1996. Antioxidants as ergogenic aids. *American Medical Athletic Association Quarterly* 1 (1): 6-10.

Arginine, lysine and ornithine

Aldana, S.G., and Jacobson, B.H. 1993. Weight loss and amino acids. *Health Values*, 17: 36–40.

Kreider, R.B., Miriel, V., and Bertun, E. 1993. Amino acid supplementation and exercise performance. *Sports Medicine*, 16: 190–209.

Aspartates

Banister, E.W., and Cameron, B.J. 1990. Exercise-induced hyperammonemia: Peripheral and central effects. *International Journal of Sports Medicine*, 11 (Supplement 2): S129–S142.

Wesson, M., McNaughton, L., Davies, P., and Tristram, S. 1988. *Research Quarterly for Exercise and Sport*, 59: 234–239.

Williams, M.H. 1995. *Nutrition for Fitness and Sport.* Dubuque, IA: Brown & Benchmark.

Bee pollen

Geyman, J.P. 1994. Anaphylactic reaction after ingestion of bee pollen. *Journal of the American Board of Family Practitioners*, 7: 250–252.

Woodhouse, M.L., Williams, M.H., and Jackson, C.W. 1987. The effects of varying doses of orally ingested bee pollen extract upon selected performance variables. *Athletic Training*, 22: 26–28.

Beta-blockers

Williams, M.H. (1991). Alcohol, marijuana and beta-blockers. In D.R. Lamb and M.H. Williams (Eds.), *Ergogenics: Enhancement of Performance in Exercise and Sport* (331–372). Dubuque, IA: Brown & Benchmark.

Blood doping

American College of Sports Medicine. 1996. The use of blood doping as an ergogenic aid. *Medicine and Science in Sports and Exercise*, 28 (3): i–viii.

Simon, T.L. 1994. Induced erythrocythemia and athletic performance. *Seminars in Hematology*, 31: 128–133.

Spriet, L.L. 1991. Blood doping and oxygen transport. In D.R. Lamb and M.H. Williams (Eds.), *Ergogenics: Enhancement of Performance in Exercise and Sport* (213–248). Dubuque, IA: Brown & Benchmark.

Boron

Ferrando, A.A., and Green, N.R. 1993. The effect of boron supplementation on lean body mass, plasma testosterone levels, and strength in male bodybuilders. *International Journal of Sport Nutrition*, 3: 140–149.

Nielsen, F.H. 1992. Facts and fallacies about boron. *Nutrition Today*, 27 (May/June): 6–12.

Branched-chain amino acids (BCAA)

Davis, J.M. 1995. Carbohydrates, branched-chain amino acids, and endurance: The central fatigue hypothesis. *International Journal of Sport Nutrition*, 5: S29–S38.

Madsen, K., MacLean, D.A., Kiens, B., and Christensen, D. 1996. Effects of glucose and glucose plus branched-chain amino acids or placebo on bike performance over 100km. *Journal of Applied Physiology*, 81: 2644–2650.

Caffeine

Cole, K., Costill, D., Starling, R., Goodpaster, B., Trappe, S., and Fink, W. 1996. Effect of caffeine ingestion on perception of effort and subsequent work production. *International Journal of Sport Nutrition*, 6: 14–23.

Graham, T.E., Rush, J.W., and van Soeren, M.H. 1994. Caffeine and exercise: Metabolism and performance. *Canadian Journal of Applied Physiology*, 19: 111–138.

Graham, T.E., and Spriet, L.L. 1996. Caffeine and exercise performance. *Sports Science Exchange*, 9 (1): 1–5.

Lamarine, R.J. 1994. Selected health and behavioral effects related to the use of caffeine. *Journal of Community Health*, 19: 449–466.

Nehlig, A., and Debry, G. 1994. Caffeine and sport activity: A review. *International Journal of Sport Medicine*, 15: 215–223.

Spriet, L. 1995. Caffeine and performance. *International Journal of Sport Nutrition*, 5: S84–S99.

Calcium

Clarkson, P.M., and Haymes, E.M. 1995. Exercise and mineral status of athletes: Calcium, magnesium, phosphorus, and iron. *Medicine and Science in Sports and Exercise*, 27: 831–843.

Carbohydrate supplements

Coleman, E. 1994. Update on carbohydrate: Solid versus liquid. *International Journal of Sport Nutrition*, 4: 80–88.

Conley, M.S., and Stone, M.H. 1996. Carbohydrate ingestion/supplementation for resistance exercise and training. *Sports Medicine*, 21: 7–17.

Costill, D.L., and Hargreaves, M. 1992. Carbohydrate nutrition and fatigue. *Sports Medicine*, 13: 86–92.

Coyle, E.F. 1994. Fluid and carbohydrate replacement during exercise: How much and why? *Sports Science Exchange*, 7 (3): 1–6.

Guezennec, C.Y. 1995. Oxidation rate, complex carbohydrates, and exercise. *Sports Medicine*, 19: 365–372.

Hawley, J.A., Dennis, S.C., and Noakes, T.D. 1994. Carbohydrate, fluid, and electrolyte requirements of the soccer player: A review. *International Journal of Sport Nutrition*, 4: 221–236.

Carnitine (L-Carnitine)

Cerretelli, P., and Marconi, C. 1990. L-Carnitine supplementation in humans. The effects on physical performance. *International Journal of Sports Medicine*, 11: 1–14.

Kanter, M.M., and Williams, M.H. 1995. Antioxidants, carnitine, and choline as putative ergogenic aids. *International Journal of Sport Nutrition*, 5: S120–S131.

Krahenbuhl, S. 1995. Carnitine: Vitamin or doping. *Therapeutische Umschau*, 52: 687–692.

Wagenmakers, A. 1991. L-Carnitine supplementation and performance in man. *Medicine and Sport Science*, 32: 110–127.

Choline (Lecithin)

Kanter, M.M., and Williams, M.H. 1995. Antioxidants, carnitine, and choline as putative ergogenic aids. *International Journal of Sport Nutrition*, 5: S120–S131.

Spector, S.A., Jackman, M.R., Sabounjian, L.A., Sakkas, C., Landers, D.M., and Willis, W.T. 1995. Effect of choline supplementation in trained cyclists. *Medicine and Science in Sports and Exercise*, 27: 668–673.

Chromium

Lefavi, R.G., Anderson, R.A., Keith, R.E., Wilson, G.D., McMillan, J.L., and Stone, M.H. 1992. Efficacy of chromium supplementation in athletes: Emphasis on anabolism. *International Journal of Sport Nutrition*, 2: 111–112.

Mertz, W. 1993. Chromium in human nutrition: A review. *Journal of Nutrition*, 123: 626–633.

Stearns, D.M., Belbruno, J.J., and Wetterhahn, K.E. 1995. A prediction of chromium (III) accumulation in humans from chromium dietary supplements. *FASEB Journal*, 9: 1650–1657.

Clenbuterol

Caruso, J.F., Signorile, J.F., Perry, A.C., Leblanc, B., Williams, R., Clark, M., and Bamman, M. 1995. The effects of albuterol and isokinetic exercise on the quadriceps muscle group. *Medicine and Science in Sports and Exercise*, 27: 1471–1476.

Dodd, S.L., Powers, S.K., Vrabas, I.S., Criswell, D., Stetson, S., and Hussain, R. 1996. Effects of clenbuterol on contractile and biochemical properties of skeletal muscle. *Medicine and Science in Sports and Exercise*, 28: 669–676.

Norris, S.R., Petersen, S.R., and Jones, R.L. 1996. The effect of salbutamol on performance in endurance cyclists. *European Journal of Applied Physiology*, 73: 364–368.

Prather, I.D., Brown, D.E., North, P., and Wilson, J.R. 1995. Clenbuterol: A substitute for anabolic steroids? *Medicine and Science in Sports and Exercise*, 27: 1118–1121.

Spann, C., and Winter, M.E. 1995. Effect of clenbuterol on athletic performance. *Annals of Pharmacotherapy*, 29: 75–77.

Cocaine

Lombardo, J. 1986. Stimulants and athletic performance (part 2 of 2): Cocaine and nicotine. *The Physician and Sportsmedicine*, 14 (12): 85–91.

Nademanee, K. 1992. Cardiovascular effects and toxicities of cocaine. *Journal of Addictive Diseases*, 11 (4): 71–82.

Coenzyme Q_{10}

Braun, B., Clarkson, P.M., Freedson, P.S., and Kohl, R.L. 1991. Effects of coenzyme Q_{10} supplementation on exercise performance, VO_2max, and lipid peroxidation in trained cyclists. *International Journal of Sport Nutrition*, 1: 353–365.

Laaksonen, R., Fogelholm, M., Himberg, J., Laakso, J., and Salorinne, Y. 1995. Ubiquinone supplementation and exercise capacity in trained young and older men. *European Journal of Applied Physiology*, 72: 95–100.

Malm, C., Svensson, M., Sjoberg, B., Ekblom, B., and Sjodin, B. 1996. Supplementation with ubiquinone-10 causes cellular damage during intense exercise. *Acta Physiologica Scandinavica* 157:511-512.

Creatine

Balsom, P., Soderlund, K., and Ekblom, B. 1994. Creatine in humans with special reference to creatine supplementation. *Sports Medicine*, 18: 268–280.

Greenhaff, P.L. 1995. Creatine and its application as an ergogenic aid. *International Journal of Sport Nutrition*, 5: S100–S110.

Hultman, E., Soderlund, K., Timmons, J.A., Cederblad, G., and Greenhaff, P.L. 1996. Muscle creatine loading in man. *Journal of Applied Physiology*, 81: 232–237.

Maughan, R.J. 1995. Creatine supplementation and exercise performance. *International Journal of Sport Nutrition*, 5: 94–101.

Mujika, I., Chatard, J., Lacoste, L., Barale, F., and Geyssant, A. 1996. Creatine supplementation does not improve sprint performance in competitive swimmers. *Medicine and Science in Sports and Exercise*, 28: 1435–1441.

Dehydroepiandrosterone (DHEA)

New York Academy of Sciences. 1995. Deydroepiandrosterone (DHEA) and aging. *Annals of the New York Academy of Sciences*, 774: ix–xiv, 1–350.

Skerrett, P. 1996. Helpful hormone or hype. *Healthnews*, 2 (16): 1–2.

Diuretics

Viitasalo, J., Kyrolainen, H., Bosco, C., and Alen, M. 1987. Effects of rapid weight reduction on force production and vertical jumping height. *International Journal of Sport Medicine*, 8: 281–285.

Engineered foods and dietary supplements

Knuttgen, H.G. (Ed.). 1995. Is it real or is it Met-Rx™? Penn State Sports Medicine Newsletter, 3 (6): 1–2.

Ephedrine

Fitch, K. 1986. The use of anti-asthmatic drugs: Do they affect sports performance? *Sports Medicine*, 3: 136–150.

Noakes, T.D., Gilles, H., Smith, P., Evans, A., Gabriels, G., and Derman, E.W. 1995. Pseudoephedrine ingestion is without ergogenic effect during prolonged exercise. *Medicine and Science in Sports and Exercise*, 27: S204.

Sidney, K.H., and Lefcoe, N.M. 1977. The effects of ephedrine on the physiological and psychological responses to submaximal and maximal exercise in man. *Medicine and Science in Sports*, 9: 95–99.

Erythropoietin

American College of Sports Medicine. 1996. The use of blood doping as an ergogenic aid. *Medicine and Science in Sports and Exercise*, 28 (3): i–viii.

Ekblom, B., and Berglund, B. 1991. Effect of erythropoietin administration on maximal aerobic power. *Scandinavian Journal of Medicine and Science in Sports*, 1: 88–93.

Ramotar, J. 1990. Cyclists' deaths linked to erythropoietin? *Physician and Sportsmedicine* 18 (8): 48–49.

Fat supplements

Berning, J.R. 1996. The role of medium-chain triglycerides in exercise. *International Journal of Sport Nutrition*, 6: 121–133.

Clarkson, P.M. 1996. Nutrition for improved sports performance: Current issues on ergogenic aids. *Sports Medicine*, 21: 293–401.

Coyle, E.F. 1995. Fat metabolism during exercise. *Sports Science Exchange*, 8 (6): 1–6.

Sherman, W.M., and Leenders, N. 1995. Fat loading: The next magic bullet? *International Journal of Sport Nutrition*, 5: S1–S12.

Fluid supplementation

American College of Sports Medicine. 1996. Position stand: Exercise and fluid replacement. *Medicine and Science in Sports and Exercise*, 28 (1): i–vii.

Coyle, E.F., and Montain, S.J. 1992. Benefits of fluid replacement with carbohydrate during exercise. *Medicine and Science in Sports and Exercise*, 24: S324–S330.

Peters, H.P., Akkeermans, L.M., Bol, E., and Mosterd, W. 1995. Gastrointestinal symptoms during exercise. *Sports Medicine*, 20: 65–76.

Folic acid (Folate)

Herbert, V., and Dos, K.C. 1994. Folic acid and vitamin B_{12}. In M. Shils, J. Olson, and M. Shike (Eds.), *Modern Nutrition in Health and Disease* (402–425). Philadelphia: Lea & Febiger.

Ginseng

Bahrke, M.S., and Morgan, W.P. 1994. Evaluation of the ergogenic properties of ginseng. *Sports Medicine*, 18: 229–248.

Carr, C.J. 1986. Natural plant products that enhance performance and endurance. In C.J. Carr and E. Jokl (Eds.), *Enhancers of Performance and Endurance* (139–192). Hillsdale, NJ: Lawrence Erlbaum Associates.

Dowling, E.A., Redondo, D.R., Branch, J.D., Jones, S., McNabb, G., and Williams, M.H. 1996. Effect of Eleutherococcus senticosus on submaximal and maximal exercise performance. *Medicine and Science in Sport and Exercise*, 28: 482–489.

Mar, S. 1995. The "adaptogens" (part I): Can they really help your running? *Running Research News*, 11 (5): 1–5.

———. 1995. Can adaptogens help athletes reduce their risk of infections and overtraining? *Running Research News*, 11 (9): 1–7.

Glycerol

American Running and Fitness Association. 1996. Glycerol helps fluid balance. *Running & FitNews*, 14 (6): 1.

Lamb, D.R., Lightfoot, W.S., and Myhal, M. 1997. Prehydration with glycerol does not improve cycling performance vs 6% CHO-electrolyte drink. *Medicine and Science in Sports and Exercise* 29: S249.

Legwold, G. 1994. Hydration breakthrough! A sponge called glycerol boosts endurance by super-loading your body with water. *Bicycling*, 35 (7): 72–74.

Lyons, T.P., Riedesel, M.L., Meuli, L.E., and Chick, T.W. 1990. Effects of glycerol-induced hyperhydration prior to exercise in the heat on sweating and core temperature. *Medicine and Science in Sports and Exercise*, 22: 477–483.

Montner, P., Stark, D.M., Riedesel, M.L., Murata, G., Robergs, R., Timms, M., and Chick, T.W. 1996. Pre-exercise glycerol hydration improves cycling endurance time. *International Journal of Sports Medicine* 17: 27–33.

HMB (Beta-hydroxy-beta-methylbutyrate)

Nissen, S., Sharp, R., Ray, M., Rathmacher, J., Rice, D., Fuller, J., Connelly, A., and Abumrad, N. 1996. Effect of leucine metabolite β-hydroxy-β-methylbutyrate on muscle metabolism during resistance-exercise training. *Journal of Applied Physiology*, 81: 2095–2104.

Nissen, S., Panton, L., Wilhelm, R., and Fuller, J. 1996. Effect of β-hydroxy-β-methylbutyrate (HMB) supplementation on strength and body composition of trained and untrained males undergoing intense resistance training. *FASEB Journal*, 10: A287.

Human growth hormone

Kicman, A.T., and Cowan, D.A. 1992. Peptide hormones and sport: Misuse and detection. *British Medical Bulletin*, 48: 496–517.

Lombardo, J.A., Hickson, R.C., and Lamb, D.R. 1991. Anabolic/androgenic steroids and growth hormone. In D.R. Lamb and M.H. Williams (Eds.), *Ergogenics: Enhancement of Performance in Exercise and Sport* (249–284). Dubuque, IA: Brown & Benchmark.

Yarasheski, K.E. 1994. Growth hormone: Effects on metabolism, body composition, muscle mass, and strength. *Exercise and Sport Sciences Reviews*, 22: 285–312.

Inosine

Starling, R.D., Trappe, T.A., Short, K.R., Sheffield-Moore, M., Jozsi, A.C., Fink, W.J., and Costill, D.L. 1996. Effect of inosine supplementation on aerobic and anaerobic cycling performance. *Medicine and Science in Sports and Exercise*, 28: 1193–1198.

Williams, M.H., Kreider, R.B., Hunter, D.W., Somma, C.T., Shall, L.M., Woodhouse, M.L., and Rokitski, L. 1990. Effect of inosine supplementation on 3-mile treadmill run performance and VO_2peak. *Medicine and Science in Sports and Exercise*, 22: 517–522.

Iron

Clarkson, P.M., and Haymes, E.M. 1995. Exercise and mineral status of athletes: Calcium, magnesium, phosphorus, and iron. *Medicine and Science in Sports and Exercise*, 27: 831–843.

Weaver, C.M., and Rajaram, S. 1992. Exercise and iron status. *Journal of Nutrition*, 122: 782–787.

Magnesium

McDonald, R., and Keen, C.L. 1988. Iron, zinc and magnesium nutrition and athletic performance. *Sports Medicine*, 5: 171–184.

Lukaski, H.C. 1995. Micronutrients (magnesium, zinc, and copper): Are mineral supplements needed for athletes? *International Journal of Sport Nutrition*, 5: S74–S83.

Marijuana

Williams, M.H. 1991. Alcohol, marijuana and beta-blockers. In D.R. Lamb and M.H. Williams (Eds.), *Ergogenics: Enhancement of Performance in Exercise and Sport* (331–372). Dubuque, IA: Brown & Benchmark.

Williams, M.H. 1994. Physical activity, fitness, and substance misuse and abuse. In C. Bouchard, R. Shephard, and T. Stephens (Eds.), *Physical Activity, Fitness, and Health*. Champaign, IL: Human Kinetics.

Multivitamin/mineral supplements

Keith, R. 1994. Vitamins and physical activity. In I. Wolinsky and J. Hickson (Eds.), *Nutrition in Exercise and Sport* (170–175). Boca Raton, FL: CRC Press.

van der Beek, E.J. 1991. Vitamin supplementation and physical exercise performance. *Journal of Sports Sciences*, 9: 77–89.

Williams, M.H. 1989. Vitamin supplementation and athletic performance. *International Journal of Vitamin and Nutrition Research*, Supplement 30: 163–191.

Narcotic analgesics

Ward, D.S., and Nitti, G.J. 1988. The effects of sufentanin on the hemodynamic and respiratory response to exercise. *Medicine and Science in Sports and Exercise*, 20: 579–586.

Niacin

Murray, R., Bartoli, W.P., Eddy, D.E., and Horn, M.K. 1995. Physiological and performance responses to nicotinic-acid ingestion during exercise. *Medicine and Science in Sports and Exercise*, 27: 1057–1062.

Williams, M.H. 1989. Vitamin supplementation and athletic performance. *International Journal of Vitamin and Nutrition Research*, Supplement 30: 163–191.

Nicotine

Christen, A.G., McDaniel, R.K., and McDonald, J.L. (1990). The smokeless tobacco "time bomb." *Postgraduate Medicine*, 87 (7): 69–74.

Edwards, S.W., Glover, E.D., and Schroeder, K.L. 1987. The effects of smokeless tobacco on heart rate and neuromuscular reactivity in athletes and nonathletes. *The Physician and Sportsmedicine*, 15 (7): 141–146.

Krogh, D. 1991. *Smoking: The Artificial Passion.* New York: W.H. Freeman.

Symons, J.D., and Stebbins, C.L. 1996. Hemodynamic and regional blood flow responses to nicotine at rest and during exercise. *Medicine and Science in Sports and Exercise*, 28: 457–467.

Williams, M.H. 1994. Physical activity, fitness, and substance misuse and abuse. In C. Bouchard, R. Shephard, and T. Stephens (Eds.), *Physical Activity, Fitness, and Health.* Champaign, IL: Human Kinetics.

Omega-3 fatty acids

Brilla, L., and Landerholm, T. 1990. Effect of fish oil supplementation and exercise on serum lipids and aerobic fitness. *The Journal of Sports Medicine and Physical Fitness*, 30: 173–180.

Oxygen supplementation and breathing enhancement

Bean, D. (1996). Nose training proves to be financial—but not physiological—success. *Running Research News*, 12 (6): 10–11.

Papanek, P.E., Young, C.C., Kellner, N.A., Lachacz, J.G., and Sprado, A. 1996. The effects of an external nasal dilator (Breathe Right) on anaerobic sprint performance. *Medicine and Science in Sports and Exercise*, 28: S182.

Welch, H. 1987. Effects of hypoxia and hyperoxia on human performance. *Exercise and Sport Sciences Reviews*, 15: 191–221.

Pantothenic acid

Williams, M.H. 1989. Vitamin supplementation and athletic performance. *International Journal of Vitamin and Nutrition Research*, Supplement 30: 163–191.

Phosphate salts

Kreider, R.B. 1992. Phosphate loading and exercise performance. *Journal of Applied Nutrition*, 44: 29–49.

Tremblay, M.S., Galloway, S.D., and Sexsmith, J.R. 1994. Ergogenic effects of phosphate loading: Physiological fact or methodological fiction? *Canadian Journal of Applied Physiology*, 19: 1–11.

Protein

Chandler, R.M., Byrne, H.K., Patterson, J.G., and Ivy, J.L. 1994. Dietary supplements affect the anabolic hormones after weight-training exercise. *Journal of Applied Physiology*, 76: 839–845.

Lemon, P. 1996. Is increased dietary protein necessary or beneficial for individuals with a physically active lifestyle? *Nutrition Reviews* 54: S169-S175.

Lemon, P.W. 1995. Do athletes need more dietary protein and amino acids? *International Journal of Sport Nutrition*, 5: S39–S61.

Lemon, P.W. 1994. Protein requirement of soccer. *Journal of Sport Sciences*, 12: S17–S22.

Riboflavin (Vitamin B_2)

van der Beek, E.J. 1991. Vitamin supplementation and physical exercise performance. *Journal of Sports Sciences*, 9: 77–89.

Selenium

Clarkson, P.M., and Haymes, E.M. 1994. Trace mineral requirements for athletes. *International Journal of Sport Nutrition*, 4: 104–119.

Tessier, F., Margaritis, I., Richard, M., Moynot, C., and Marconnet, P. 1995. Selenium and training effects on the glutathione system and aerobic performance. *Medicine and Science in Sports and Exercise*, 27: 390–396.

Sodium bicarbonate

Bird, S.R., Wiles, J., and Robbins, J. 1995. The effect of sodium bicarbonate on 1500-m racing time. *Journal of Sports Sciences*, 13: 399–403.

Horswill, C.A. 1995. Effects of bicarbonate, citrate, and phosphate loading on performance. *International Journal of Sport Nutrition*, 5: S111–S118.

Linderman, J.K., and Gosselink, K.L. 1994. The effects of sodium bicarbonate ingestion on exercise performance. *Sports Medicine*, 18: 75–80.

Matson, L.G., and Tran, Z.V. 1993. Effects of sodium bicarbonate ingestion on anaerobic performance: A meta-analytic review. *International Journal of Sport Nutrition*, 3: 2–28.

Williams, M.H. 1992. Bicarbonate loading. *Sports Science Exchange*, 4 (36): 1–4.

Testosterone and human chorionic gonadotropin (hCG)

Bhasin, S., Storer, T., Berman, N., Callegari, C., Clevenger, B., Phillips, J., Bunnell, T., Tricker, R., Shirazi, A., and Casaburi, R. 1996. The effects of supraphysiologic doses of testosterone on muscle size and strength in normal men. *New England Journal of Medicine*, 335: 1–7.

Forbes, G.B., Porta, C.R., Herr, B.E., and Griggs, R.C. 1992. Sequence of changes in body composition induced by testosterone and reversal of changes after drug is stopped. *Journal of the American Medical Association*, 267: 397–399.

Kicman, A.T., Brooks, R.V., and Cowan, D.A. 1991. Human chorionic gonadotrophin and sport. *British Journal of Sports Medicine*, 25: 73–80.

Starka, L. 1993. Epitestosterone—A hormone or not? *Endocrine Regulation*, 27: 43–48.

Yesalis, C.E. (Ed.). 1993. *Anabolic steroids in sport and exercise*. Champaign, IL: Human Kinetics.

Thiamin (Vitamin B_1)

Williams, M.H. 1989. Vitamin supplementation and athletic performance. *International Journal of Vitamin and Nutrition Research*, Supplement 30: 163–191.

Tryptophan

Herbert, V. 1992. L-Tryptophan: A medicolegal case against over-the-counter marketing of supplements of amino acids. *Nutrition Today*, 27 (March): 27–30.

Stensrud, T., Ingjer, F., Holm, H., and Stromme, S. 1992. L-Tryptophan supplementation does not improve running performance. *International Journal of Sports Medicine*, 13: 481–485.

Vanadium

Fawcett, J., Farquhar, S., Walker, R., Thou, T., Lowe, G., and Goulding, A. 1996. The effect of oral vanadyl sulfate on body composition and performance in weight-training athletes. *International Journal of Sport Nutrition*, 6: 382–390.

Nielsen, F. 1994. Ultratrace minerals. In M. Shils, J. Olson, and M. Shike (Eds.), *Modern Nutrition in Health and Disease* (269–286). Philadelphia: Lea & Febiger.

Vitamin B_6 (Pyridoxine)

Manore, M.M. 1994. Vitamin B_6 and exercise. *International Journal of Sport Nutrition*, 4: 89–103.

Vitamin B_{12}

Herbert, V., and Dos, K.C. 1994. Folic acid and vitamin B_{12}. In M. Shils, J. Olson, and M. Shike (Eds.), *Modern Nutrition in Health and Disease* (402–425). Philadelphia: Lea & Febiger.

Vitamin B_{15}

Gray, M.E., and Titlow, L.W. 1982. B_{15}: Myth or miracle? *The Physician and Sportsmedicine*, 10 (1): 107–112.

Vitamin C

Gerster, H. 1989. The role of vitamin C in athletic performance. *Journal of the American College of Nutrition*, 8: 636–643.

Hemila, H. 1996. Vitamin C and common cold incidence: A review of studies with subjects under heavy physical stress. *International Journal of Sports Medicine* 17: 379-383.

Vitamin E

Kagan, V.E., Spirichev, V.B., Serbinova, E.A., Witt, E., Erin, A.N., and Packer, L. 1994. In I. Wolinsky and J. Hickson (Eds.), *Nutrition in Exercise and Sport* (185–213). Boca Raton, FL: CRC Press.

Keith, R.E. 1994. Vitamins and physical activity. In I. Wolinsky and J. Hickson (Eds.), *Nutrition in Exercise and Sport* (170–175). Boca Raton, FL: CRC Press.

Tiidus, P.M., and Houston, M.E. 1995. Vitamin E status and response to exercise training. *Sports Medicine*, 20: 12–23.

Yohimbine

Kucio, C., Jonderko, K., and Piskorska, D. 1991. Does yohimbine act as a slimming drug? *Israel Journal of Medical Sciences*, 27: 550–556.

Riley, A.J. 1994. Yohimbine in the treatment of erectile disorder. *British Journal of Clinical Practice*, 48: 133–136.

Zinc

Clarkson, P.M., and Haymes, E.M. 1994. Trace mineral requirements for athletes. *International Journal of Sport Nutrition*, 4: 104–119.

スポーツ・エルゴジェニック
限界突破のための栄養・サプリメント戦略
ⓒ Mitsuru Higuchi 2000

初版発行────2000年8月1日

著　者────メルビン・ウィリアムス
監訳者────樋口満
発行者────鈴木荘夫
発行所────株式会社大修館書店
　　　　　〒101-8466　東京都千代田区神田錦町3-24
　　　　　電話03-3295-6231（販売部）03-3294-2358（編集部）
　　　　　振替00190-7-40504
　　　　　［出版情報］http://www.taishukan.co.jp

装幀者────中森陽三
カバー写真──ⓒアフロ　フォトエージェンシー
印刷所────広研印刷
製本所────司製本

ISBN 4-469-26433-4　　Printed in Japan

Ⓡ本書の全部または一部を無断で複写複製（コピー）することは、
著作権法上での例外を除き禁じられています。